CONSCIENCIA Y EVOLUCIÓN

REFLEXIONES 2012-2015

Kingsley L. Dennis

Traducción:
Fernando Alvarez-Ude Cotera
y
Carmen Liaño

BTB

Texto © 2016 by Kingsley L. Dennis
Traducción © Fernando Álvarez-Ude

http://www.beautifultraitorbooks.com/

ISBN: 978-0-9954817-3-2

1ª edición, julio 2016

Idea de cubierta: Kingsley L. Dennis
Diseño de cubierta: Ibolya Kapta

No Ficción – Ensayos – Nuevo Pensamiento

Agradecimientos

Este libro no habría sido posible sin el excelente trabajo de Fernando Alvarez-Ude y Carmen Liaño. Estos dos maravillosos traductores prestaron su tiempo, energía y corazón para la realización de este proyecto. Agradezco su compromiso y contribución, así como su amistad y sus avezados comentarios sobre mis escritos. Por supuesto, ¡asumo plenamente la responsabilidad de todas las ideas -buenas o malas- del libro!

Los cuentos utilizados en este libro se recogieron de varias fuentes y diversas tradiciones. La mayoría carecen de atribución y proceden de fuentes desconocidas. Agradezco humildemente poder reproducirlos aquí y pido disculpas por adelantado si he usado cualquiera de ellos sin su justa asignación.

Dedicatoria

Para mis lectores en español: ¡cada uno de vosotros!

Sobre el autor

Kingsley L Dennis, PhD, es investigador y escritor. Con anterioridad trabajó en el Departamento de Sociología de la Universidad de Lancaster, Reino Unido. Kingsley es el autor de varios libros aclamados por la crítica, así como de numerosos artículos sobre futuros sociales, tecnología y comunicaciones en los nuevos medios, asuntos mundiales y evolución consciente. En la actualidad vive en Andalucía, España.

Se puede contactar con él en su página web:
www.kingsleydennis.com

Del mismo autor

Mundus Grundy: Trouble in Grundusland

The Foundation: The Enigma of a Community (Song of Citadels, Vol.2)

The Citadel: A Mystery at the Heart of Civilization (Song of Citadels, Vol.1)

The Phoenix Generation: A New Era of Connection, Compassion, and Consciousness

Meeting Monroe: Conversations with a Man who Came to Earth
Versión en español: *Encuentros Con Monroe: Conversaciones con un hombre que vino a la Tierra*, Editorial Sufi.

Breaking the Spell: An Exploration of Human Perception
Versión en español: *Romper el hechizo: Una Exploración de la Percepción Humana*, Editorial Sufi.

New Revolutions for a Small Planet: A User's Guide to How the Global Shift in Humanity & Nature Will Transform Our Minds and Lives

The Struggle for Your Mind: Conscious Evolution & The Battle to Control How We Think

New Consciousness for a New World: How to Thrive in Transitional Times & Participate in the Coming Spiritual Renaissance

In Your Body Is The Garden of Flowers — A Tapestry of Tales

Beautiful Traitor: Seeking Life Through Poetry – An Anthology of Poems 1992-2012

After the Car (coautor con John Urry)

Dawn of the Akashic Age: New Consciousness, Quantum Resonance, and the Future of the World (coautor con Ervin Laszlo)

The New Science & Spirituality Reader (coeditor con Ervin Laszlo)

PRIMERA PARTE

SEGUNDA PARTE

TERCERA PARTE

PRIMERA PARTE

1. EL FINAL DE UNA ERA

Como civilización estamos inmersos en el proceso de vivir un «final de partida». No es el fin de nuestra especie ni cualquier situación calamitosa similar, sino el último lance de una era. Muchos de quienes vivimos en los países desarrollados estamos asistiendo al desenlace de la Segunda Revolución Industrial. Pero este final de partida, en su conjunto, atañe a una manera de vivir, un modelo sociopolítico que actualmente ha llegado al final de su existencia. Dicho simplemente, no podemos seguir viviendo como lo hemos hecho durante los últimos 150 años. ¿Por qué 150? Bueno, porque este es más o menos el tiempo transcurrido desde que se descubrió el petróleo y se empezó a utilizar como combustible para nuestra rápida expansión social. La totalidad de la vida es un sistema, y como tal requiere la afluencia constante de energía para no atrofiarse (la ley de la entropía). A intervalos periódicos de crecimiento se requieren nuevas fuentes de energía para impulsar el desarrollo y la expansión de cualquier sistema. Y durante milenios la especie humana ha estado evolucionando hacia una civilización planetaria. Ahora estamos en su umbral y, como ya he dicho, la razón por la que hemos logrado llegar a este punto con tanta rapidez es el hallazgo del petróleo como el impulsor energético más reciente.

En sólo 150 años muchas sociedades han experimentado un desarrollo increíble hasta llegar a un momento en el que disponemos de infraestructuras tecnológicas sofisticadas que nos capacitan para circunnavegar el globo como Phileas Fogg, tanto física como virtualmente. Además, con los derivados del petróleo hemos fertilizado nuestra agricultura para la producción masiva de alimentos destinada a mantener la enorme expansión de la población humana. Nuestros interruptores de luz iluminan instantáneamente nuestras habitaciones; volamos a otros países como si tomáramos un taxi; y tenemos acceso a un caleidoscopio de bienes y servicios con los que ni siquiera habríamos podido soñar con anterioridad. Y todo ello debido a que hemos sabido sacar provecho de la fuente más preciada de energía descubierta hasta ahora en nuestro planeta. Éste ha sido nuestro combustible para cohetes. Los 150 años de rápida aceleración industrial se han desarrollado basándose en la noción de una máquina de crecimiento perpetuo. Actualmente, este extraordinario periodo de evolución cultural se acepta, y se enseña, como la norma. Pero a principios de los años 70, el ahora desacreditado informe *Límites del crecimiento* concluía que entre el 2010 y el 2050 probablemente llegaríamos a su final.

Seamos realistas: a partir de ahora sólo es posible un crecimiento relativo. Algunos aspectos de la economía global pueden continuar aumentando en relación con otros, pero la tendencia general es de contracción. Quienes apoyan el crecimiento continuo a menudo se olvidan de que existen factores externos al sistema económico que hacen prácticamente imposible seguir «como si no pasase nada», y que esta situación no es temporal sino permanente. Entre estos factores se incluyen el agotamiento de importantes recursos, la proliferación de impactos ambientales perjudiciales y un sistema financiero que ya no es apropiado para la crisis actual. No obstante, hay otro factor significativo que la mayoría de los comentaristas deja totalmente de lado, quizá porque no se puede verificar físicamente: la presencia de la consciencia humana.

Durante los últimos 150 años, el mundo moderno ha sido testigo del surgimiento de un tipo diferente de consciencia, una mente cognitiva posterior a la Revolución Industrial. Nuevas innovaciones tecnológicas, que han ayudado a modificar nuestras percepciones de las dimensiones del espacio y el tiempo en el mundo, comenzaron a dar origen a una consciencia psicológica; una consciencia que quería mirar más allá de los límites y los horizontes de la frontera física. Para que cualquier gran cambio de época tenga éxito se requiere una variación en los parámetros de la consciencia humana; siempre ha sido así. Estamos empezando lentamente a reconocerlo y a notar una transformación en nuestra psicología y nuestra consciencia. La vida en el planeta Tierra está experimentando tres tipos de revolución: física, psíquica y cosmológica.

En gran medida, nuestros ciclos socio-culturales forman parte de nuestra historia evolutiva, con eras delimitadas: caza-recolección, agraria, ciudades-estado, industrial y planetaria. El historiador cultural William Irwin Thompson ha etiquetado[1] estos ciclos o ecologías culturales como:

1. Hominización: 4000000-200000 a. C.

2. Simbolización: 200000-10000 a. C.

3. Agriculturalización: 10000-3500 a. C.

4. Civilización: 3500 A.C.- 1500 d. C.

5. Industrialización: 1500-1945 d. C.

6. Planetización: 1945 hasta el presente

Actualmente, nuestras contiendas se libran entre un sistema caracterizado por las desigualdades de un régimen global disfuncional (marcado por la vieja consciencia) y una era integral-ecológica (representada por la nueva consciencia). Es un periodo de transición que se revela en las guerras por los recursos y en un combate permanente por el control y la gestión. Al mismo tiempo hay muchos pronósticos que intentan predecir el futuro de la vida en

---

[1] http://epublications.bond.edu.au/cgi/viewcontent.cgi?article=1053&context=theses

el planeta Tierra sin una comprensión del panorama general. A menudo somos incapaces de discernir lo incierto, lo impredecible y lo inesperado. La mentalidad occidental mantiene una preocupación, incluso una obsesión, con una visión lineal de la historia y el progreso. Pero el concepto de desarrollo lineal de la civilización humana es erróneo y engañoso ya que no contempla maneras de vivir que también permitan subsistir al resto de la gente; que respeten las vidas de los demás, el derecho al desarrollo económico y cultural de todo el mundo, la búsqueda de la realización personal en armonía con la integridad de la naturaleza y el trabajo con personas afines para preservar o restaurar los equilibrios medioambientales esenciales.

Pero en los meses y años venideros, a medida que nos demos cuenta de que nuestras normas aceptadas de linealidad se están descomponiendo, vamos a presenciar algunos escalones drásticos de cambio. Especialmente este año, mientras contemplamos el derrumbe de los sistemas disfuncionales, veremos cómo se producen muchas transformaciones en nuestras vidas. Pero no es momento de estar preocupados, negativos o estresados; más bien es una oportunidad para volvernos a alinear con el camino a seguir. Ahora necesitamos tomar decisiones acerca de nuestras prioridades vitales. Necesitamos educarnos y adquirir información equilibrada y provechosa. Es hora de dar esos pasos mientras nuestro mundo se va transformando...

Dos amigos

Cuenta una leyenda árabe que dos amigos viajaban por el desierto y en un punto determinado del viaje discutieron y uno le dio una bofetada al otro.

El ofendido, sin nada que decir, escribió en la arena: «Hoy mi mejor amigo me pegó una bofetada en el rostro».

Siguieron adelante y llegaron a un oasis donde resolvieron bañarse. El que había sido abofeteado y lastimado comenzó a ahogarse, y su amigo le salvó. Al recuperarse tomó un estilete y escribió en una piedra: «Hoy mi mejor amigo me salvó la vida».

Intrigado, el amigo preguntó:

—¿Por qué después de que te lastimé escribiste en la arena y ahora escribes en una piedra?

Sonriendo, el otro amigo respondió:

—Cuando un gran amigo nos ofende, deberemos escribir en la arena donde el viento del olvido y el perdón se encargarán de borrarlo y apagarlo; por otro lado, cuando nos pase algo grandioso, deberemos grabarlo en la piedra de la memoria del corazón donde ningún viento en todo el mundo podrá borrarlo.

2. POR QUÉ NECESITAMOS UN CAMBIO EN EL MUNDO

El planeta, al que llamamos nuestro hogar, al alcanzar un periodo de transición en el cual debe reemplazar la «mente antigua» del modelo de globalización industrial de los dos últimos siglos por una visión del mundo más ecológico-cosmológica, ha llegado a un umbral crítico. Las luchas que estamos presenciando actualmente destacan por las desigualdades de los sistemas globales disfuncionales (la «mente antigua») y por una parte de la humanidad que entiende la necesidad de que emerja un nuevo modelo (la «mente nueva»). Por tanto, las perturbaciones que experimentamos no son sólo de naturaleza física: desobediencia civil, disturbios e inestabilidad, también son cambios que ocurren en nuestras percepciones y visiones del mundo, en nuestra psique colectiva.

El proceso de modernización, que ha fundamentado muchas de nuestras sociedades desarrolladas, es el que ha articulado una mentalidad específica propensa al racionalismo, desengañada de un cosmos creativo y que, en muchos aspectos, apacigua a la «persona moderna» en su relación con las crisis profundas (social, medioambiental, política y económica) que estamos afrontando colectivamente.

Nuestra arrogancia ha consistido en construir una visión del mundo en la que las preocupaciones morales, éticas y filosóficas de la humanidad son fundamentales para toda la vida. De esta manera casi hemos logrado desmitificar el universo limitándolo a los hechos conocibles. Buscamos menos integrar que conseguir el control de nuestros entornos, a los que consideramos mecanicistas, impersonales e inconscientes. La era moderna de la humanidad se ha esforzado, con precisión científica, por conocer, calcular, predecir y dar forma al mundo en el que nos encontramos. El sujeto humano se ha convertido en el principal motor de los asuntos mundiales: explorando, provocando y luchando con los secretos de la Naturaleza en un intento por impulsar el progreso. Este alejamiento del mundo ha dado lugar a que la humanidad perciba el medio ambiente como un laboratorio en el que experimentar. Aquí el sujeto se divorcia del objeto, la materia crea la consciencia, y ésta repercute sobre aquélla a fin de proporcionarle «significado»: proyectándolo externamente se espera, o se deja, que la persona moderna forje y obtenga un sentido de realización personal.

Así hemos construido un cosmos racional en el cual sentimos instintivamente una pérdida, un desplazamiento. Pero este sentido inherente de pérdida ha ido serpenteando su camino a través de nuestro inconsciente individual y colectivo, manifestándose externamente en forma de muchos actos incongruentes de mala gestión de lo terrenal. El proceso occidental de modernización ha asistido al desarrollo de instituciones sociales cada vez más complejas que han determinado que la vida social se regule mediante un creciente control racional. Tales instituciones están estrechamente vinculadas a sistemas económicos (mercados financieros), políticos (democracias/nacionalidades), militares (territoriales/coloniales) y sociales (educación/medios de comunicación).

La tentación de usar la lógica racional para resolver los asuntos sociales o civiles puede ser demasiado grande como para rechazarla. Tal como dice la antigua ocurrencia: *Alguien que piensa de forma lógica resulta un bonito contraste con el mundo real.* Pero irónicamente la mente occidental, que es el producto condicionado de una mentalidad racional, está intentando rehacer el mundo a imagen del razonamiento lógico con mínima, o sin ninguna, consideración holística integral. La realidad es que seguir con la misma forma de pensar no nos será de utilidad para resolver los dilemas y problemas globales actuales. Como afirmó Einstein en una famosa declaración: «No se puede resolver un problema partiendo de la misma consciencia que lo creó». Las maneras actuales de pensar han llevado a la humanidad a un umbral crítico en el que muchas sociedades demasiado urbanizadas y complejas están declinando al borde del desequilibrio. Nuestras sociedades modernas han servido para arrojarnos a un estado o lugar de aislamiento y alienación extremos del cosmos creativo. Debido a la profunda sima entre humanidad y naturaleza, y a la desacralización del mundo, hemos violado y saqueado nuestros recursos ambientales a escala exponencial.

La aceleración del crecimiento humano durante los siglos recientes ha creado una compleja red de naciones e imperios competitivos, con tentáculos globales, que para mantenerse requieren cantidades siempre crecientes de una energía finita. Pero las dos próximas décadas - de hecho la próxima década - contemplarán cambios radicales en el mundo, simplemente porque tales niveles de consumo no son compatibles con recursos menguantes, economías en contracción y escaseces generales. Y así, nos hemos vinculado a un tipo de expansión industrial con un uso extensivo de energía incompatible con las fuentes disponibles. Si no cambiamos nuestro modo de existencia el resultado será una carrera de perros rabiosos para atrapar las últimas gotas de las reservas de petróleo y gas natural, en tanto nuestras sociedades dependientes de energía retrocederán hacia la contracción y finalmente comenzarán a implosionar. Estamos, literalmente, forcejeando con las viejas energías de la viscosidad negra, el cieno sulfúrico y los peligrosos pozos renegridos de carbón donde los humanos cavan como esclavos. En todo caso necesitamos reconocer, y deprisa, que *en un mundo finito no existe la infinitud.* A pesar de algunas afirmaciones optimistas de la industria energética, el planeta Tierra es un recurso finito.

El mundo hacia el que nos movemos necesita nuevos mitos gracias a los cuales no nos sintamos constreñidos por el poder de la codicia corporativa, la tiranía política y la supresión de la visión humana creativa. Sin duda ayudaría el que pudiéramos desprendernos de la cultura de fomentar la inutilidad. Como si estuviéramos aburridos de nuestras experiencias, creamos toda una serie de toscos artilugios para divertirnos e infantilizar nuestras horas. Vivimos tiempos de distracción, corriendo hacia el borde del precipicio como un convoy de excitados roedores propulsados por fármacos. En lugar de ello deberíamos estar utilizando nuestras energías físicas y psíquicas para movernos a través de esta transición y prepararnos para una reorganización de las circunstancias vitales. En lugar de esperar mantener el agrietado, ruinoso y disfuncional estatus quo deberíamos estar pensando en crear una senda alternativa. Las actuales culturas industriales de la Modernidad, que están tratando de convertirse en el modelo global, son un dispositivo artificial – un artefacto protésico – que devalúa nuestras potencialidades innovadoras y creativas. Podríamos estar en peligro de sustituir la capacidad creativa de la mente humana por muletas tecnológicas; a menos, claro está, que recuperemos la cordura.

Actualmente necesitamos un cambio en el mundo porque nuestra sociedad global está padeciendo una serie de crisis que podrían dar lugar a algunos cambios – o «puntos de inflexión» - potencialmente peligrosos que repercutirían en nuestra vida cotidiana. Por un lado, nos estamos acercando a una cúspide en la manera en la que hemos abusado de nuestro medioambiente natural a través de una combinación de intervenciones humanas deliberadas (contaminación climática y ambiental; agotamiento de recursos naturales; expansión urbana acelerada, etcétera). Por otra parte, mucha gente tiene un sentimiento creciente de que en el estado actual de la humanidad hay algo seriamente desequilibrado. En todo caso, existe un considerable reconocimiento de que el progreso humano se ha vuelto discordante. En estos momentos los sistemas humanos, sociales y medioambientales son vulnerables y por ello están totalmente abiertos al «cambio» incluso a través de impactos mínimos. Como esas montañas de arena que solíamos construir de niños en la playa en las que un último granito colocado en la cumbre podía ser suficiente para derrumbarla totalmente.

Cada vez leemos más titulares sobre fenómenos meteorológicos extremos, desde sequías en China y Australia hasta inundaciones en Norte América, aumento de actividad ciclónica, terremotos en numerosas regiones y huracanes devastadores que golpean los litorales tropicales. Además de eso oímos hablar de colapsos financieros, escasez inminente de petróleo y discusiones sobre el «pico petrolero»[2], aumento de casos de gripe aviar, actos de agresión doméstica e internacional, disturbios civiles, etcétera; y la lista continúa. Todo ello contribuye a una creciente desilusión de las gentes con el mundo y con sus vidas, y a una sensación invasiva de vacío, angustia, estrés, aburrimiento y hastío. No es, pues, sorprendente que muchos sintamos instintivamente que las cosas están fuera de control y que nuestras sociedades se enfrentan a un colapso perfectamente posible. A menudo, los periodos perturbadores han catalizado la ejecución de cambios radicales. Es decir, es importante que seamos positivos para utilizar las perturbaciones como oportunidades de crecimiento. Tales momentos nos estimulan a repensar nuestros estilos de vida actuales, nuestros niveles de consumismo, crédito, deuda, despilfarro y excesos extravagantes. También nos llevan a

---

[2] https://es.wikipedia.org/wiki/Pico_petrolero

reconocer nuestras dependencias, nuestras complacencias, y aquellas cosas cotidianas que hemos dado por sentadas. Está bien recordar que *tener más* nunca nos compensará por *ser menos*.

Necesitamos un cambio en el mundo porque las próximas décadas están maduras para que, justo en el momento en el que nuestros sistemas sociales se encuentren en su posición más débil, penetre en ellos una nueva consciencia que impulse una transformación. Estamos atravesando un pasaje extraordinario de cambio, merced al cual lo que hagamos durante los próximos veinte años, desde ahora hasta el 2030, creará el patrón para el futuro. Y lo que pase entre ahora y el 2050 será crucial para establecer e instalar esos patrones de cambio con el fin de que sirvan a largo plazo. Es probable que las próximas décadas se basen más en *potenciales* que en tendencias o previsiones lineales y certezas. Nada es seguro: pero podemos proyectar determinadas trayectorias basadas en los potenciales más prometedores, o emergentes que, o bien están empezando a manifestarse ya, o bien se enmarcan dentro de nuestra capacidad creativa. Si la humanidad rechazase la gran aventura espiritual que en estos momentos nos espera en nuestro despliegue evolutivo sería una dolorosa oportunidad perdida; y una tragedia si, en nuestro confuso desbarajuste, negásemos esa posibilidad y ese futuro potencial. Como el filósofo y erudito Jacob Needleman afirmaba: «Lo esotérico es el corazón de la civilización. Y si las formas externas de la civilización humana llegasen a ser totalmente incapaces de incluir y adaptar las energías de la grandes enseñanzas espirituales, habrían dejado de cumplir su función en el universo».

Mi propio punto de vista es que podemos hacer el cambio hacia un avance positivo «a tiempo», y lo haremos; deberíamos permanecer tranquilos: sin lugar a dudas *hay* un futuro que nos aguarda. No obstante, la amplitud y la calidad del cambio dependerán en gran medida del grado en el que la consciencia humana sea capaz de cambiar: podemos, literalmente, transformar nuestras mentes. Parte del cambio puede llegar a través de un renacimiento que se ha ido gestando lentamente dentro de nuestras culturas y sociedades y que ahora emerge en nuestras redes sociales, relaciones, estilos de vida y comunidades. No carecemos de la visión creativa ni las energías necesarias para virar hacia un futuro global más armónico y sostenible para nosotros y para el planeta. Ahora, la narrativa humana debe ser de interacción y colaboración de forma que, mediante una miríada de maneras diferentes, podamos ayudar colectivamente a introducir y poner de manifiesto un cambio positivo para el mejoramiento de la vida en este planeta.

Ser inútil y disfrutarlo

Lao Tse viajaba con sus discípulos cuando llegaron a un bosque donde cientos de leñadores estaban talando los árboles. Todo el bosque se había despejado excepto un único árbol enorme con cientos de ramas. El árbol era tan grande que miles de personas podían sentarse a su sombra. Lao Tse pidió a sus discípulos que fueran y preguntaran por qué no habían cortado aquel árbol. Al poco los discípulos regresaron con la respuesta a su pregunta y dijeron al maestro:

—Dicen que este árbol es totalmente inútil y que no se puede hacer nada con él: todas sus ramas están torcidas y llenas de nudos de manera que no sirve para hacer muebles. Además, ni siquiera se puede usar para hacer fuego porque desprende un humo dañino para los ojos.

Lao Tse asintió con la cabeza y, con una sonrisa, dijo:

—Sed totalmente inútiles, como este árbol, y entonces creceréis grandes y miles de personas encontraran sombra bajo vosotros. Sed los últimos pero moveos en el mundo como si no lo fuerais. No compitáis, no intentéis demostraros a vosotros mismos que sois dignos, no es necesario. Sed inútiles y disfrutadlo.

3. ¿HACIA UNA ERA PLANETARIA?

La humanidad moderna ha estado viviendo en una era intermedia entre la Edad de Hielo y el presente. En el recorrido evolutivo general de las cosas ha sido un viaje corto y muy rápido. En los últimos 15.000 años ha habido un programa evolutivo que ha llevado a la humanidad desde los primitivos cazadores-recolectores a un estadio de desarrollo social que está a punto de formar un nuevo modelo evolutivo: el de una especie consciente unificada. Los dos últimos siglos, en especial, han supuesto una oleada increíble de desarrollo y crecimiento. La pregunta a la que ahora nos enfrentamos es: ¿estamos cerca de alcanzar el pico de esta fase de crecimiento así como parecemos estar en la antesala de una era planetaria única?

En efecto, si echamos un breve vistazo a algunas de las características de nuestro mundo actual globalizado podríamos equivocarnos al pensar que ya habitamos una sociedad planetaria:

- Comunicaciones: Internet y los sistemas de comunicación global; el flujo constante de noticias e información.
- Lenguaje: varias lenguas como el inglés, el chino y el español, alentadas por nuestros sistemas de comunicación global, se utilizan a nivel mundial
- Economía: mercados económicos globales; convenios financieros comerciales; bloques económicos más allá de los estados nacionales.
- Cultura: tendencias culturales globalmente distribuidas: películas, música, comida, moda, deportes, etcétera.
- Medioambiente: ahora las amenazas y las consecuencias son globales, con efectos colaterales que se dejan sentir por todo el mundo.

- Viajes: movilidad y turismo globales que permiten formas de contacto, exposición y experiencias a nivel mundial.

- Fronteras: debilitamiento de los estados nación y difuminación de fronteras; grandes flujos migratorios; bloques políticos internacionales más grandes: UE (Unión Europea); UA (Unión Africana); UNASUR (Unión de Naciones Suramericanas); LA (Liga Árabe); y ANSA (Asociación de Naciones del Sudeste Asiático).

- Trabajo: la gente vive y trabaja en diferentes regiones y países; trabajo desde casa; comercio on-line; trabajadores emigrantes.

Hemos llegado a nuestra gran red planetaria de interrelaciones e interconexiones a lo largo de alrededor de 13.000 años de desarrollo social, siguiendo un patrón familiar de captura, almacenamiento y uso de las energías disponibles. Pero, en contra de lo que se suele creer, tales procesos de desarrollo no ocurren como tendencias lineales (una línea gradual de ascenso) tal y como describen los conceptos básicos de la evolución darwiniana.

Numerosas enseñanzas antiguas, tanto espirituales como seculares, y culturas indígenas, hace mucho tiempo que conocían y enseñaban el concepto de procesos cíclicos que se repiten durante largos periodos de la historia. También puede haber ciclos dentro de los ciclos: ciclos menores dentro de otros mayores de manera que las fases sociales, desde estados menos culturizados hasta otros más cosmopolitas, pueden manifestarse dentro de un ciclo global. Estas expansiones de los ciclos sociales también coinciden o coexisten con cambios en la percepción y en las visiones del mundo. En otras palabras, las mayores revoluciones sociales van acompañadas de grandes cambios en la consciencia humana paralelos, a su vez, a las distintas formas de comprender y manejar diversos tipos de energía, en una progresión de descubrir energías cada vez más refinadas en el mundo, y en el cosmos, del que somos partícipes vivientes.

Nuestra espiral de historia cultural implica una compleja interacción de diversos ciclos y sistemas: sociales, energéticos y revoluciones en la comunicación, todos ellos codependientes e integrales. Los sistemas ecológicos, biológicos, sociales y energéticos se están reorganizando porque ahora nuestro mundo está abandonando un modelo y entrando en una nueva mitología, un nuevo modelo para el próximo estadio de crecimiento. A medida que esta transición tiene lugar habrá perturbaciones inevitables ya que ambos modelos chocan y se *interponen* al igual que los patrones de interferencia de energía. No obstante, *está* surgiendo una nueva cosmología de la humanidad. Como escribe el eminente historiador Lewis Mumford, en su libro *Las transformaciones del hombre* (1956):

> Cada transformación [humana]... ha dependido de una nueva base metafísica e ideológica; o más bien, de emociones e intuiciones más profundas cuya expresión racionalizada toma la forma de una nueva imagen del cosmos y de la naturaleza del hombre... estamos a las puertas de una nueva era, una época de un mundo abierto y de un yo capaz de desempeñar su función en este ámbito más amplio... Llevando la auto-transformación [humana] hacia ese estadio posterior, la cultura mundial puede facilitar una nueva liberación de energía espiritual que desvelará nuevas potencialidades, siempre presentes en el yo humano, aunque no fuesen más ostensibles de lo que hace un siglo lo era el radio en el mundo físico.

Como escribe Mumford, en esta *fase de cambio* hacia una «nueva imagen del cosmos y de la naturaleza del hombre», se producirá una «liberación natural de energía espiritual» que informará ese desarrollo. Pero dichas energías espirituales no implican necesariamente estados extáticos religiosos, o cultos de cristales Nueva Era, o cualquier otra de estas imágenes estereotipadas. Es más probable que tales energías estén detrás de un incremento de la innovación creativa, la consciencia del mundo, la comprensión integral ecológica, nuevos valores, comunicaciones, colaboración, ética y empatía con nuestros semejantes. La energía espiritual no tiene por qué ser sobrenatural. De hecho, el crecimiento interno fomenta una responsabilidad y un compromiso más profundos con el mundo de nuestra vida cotidiana, y no lo opuesto.

Una era planetaria no implica necesariamente que haya un modelo globalizado para todos; que seamos interdependientes en nuestras infraestructuras compartidas, o que tengamos una moneda global. Se trata de manifestaciones secundarias que no representan si la especie *se siente* partícipe de una era planetaria. Yo sugeriría que la sensación de ser planetario implica qué y cómo invertimos en nuestras colaboraciones, comunicaciones y consciencia empática. Ésta será la liberación de la «energía spiritual» de la que habla Mumford. La forma de manifestar nuestra consciencia en nuestros contactos, comunidades y comunicaciones marcará cómo se desarrollarán los años que tenemos por delante.

Sería una inmensa lástima que nuestro actual proyecto cultural evolutivo, que llevó a la humanidad desde los rebuscadores de alimento hasta la antesala de una era planetaria, se colapsara justo antes de conseguir desplazarse a una nueva época de conexión y colaboración sin precedentes.

Una reunión de instrumentos

Se cuenta que había una vez una carpintería donde todas las herramientas celebraron una reunión para resolver sus discrepancias. Al frente de aquella extraña asamblea estaba el martillo actuando como presidente, pero al poco tiempo las demás herramientas dijeron que debía renunciar porque hacía demasiado ruido con sus golpes. El martillo admitió la acusación pero rehusó dimitir porque se echaría a perder la organización, y si el tornillo se hiciese cargo, como pretendía, sólo arruinaría las cosas y haría que la reunión fuese desordenada y caótica. El tornillo y todo tipo de tuercas argumentaron en contra, al tiempo que se oponían a que el papel de Lja tomase la presidencia porque, debido a su habitual aspereza, crearía una fricción excesiva. Otros estuvieron de acuerdo y también dijeron que se debería expulsar de la reunión a la cinta métrica porque siempre medía a los demás según un patrón fijo, como si ella fuera la única perfecta.

Finalmente, llegó el carpintero y poniéndose su delantal comenzó a trabajar. Usó el martillo, la lija, la cinta métrica, los tornillos y las tuercas. Por fin, el trozo inicial de madera rugosa se transformó en un hermoso y práctico mueble. Cuando hubo terminado el trabajo, el carpintero abandonó en silencio la habitación y de nuevo se reanudó la reunión de herramientas. Fue entonces cuando la sierra empezó a hablar y dijo:

—Amigos, se nos ha enseñado que cada uno de nosotros tiene sus propios defectos, pero el carpintero trabaja con nuestras cualidades: eso es lo que nos hace valiosos. Dejemos de pensar en lo negativo que vemos en los demás; en lugar de ello veamos las habilidades con las que cada uno contribuye, y que el carpintero aprecia haciendo el mejor uso de ellas.

Entonces la asamblea se dio cuenta de que el martillo era vigoroso y daba fuerza al tornillo; el papel de lija era capaz de pulir y suavizar las cosas; y la medida de la cinta era precisa y exacta. Juntos formaban un equipo apto para producir un mobiliario de gran calidad. Esto les hizo sentirse orgullosos de sus cualidades y capaces de trabajar juntos. Y desde entonces todos y cada uno se convirtieron en lo mejor que pudieron y trabajaron en armonía para crear los muebles más hermosos y funcionales que nunca nadie hubiese esperado encontrar.

4. LA HIPERREALIDAD DE LA VIDA MODERNA

El escritor argentino Jorge Luis Borges escribió sobre un gran imperio que creó un mapa tan detallado que era tan grande como el propio imperio. El mapa real crecía y menguaba a la vez que el imperio conquistaba o perdía territorio. Cuando finalmente se derrumbó, sólo quedó el mapa. El «mapa imaginario» se convirtió a la postre en la única *realidad que quedaba* del gran imperio: un simulacro de la realidad física que ahora abarcaba a todo el mundo. En cierto sentido podemos decir que el mundo de hoy tiende progresivamente a ser un simulacro de la realidad. Cada vez más conferimos sentido y orden a nuestro mundo mediante signos y símbolos, reduciendo la experiencia humana a moverse entre artefactos que construyen y mantienen una realidad percibida. La mayor parte se orquesta a través de los medios de comunicación global y el «sigiloso avance cultural» por todo el mundo de estilos de vida occidentales, estandarizados y uniformes. Mediante la masiva producción consumista de objetos deseables, la atención y el enfoque de la gente se dirigen más y más a logros superficiales y sistemas de valores falsos. Los medios globales de comunicación, a través de películas, televisión, y material impreso, son en gran medida responsables de desdibujar los valores y el sentimiento de significado, y de emplear técnicas deliberadas de distracción. Y, por supuesto, de la increíble cantidad de propaganda y manipulación mental y emocional que es fundamental en esos medios. Cuando hay intención de inundar la conciencia de la gente con imágenes que a menudo son *más reales que la realidad*, ese sentido de hiperrealidad corre el peligro de erosionar la existencia de **sentido** y **significado**.

La tendencia a propagar una realidad banal es fundamental en el siempre creciente control centralizado de los medios. En cierto modo resulta preocupante enterarse de que la mayoría de las organizaciones mediáticas occidentales son propiedad de un puñado de corporaciones gigantes: News Corp; Viacom; Time-Warner; Disney; Vivendi Universal, y Bertelsmann.

Los principales medios de comunicación son libres de ofrecer una visión caleidoscópica de los sucesos del mundo como si fuese un gran lienzo de colores fugaces. El mosaico cambia cada día y los sucesos, tragedias, desastres, golpes y políticas lanzan destellos ante nuestros ojos como una discotequera bola de espejitos. Como resultado de ello, quien los ve rara vez tiene la oportunidad de centrarse en un tema y, por tanto, recuerda muy poco. Tampoco hay necesidad de recordar un suceso específico puesto que al día siguiente es muy probable que sea sustituido por las próximas noticias. De esta manera, al espectador promedio se le dispensa su «alimento» y su sensación de «noticias públicas» mientras, a la vez, se le deniegan «evidencias» reales de la situación y profundidad de comprensión.

La industria de los principales medios de comunicación y entretenimiento también manipula las emociones del espectador hasta tal punto que muchos nos insensibilizamos. Los medios de evasión nos permiten hacer realidad nuestras fantasías de una manera considerada como menos nociva. Se supone que nos aplaca; que nos hace olvidar la monotonía de nuestras vidas cotidianas. Asimismo nos suministra una plataforma externa en la que proyectarnos; un lugar de tertulia entre amigos o compañeros de trabajo; o una zona de amortiguamiento que encubre la incomodidad de una familia que no se comunica. Hoy en día, para muchos, los medios de comunicación son una extensión de nuestras vidas cotidianas. Al ser una prolongación de nosotros mismos nos sumergimos en sus sucesos, nos sentimos cautivados por sus dramas. Relatando, interpretando y devolviéndonos una transcripción del mundo, son una amplificación de nuestros propios sentidos.

Otra posibilidad más preocupante es que en los niños más pequeños la televisión pueda actuar como un factor causante de un «desarrollo estancado», que, a su vez, resulte en una generación posterior de adultos «neurológicamente» menos desarrollados. El investigador infantil Joseph Chilton Pearce ha publicado hallazgos que indican que la televisión impide en los niños el desarrollo de las funciones neurológicas superiores porque sólo se engrana con el cerebro más primitivo (también conocido como reptiliano)[3]. Si el cerebro superior no se activa suficientemente mediante estimulaciones externas –lo que rara vez ocurre en las instituciones infantiles– a los once años de edad comienzan a destruirse muchas de las neuronas no utilizadas, lo que puede conducir a un estado permanente de estancamiento del desarrollo. Esto pone de manifiesto un severo déficit de estímulos adecuados en entornos sociales demasiado institucionalizados y controlados. Además, nuestros cerebros no terminan de madurar hasta que tenemos alrededor de veinticinco años, lo que explica que los niños sean un objetivo temprano de los anunciantes y las instituciones de condicionamiento. La capacidad creativa de la imaginación humana se sustituye por un conjunto preparado de programación imaginativa. La industria corporativa del entretenimiento ha demostrado ser una increíble abstracción tranquilizadora y producir «adicción a la distracción». Estamos viviendo en el 2012 A.D. (*Anno Domini*) = **A**tención **D**istraída.

A medida que los principales medios de comunicación y la extensión de la hiperrealidad se introducen sigilosamente en nuestra vida cotidiana nos insensibilizamos a las violaciones, guerras, matanzas y atrocidades que se

---

[3] Chilton Pearce, J. *The Biology of Transcendence: A Blueprint of the Human Spirit*. Rochester, VT: Park Street Press, 2004

hacen pasar como espectáculos mediáticos. También es preocupante que a medida que los videojuegos combinan cada vez más simulaciones militares y contenido violento, nuestra generación más joven se esté insensibilizando más que nunca a los contenidos extremos. A medida que los juegos de guerra y de francotiradores se convierten en superventas y en un fenómeno lúdico, la distracción infantil se va convirtiendo en «entretenimiento militarizado». La simulación de violencia y machismo militar convierte lo macabro en irreal, inconsecuente y fantasioso. Basta con apretar un botón para sumergirse y para que gratificaciones instantáneas «a petición» sacien el entretenimiento y la atención. Lo cual, desde luego, puede ser una peligrosa mezcla de satisfacciones indoloras que, se nos enseña, están disponibles con un simple toque de botón. Es muy fácil dejarse llevar por un sistema escapista y gratificante que distrae.

A lo largo del pasado siglo y medio la humanidad ha ido evolucionando hacia la construcción de una sociedad de masas; un proyecto moderno de *masificación*. Nuestros modernos entornos «multitarea» están haciendo progresivamente que lo racional parezca irracional, y lo irracional racional: ¿no estamos viviendo en un mundo al revés, un mundo patas arriba?

Si vamos a despertar de la hiperrealidad que constantemente se manifiesta a nuestro alrededor necesitamos situar la consciencia en el primer plano de nuestras vidas cotidianas; empezar a fomentar nuestra propia autoridad intrínseca y decidir qué filtrar, qué internalizar y qué excluir. Tenemos que ser más activos en la manera de comprometernos con nuestro mundo, nuestro sentido de la realidad y nuestra Tierra.

La manzana del conocimiento

El maestro siempre contaba una parábola al final de cada clase, pero no todos los que le escuchaban entendían su significado. Un día, uno de ellos encaró al maestro y dijo:

—Nos narras cuentos pero no nos explicas el significado.

El maestro se disculpó y continuó diciendo:

—Déjame que te recompense ofreciéndote una jugosa manzana.

—Gracias maestro— replicó halagado el discípulo.

—Primero, me gustaría pelar yo mismo esta manzana, ¿me lo permitirías?

—Sí, muchas gracias— contestó el discípulo.

—Puesto que ya tengo un cuchillo en la mano, permíteme aprovecharlo y cortar la manzana en trozos para que te sea más cómodo comerla.

—Gracias maestro, espero que no sea demasiada molestia.

—Para nada, sólo quiero agradarte. Permíteme, también, masticarla antes para que te sea más fácil tragarla.

—¡No maestro, no lo hagas!— chilló el sorprendido estudiante.

El maestro hizo una pausa y dijo:

—Si explicase el significado de cada parábola… sería como si te diera a comer una fruta masticada. Tú mismo debes descubrir y paladear su exquisito sabor.

5. ENMARAÑAR NUESTRAS MENTES: LA LÍNEA CADA VEZ MÁS DELGADA ENTRE NOTICIAS Y PUBLICIDAD

El consenso manufacturado[4] es endémico en las sociedades modernas. A lo largo de la historia la necesidad de «persuadir e influir» siempre ha sido manipulada por quienes ostentan el poder, como medio para mantener la autoridad y la legitimidad. En épocas más recientes, la manipulación generalizada de la opinión pública ha ido dejando de basarse en el pronunciamiento de discursos, para hacerse omnipresente en la vida de cada individuo.

A Edward Bernays[5] se le ha reconocido a menudo como el «padre de las relaciones públicas» pues sus enseñanzas e investigaciones estimularon la propaganda de los años de posguerra. Bernays, sobrino de Sigmund Freud, utilizó las ideas psicológicas y psicoanalíticas para elaborar un sistema de información (propaganda) capaz de manipular la opinión pública. Parece que Bernays consideraba que tal instrumento de manipulación era necesario ya que la sociedad, desde su punto de vista, estaba compuesta por demasiados elementos irracionales (la gente) que podían ser peligrosos para los eficientes mecanismos de poder («democracia»). Bernays escribió: «La manipulación consciente e inteligente de los hábitos y opiniones estructurados de las masas es un elemento importante de la sociedad democrática»[6].

Si se tiene en cuenta que Bernays hablaba y escribía en los primeros años 20, es de esperar que desde entonces los mecanismos de propaganda (manipulación de masas) hayan progresado hasta un punto muy avanzado.

---

[4] https://es.wikipedia.org/wiki/Consenso_manufacturado
[5] https://es.wikipedia.org/wiki/Edward_Bernays
[6] Bernays, E. L. (2004/1928) *Propaganda*. New York: Ig Publishing

En el contexto de nuestras modernas sociedades de masas la propaganda se ha transformado no sólo en un mecanismo de ingeniería de la opinión pública sino también en un medio para consolidar el control social.

Los programas modernos de influencia social no podrían existir sin los medios de comunicación. Hoy en día son una combinación de experiencia y conocimiento provenientes de la tecnología, la sociología, el conductismo social, la psicología, las comunicaciones y otras técnicas científicas. Casi todas las naciones, si quieren regular a su ciudadanía e influir en ella, necesitan unos medios de comunicación controlados. Utlizándolos, una autoridad controladora puede ejercer una influencia psicológica sobre la percepción de la realidad de los individuos. Esta capacidad funciona de la mano de componentes más materiales, como el refuerzo de los sistemas legales y las leyes de seguridad (vigilancia y monitorización). El control estatal, actuando como una «máquina psicológica», induce manipulaciones psicológicas específicas con el fin de conseguir sus objetivos dentro de sus fronteras nacionales (y a menudo más allá). Entre estas manipulaciones psicológicas se incluye el uso deliberado de símbolos culturales específicos y significantes incrustados, que catalizan reflejos condicionados en el pueblo. Los desencadenantes contenían las palabras «rojo» o «comunista» en los EEUU de los años 50, durante el McCarthismo; o «terrorismo musulmán» en la «guerra contra el terror» fabricada en la actualidad. De esa manera se pueden conseguir las reacciones buscadas, que hacen a la población más permeable a futuras manipulaciones en ese terreno. Se trata de un proceso de re-formación psíquica que funciona repetidamente con el fin de ablandar a la gente mediante amplias y continuadas exposiciones a determinados estímulos. *Estos son los símbolos con los que vivimos para construir una sociedad dócil: artificiales y hechos por el hombre.*

Los medios de comunicación actuales, que incluyen la presencia preponderante de la publicidad para dirigirse a la consciencia del auditorio, usan exhaustivamente la noción de «atractores» y «pautas de atractores»[7]. Este tipo de manipulación de símbolos se conoce en el mundo de los negocios como neuro-marketing. Las corporaciones de los principales medios de comunicación están utilizando el enorme crecimiento de las comunicaciones globales para seguir desarrollando la técnica de dirigirse a la consciencia humana. En primer lugar, en el caso del neuro-marketing, muchos publicistas ponen a prueba sus anuncios utilizando técnicas de escaneado cerebral para conocer qué partes del cerebro de una persona se activan por los potentes atractores específicos. Por ejemplo, se ha descubierto que determinados atractores pueden soslayar la parte lógica del cerebro e impactar en la parte emocional. En estos casos, como en la industria del cine, los anunciantes utilizan el símbolo de un premio (como un Oscar o un Globo de Oro) que ha demostrado ser un «potente atractor» eficaz que influye en la parte emocional del cerebro. La filosofía subyacente es ajustar el nivel de consciencia de un anuncio al nivel medible de consciencia del consumidor.[8]

Los publicistas saben que la consciencia de una persona transmite indirectamente mensajes al cuerpo en forma de respuesta cutánea galvánica, respuesta pupilar, respuesta eléctrica nerviosa, etcétera, así que cada

---

[7] Los conceptos «atractores» y «pautas de atractores» surgen con las teorías del caos y de los sistemas dinámicos y complejos: http://www.circpau.org/content/view/150/417/lang,es/ y http://es.wikipedia.org/wiki/Atractor

[8] Esta idea, al igual que la del neuro-marketing, me la dio en correspondencia personal Darryl Howard, quién me envió su investigación *Advertising in the New Paradigm*. Darryl Howard & Associates.

elemento promocional en pantalla debe suscitar la recepción consciente correcta. Con el fin de conseguir este conjunto de pautas de atractores todos los elementos se diseñan deliberadamente: la música, las imágenes, el guión, la voz. Es interesante que entre los potentes atractores simbólicos que suponen un impacto considerable para persuadir a la audiencia se incluyan imágenes tales como caras sonrientes y lindos animales (perros moviendo la cola y gatitos ronroneando). En cuanto a las voces se incluyen palabras como «honestidad», «integridad», «libertad», «esperanza y cambio», «amistad», etcétera. De ahí que esté claro que los políticos utilizan, en sus discursos y en su material de promoción, una gran cantidad de estas pautas de atractores.[9]

Otros métodos de propaganda descarada incluyen el uso por parte de los órganos de gobierno de la «realidad de la verdad» que consiste en la publicación de estadísticas «aparentemente precisas» que nos hablan de situaciones plausibles. Una vez más se trata de la táctica del «experto de bata blanca». Para que esa propaganda/información sea efectiva no debe estar muy alejada de la verdad; en otras palabras, debe tener la apariencia de realidad. El comercio, el empleo y las cifras financieras son un ejemplo de ello. Y ¿qué miembros de la población general disponen del conocimiento o los recursos para comprobar y confirmar dichas cifras? La gente que las conoce son normalmente quienes tienen interés personal en mantener la ilusión, como por ejemplo los comerciantes y los financieros. Y cuando una nación publica las cifras de desempleo ¿está computando realmente a los muchos que no tienen trabajo y no están apuntados al paro, o son desposeídos o emigrantes? Por norma, las estadísticas con una connotación

---

[9] Quién quiera saber más sobre este tema debería indagar acerca de la programación neurolingüística (PNL).

negativa proceden habitualmente del conjunto más pequeño posible. Y una vez que una afirmación falsa (o «maquillada») se disemina y se acepta por el público, se convierte en establecida y es difícil de desmontar o invalidar (a menos que la anti-propaganda sea igualmente efectiva)

Las sociedades modernas están configuradas para albergar tanto el individualismo como la colectividad. Pero, a menudo, las formas que adquiere ese «individualismo» aceptado son un envoltorio para ocultar el funcionamiento de la psique de las masas. Es la «libertad permitida» que se le ofrece a la persona moderna que busca bienes materiales, mientras contribuye al plan global de la autoridad dominante. La libertad es entonces una expresión de movilidad dentro de un sistema predefinido: no denota *libertad externa al sistema*. Ejemplo de ello son los clichés del rock que a los grandes medios de comunicación les gusta promover y con los que adornan sus primeras páginas. Destacan las rabiosas payasadas consistentes en destruir habitaciones de hotel y arrojar televisores por la ventana; comportamientos que luego son transformados en imitaciones por los relaciones publicas de las corporaciones del rock. En esencia, esos «rebeldes» son tolerados, e incluso se les anima, porque sus payasadas venden discos. La rebeldía de este tipo es una contribución más a la sociedad de consumo, aunque vista a través de otras lentes. Y hoy en día hay muchas maneras de permitir la manifestación del individualismo.

El despliegue de diversidad en la información procedente de los grandes medios de comunicación crea el espejismo de reportajes y noticias independientes. Sin embargo los principales medios de comunicación de cualquier nación están en manos de un pequeño puñado de entidades corporativas, con relaciones estatales de alto nivel. Por ejemplo, un individuo se siente «atraído» por un periódico determinado, en lo que se refiere a sus puntos de vista, creencias, estilos de vida, etcétera; todos ellos correspondientes a «patrones diversificados de comportamiento» dentro del sistema. Los grandes medios de comunicación satisfacen esas necesidades manejando una variedad de periódicos que apoyan esos puntos de vista imaginarios, ya sean políticamente de izquierdas, de derechas, a la izquierda o a la derecha del centro, liberales, independientes, de ésta, de aquella o de cualquier otra posición disponible en la «diversidad dentro de la unidad» de la mentalidad de la masa. Pero la tendencia a divulgar una realidad banal es básica en el control cada vez más centralizado de los medios. En cierto modo resulta preocupante enterarse de que la mayoría de las organizaciones mediáticas occidentales son propiedad de un puñado de corporaciones gigantes: News Corp; Viacom; Time-Warner; Disney; Vivendi Universal, y Bertelsmann. Por ejemplo, Disney (Walt Disney Company) es la mayor multinacional mundial de entretenimiento y medios de comunicación. Disney es dueña de las cadenas de TV: ABC, Disney Channel, ESPN, A&E, y Canal de Historia, así como de sus correspondientes filiales de edición, comercialización y exhibición. También es dueña de Walt Disney Pictures, Touchstone Pictures, Hollywood Pictures, Miramax Film Corp., Dimension, and Buena Vista International, así como 11 parques temáticos alrededor del mundo. A continuación, como segunda multinacional mediática mundial, figura News Corp con una gama increíble de canales de TV habituales y vía satélite, revistas, conglomerados de periódicos, y compañías de grabación y publicación desplegadas por todo el mundo, con una fuerte presencia en los mercados asiáticos. De igual modo, Time-Warner posee más de 50 revistas; un estudio de cine así como varios distribuidores cinematográficos; más de 40 discográficas (incluyendo Warner Bros, Atlantic, and Elektra); y varias cadenas de TV (como HBO, Cartoon Network, y CNN). Viacom, como parte de su imperio mediático, es dueña de las cadenas de televisión CBS, MTV, VH1, Nickelodeon, Comedy Central, Paramount Pictures, y cerca de

2.000 salas de cine. Así mismo, Vivendi Universal es dueña del 27% de las ventas musicales en Estados Unidos a través de marcas como Interscope, Geffen, A&M, Island, Def Jam, MCA, Mercury, Motown y Universal. También tienen Universal Studios, Studio Canal, Polygram Films, Canal+, y numerosas compañías de Internet y telefonía móvil. Luego está Bertelsmann que, como una corporación mediática global, dirige la segunda compañía europea más grande de televisión, radio y producciones (el grupo RTL) con 45 canales de TV y 32 emisoras de radio; la firma europea más grande de impresión y edición (Gruner & Jahr); la compañía comercial de edición y publicación de libros en lengua inglesa más grande del mundo (Random House); el club más grande del mundo de libros y música (Direct Group); y un servicio internacional proveedor de medios de comunicación (Arvato AG).

En nuestro ambiente saturado de medios de comunicación a la gente se le permite vivir sus fantasías de una forma considerada como menos dañina; se le ayuda a aliviar la así llamada «ingrata tarea de las vidas repetitivas». También se le suministra un espacio de conversación, un tema del que hablar con los amigos o los compañeros de trabajo; o se le ofrece una zona de amortiguación con la que disimular una familia que no se comunica. Y si el trabajo se convierte en un infierno, por lo menos tienes *True Blood* o *Friends* esperándote en casa en la pantalla de TV.

En lo que se refiere a los noticieros informativos de los medios de comunicación convencionales siempre es importante comprobar la fuente al leer una noticia; es decir si procede de una fuente independiente o es del tipo «según fuentes gubernamentales», etcétera. Los grandes medios de comunicación se alimentan principalmente de servicios globales de noticias; los dos más grandes son Reuters (ahora Thomson Reuters) y Associated

Press. Una vez más esto constituye una centralización de los noticieros informativos, así como de las diversas y bien conocidas oficinas de prensa política. Cuando tales fuentes (especialmente las oficinas de relaciones públicas) difunden información como «noticias verdaderas» no hacen otra cosa que lo que Orwell parodiaba en «*1984*» como *neolengua*. Los medios independientes, que ahora maduran en Internet, han servido para contra-neutralizar en parte el persuasivo y avasallador poder de la propaganda de los principales medios de comunicación. Por esta razón, en la actualidad, ya hay esfuerzos concertados para restringir la naturaleza «salvaje» y «sin censura» de Internet. En otras palabras, eso significa que existe una importante voluntad corporativa y política de poner coto a Internet y colocarlo a la sombra del control corporativo y gubernativo/estatal, o al menos de vigilar su uso.

El incremento de las comunicaciones globales descentralizadas entre particulares ha sido lo que ha modificado el esquema de juego durante las dos últimas décadas. Internet en particular, así como otros tipos de medios de comunicación social, han fomentado que aumente el número de individuos que buscan y comparten información entre sí lo que, a menudo, queda fuera del consenso de los diferentes estados nación. Lo cual ha conducido a que la gente cambie en el sentido de alejarse de los sistemas de creencias y de los patrones condicionados de propaganda. Esta intervención desde la base hacia arriba ha comprometido seriamente las técnicas diseñadas por las autoridades gubernativas. Ya se han puesto en marcha esfuerzos para censurar los lugares informativos que critican al estado. Es, por tanto, imperativo que se protejan nuestros medios de comunicación independientes, se preserven nuestras redes sociales de libertad de expresión y se defienda nuestro derecho a buscar y decir la verdad. En un futuro verdaderamente democrático e igualitario no hay lugar para enmarañar nuestras mentes.

Locos

Había una vez un rey sabio y poderoso que gobernaba una remota ciudad de un lejano reino. Y el rey era temido tanto por su poder como por su amor por la sabiduría. En el corazón de la ciudad había un pozo de agua fresca y cristalina y todos los habitantes bebían de él, incluso el rey y sus cortesanos, porque allí no había otro pozo. Una noche, mientras todos dormían, una bruja entró en la ciudad y vertió en el pozo siete gotas de un extraño líquido y dijo:

—De ahora en adelante, quienquiera que beba de esta fuente se volverá loco.

A la mañana siguiente todos los habitantes, excepto el rey y su chambelán, bebieron el agua del pozo y muy pronto todos se volvieron locos, como la bruja había predicho. Durante todo el día, recorrieron las estrechas calles y las plazas públicas susurrando entre sí:

—El rey está loco. Nuestro rey y su chambelán han perdido la razón. Como es natural, no nos puede gobernar un rey loco. ¡Debemos destronarlo!

Esa noche, el rey ordenó que se le trajese una copa de oro con agua del pozo. Y, cuando se la llevaron, el rey y su chambelán bebieron copiosamente de ella. Poco después, en aquella remota ciudad del lejano reino, hubo un gran regocijo porque el rey y su chambelán habían recuperado la razón.

6. LA CREACIÓN DE DINERO Y LA ILUSIÓN DE RIQUEZA

El actual sistema financiero global está en una situación desesperada, es un gigante en vías de desmoronarse. Con sus acuerdos financieros y sus laberínticos canjes de crédito resulta intrínsecamente insostenible. Esto incluye los valores respaldados por hipotecas, las obligaciones de deuda garantizadas, las permutas de incumplimiento de crédito, los préstamos abusivos, los derivados y las financiaciones extracontables, etcétera. El sistema financiero se ha convertido en un mercado prácticamente imposible de regular ya que las hipotecas y las deudas de riesgo se basan en lo que se conoce como «sistema bancario en la sombra» que las hace aún más opacas a la fiscalización externa. El mito actual de una economía en «crecimiento perpetuo» requiere, junto con la expansión de los mercados, un suministro de recursos relativamente barato y abundante. En un momento crítico de gran inestabilidad económica, la repercusión de las restricciones de energía y recursos sobre el mercado global entraña una bomba de relojería a punto de explotar.

Los efectos globales de la gran recesión en curso se dejan sentir en muchas instituciones financieras gigantescas que todavía mantienen billones en activos tóxicos. Otro tanto ocurre con las naciones soberanas que están plagadas de deuda, especialmente determinados países de la Unión Europea. Hasta el momento, las pérdidas mundiales han sido de trillones (ya sean dólares, libras o euros), y las continuas rondas de flexibilización y rescate solo sirven para frustrar, enojar y *pauperizar* a la gente. Para muchos, la frase «cansancio de rescate» es, en estos momentos, una expresión demasiado familiar que demuestra que las acciones ineficaces que se llevan a cabo están cada vez más alejadas del sentido de la realidad de muchas personas. Es muy probable que los años venideros nos traigan aún más trastornos económicos, y un aumento en el número de bancarrotas y quiebras bancarias, que den como resultado la aplicación, en muchos estados-nación, de medidas de austeridad extremadamente impopulares. Frente a la inestabilidad financiera y la deuda creciente, es probable que los gobiernos se hagan más represivos. A medida que las protestas sociales crezcan, es presumible que ello resulte en un aumento de las restricciones de la libertad de expresión y de los derechos civiles. Tenemos que afrontar la perspectiva de un futuro en el que nuestros anteriores baratos estilos de vida consumistas no volverán a serlo nunca. Esto ocurrirá, de hecho, cuando los recursos y el crecimiento económico decaigan en países como China. Una transformación a fondo de la economía global no es sólo necesaria, es inevitable.

Como es bien sabido, John Kenneth Galbraith[10], el famoso economista canadiense-americano, dijo «El proceso de creación del dinero es tan simple que repugna a la mente». Y en efecto tenía razón: la creación de dinero es un espejismo increíblemente simple de riqueza. La palabra lo dice todo: *el dinero se crea*. Es un constructo artificial consensuado de valor. Es decir, todo el mundo acepta los tipos variables de intercambio de moneda y, lo que es más importante, el valor de las mercancías ligado a dicho cambio. El valor de la moneda es una ilusión compartida que todos «aceptamos», y también algo muy necesario si queremos participar en nuestro día a día.

La creación de dinero se produce más o menos como sigue: un individuo va a un banco con 1.000 dólares y los deposita en una cuenta. Ahora tiene un activo de 1.000 $ en depósito, y el banco tiene la responsabilidad legal de custodiarlo. Ahora bien, las normas de responsabilidad bancaria permiten a

---

[10] https://en.wikipedia.org/wiki/John_Kenneth_Galbraith

cada banco prestar una parte del dinero depositado que, en teoría, es de alrededor del 90%. Puesto que la mayoría de los bancos sólo guardan como reserva una mínima fracción de los depósitos reales, este procedimiento se conoce como «reserva fraccional bancaria ». En ese momento los bancos están en posición de empezar a hacer operaciones financieramente lucrativas ya que no ganan dinero guardando el dinero de la gente (a menos que cobren por los servicios bancarios o los intereses de la deuda). Estas operaciones financieras se hacen a través de la banca de negocios o de inversión. Dichos sectores comercian con compañías de alto nivel y sociedades inversoras, con seguros y valores, respectivamente. El otro tipo más comúnmente conocido de actividad bancaria se llama banca comercial. En nuestro ejemplo, un banco comercial puede prestar hasta el 90% del depósito inicial de 1.000 $, y por tanto disponer de 900 $ para otro prestatario. Estos 900 $ están ahora en circulación y pueden pagarse a otra persona quien, a su vez, puede volver a depositarlos en la banca comercial. Si el banco tiene esos 900 $ en depósito, puede prestar el 90 %, es decir otros 810 $. Si entonces el banco recibe esos 810 $ de otra persona puede prestar hasta el 90 %, es decir 729 $. Este proceso continúa hasta que, por ejemplo, los 1.000 $ iniciales se han convertido en 10.000 $. Sin embargo, en realidad, el banco sólo tiene en reserva 1.000 $. Los 10.000 $ que puede tener en varias cuentas es dinero que se ha creado a partir de la cantidad original. Sigue siendo muy real en términos de poder adquisitivo, y sin embargo representa una deuda de 9.000 $. Esos 9.000 $ *existen como préstamo*, sin que jamás hayan sido físicamente creados. El dinero estaría «respaldado» por el depósito inicial pero la nueva «creación de riqueza» no existe como dinero físico. Por lo tanto, si cada persona fuese al banco a reclamar su parte de los 10.000 $ (lo que se llama «retirada masiva de depósitos»), el banco no podría pagar porque en realidad no tendría el dinero en su cuenta. Entonces se podría obligar al banco a pagar tanto como le fuera posible antes de entrar en bancarrota. De hecho, cada persona tiene su dinero siempre que todo el mundo no lo pida al mismo tiempo. Además, el dinero de todos está presuntamente «seguro» mientras que la mayoría no deje de pagar sus deudas. Y, además, están los intereses que hay que abonar por cada préstamo. Esto, una vez más, significa que hay que pagar más dinero del que originalmente existe. ¿Se empieza a entender el panorama?

Lo que esto nos viene a decir es que el crecimiento del dinero es un proceso de acumulación de deuda. En primer lugar, el crédito bancario es dinero *existente como préstamo*, y por tanto es una deuda por la que hay que pagar otra deuda más (los intereses). La segunda manera de crear dinero corresponde a los bancos centrales que son los únicos autorizados para proveer dinero (es decir, imprimirlo) que de seguido se intercambia por deuda pública. El banco central de cada nación posee en exclusiva el monopolio para crear moneda de curso legal. En otras palabras, respalda el gasto gubernamental y la moneda en circulación aunque, una vez más, mediante deuda. Más aún, en el mundo desarrollado la mayoría de los bancos centrales son «independientes», lo que quiere decir que son propiedad privada y por tanto están más allá de posibles interferencias políticas. Déjenme repetir esta importante, y a menudo ignorada, cuestión: la creación de dinero (es decir, el dinero impreso), la deuda gubernamental y la deuda pública, están en gran parte bajo la autoridad de instituciones privadas. Como Mayer Amschel Rothschild (1743-1812), uno de los más afamados banqueros mundiales, dijo en una ocasión: «Denme el control sobre la moneda nacional y me tendrá sin cuidado quien haga sus leyes». Quien quiera conocer más detalles sólo tiene que investigar la historia del sistema bancario central.

Para continuar, la creación de moneda es por tanto un proceso de generación de deuda. Todas las monedas están respaldadas por deuda. Al nivel del día a día bancario todo el dinero nuevo *existe como préstamo*. A nivel gubernamental y estatal, todo el dinero simplemente «se imprime de la nada» y, a continuación, se intercambia por deuda gubernamental. Ambos tipos de deuda también se acompañan del pago de intereses sobre la deuda. Podemos decir, por tanto, que el dinero se respalda con deuda y que esta deuda debe pagar intereses. Y ahora surge otra pregunta: si los intereses se acumulan sobre la deuda, entonces ¿dónde está el dinero para cubrir estos pagos extra que suponen los intereses? Respuesta: no existe, *a menos que haya un dinero extra con carácter de préstamo para cubrir el pago de los intereses pendientes de la deuda*. Al mismo tiempo, el montante de la deuda va creciendo anualmente en un porcentaje determinado, debido al aumento de los intereses. A medida que la deuda aumenta, por el incremento previo del porcentaje, llega un momento en que se convierte en un sistema exponencial. Lo que esto quiere decir es que la cantidad de deuda circulante siempre será mayor que la cantidad de dinero disponible. También implica que el sistema bancario global no solo *se expande a perpetuidad* sino que, además, tiene que hacerlo, según sus propios procesos institucionales.

Lo que también ha contribuido a la expansión de esta burbuja económica es el hecho de que la liquidez monetaria ya no está respaldada por el patrón oro. Cuando el papel moneda podía cambiarse por monedas de oro (un procedimiento que a menudo se suspendía en tiempos de guerra), tenía un valor fiable. Las divisas mundiales – especialmente la reserva en dólares de EEUU – estaban respaldadas por el valor del oro. Sin embargo, cuando en 1971 se despojó al dólar de su respaldo en oro, permitiendo que determinase su propio valor, se proclamó el final del patrón oro. Esto también significó que se podía imprimir dinero a un ritmo creciente ya que no estaba vinculado al precio establecido del oro. La cantidad de *dinero creado* que «circula» en la actualidad es estremecedora. Efectivamente, hoy en día hay trillones de dólares, libras esterlinas, euros — en forma de dígitos en la pantalla de un ordenador — proporcionando alivio de la deuda y crédito. Solo que *en realidad* no existen. No son otra cosa que un *espejismo de deuda artificial*. No obstante, para mucha gente el espejismo es muy real y muy doloroso.

La ilusión de la creación de riqueza (es decir, de deuda) nos perjudica a muchos porque nuestros sistemas socioeconómicos han metido prácticamente a todo el mundo en esta *jaula falsa* en la que no nos encontramos físicamente encerrados sino más bien enmarañados dentro de una prisión digital de crédito y deuda. Nuestros así llamados «sistemas crediticios» (es decir, la deuda) hacen que la gente trabaje para los *bangsters*[11], aunque muchos nunca podrán pagar la deuda. En otras palabras, el dinero y el crédito son en sí mismos una forma de deuda, aparentando ser falsa riqueza. En la medida en que el mundo se edifica sobre una deuda que nunca se puede pagar, el crédito es una forma socialmente creada de esclavitud: un asalto al espíritu humano. De igual manera, las tarjetas de crédito son extensiones de este entorno de deuda simbólica y forman parte del arsenal de *armas silenciosas* que libran una *guerra callada* contra la gente. Añadiendo insulto al daño, en la actualidad, muchas de estas instituciones globales: bancos internacionales y corporaciones multinacionales, están más allá (y a menudo por encima) del poder de los estados nacionales.

Las sociedades modernas han cambiado sigilosamente el papel moneda por dinero digital. Nuestras instituciones financieras, y por consiguiente nuestra «solvencia crediticia», establecen el valor de una persona por medio de

---

[11] N.T.: En el original «banksters» palabra híbrida de banquero y gánster

dígitos binarios en una pantalla (¡qué mundo tan inhumano!). La independencia personal está siendo socavada por estos sistemas (que se supone deberían trabajar *para* nosotros) que despojan a la gente de sus bienes materiales, como se hizo evidente durante la quiebra financiera del 2008 y la subsiguiente inestabilidad de los mercados de liquidez monetaria. El sistema económico es una farsa extraordinariamente peligrosa.

Lo que esto significa para la gente común es que necesitamos instaurar un modo de vida que nos aleje de la dependencia de los bancos y nos libere de nuestra adicción al crédito. Esto es: gastar sólo lo que necesitemos; sacar nuestro dinero del banco (colocarlo en una caja fuerte o en algún lugar seguro); buscar planes monetarios locales (con moneda propia); establecer o unirse a redes de trueque; cambiar a un estilo de vida más autosuficiente (cultivar nuestros propios alimentos, etcétera). Y por lo que más quieran, que todos y cada uno aprendamos a vivir dentro de nuestras posibilidades. La alternativa es hacerlo dentro de las *suyas*. Y esto, al menos para mí, no es una perspectiva favorable.

Dos hombres

Dos hombres que habían sido injustamente encarcelados, durante mucho tiempo compartieron celda donde recibían toda suerte de insultos y humillaciones a manos de los guardianes de la prisión. Por fin, ambos fueron liberados y, después de muchos años, un día se encontraron en la calle. Uno de ellos le preguntó al otro:

—¿Alguna vez te acuerdas de los guardias y de cómo nos trataban?

—No, gracias a Dios, lo he olvidado todo —dijo el otro—. ¿Y tú qué tal?

—Yo he seguido odiándolos con todas mis fuerzas —replicó. Su amigo le miró unos instantes y dijo:

—Lo siento por ti. Si es así, eso quiere decir que aún sigues encarcelado.

7. LA AUSENCIA DE LIBERTAD DEMOCRÁTICA

En la civilización industrial avanzada prevalece una cómoda, apacible y razonable ausencia de libertad, símbolo del progreso técnico.

Herbert Marcuse.

Como señalaba Noam Chomsky[12], tanto en el «viejo» como en el «nuevo» orden mundial el objetivo central ha pivotado alrededor de la cuestión del control: «La principal tarea de cualquier estado dominado por determinados sectores de la sociedad doméstica es el control de la población y, por lo tanto, funciona en primer lugar según sus intereses…»[13]. Los «sectores» a los cuales se refiere son la élite minoritaria que busca estrategias de control para «tejer» los asuntos nacionales e internacionales en línea con sus objetivos, que están basados, en su mayor parte, en la avaricia, el poder y la necesidad de mantener a las masas contentas y dóciles.

La construcción de lo que *Marcuse[14]* denomina *ausencia de libertad democrática* a menudo se implementa mediante el racionalismo científico. La pauta habitual es alardear de pensamiento racional al presentar las agendas específicas más apropiadas para las estructuras jerárquicas de poder. Y es en el racionalismo de la élite tecnocrática establecida donde la gobernanza global ha encontrado su expresión más articulada. Una de esas formas es el corporativismo y el crecimiento de los conglomerados mediáticos que

---

[12] https://es.wikipedia.org/wiki/Noam_Chomsky

[13] Chomsky, Noam, "World Orders, Old and New," London: Pluto Press, 1997.

[14] https://es.wikipedia.org/wiki/Herbert_Marcuse

describo en un capítulo previo[15]. Un ejemplo concreto de corporativismo y control social puede encontrarse en las maneras de monopolizar y gestionar los sistemas alimentarios globales.

El control y la gestión de los suministros alimentarios globales ha sido una prioridad política y corporativa durante décadas, siendo los conglomerados radicados en EEUU los que llevan la voz cantante. Como figura política de la élite en el poder, Henry Kissinger advertía en 1970: «Controlad el petróleo y controlaréis las naciones; controlad la comida y controlaréis a la gente». Recientes investigaciones sitúan a las compañías multinacionales detrás del impulso dirigido a controlar los suministros alimentarios globales.

La Conferencia Mundial sobre Alimentación de Naciones Unidas, celebrada en Roma en 1974, ponía de manifiesto la necesidad de mantener suficientes reservas mundiales de cereales, especialmente dado que su precio había aumentado dramáticamente en el mundo debido al inmenso incremento del precio del petróleo durante la crisis de los primeros años 70 (en cierto momento los precios aumentaron a nivel mundial el 400 por cien). La estrategia de exportación de los EEUU en los años 70 fue controlar aún más los suministros alimentarios. Esto condujo a movimientos destinados a consolidar el poder, ya que el 95 por ciento de todas las reservas mundiales de cereales lo controlaban seis corporaciones multinacionales de negocios agrarios: Cargill Grain Company; Continental Grain Company; Cook Industries, Inc; Dreyfus; Bunge Company; y Archer Daniels Midland, todas ellas compañías estadounidenses. La estrategia a largo plazo de los EEUU era, como declaraba Richard Nixon en los primeros años 70, dominar el

---

[15] Capítulo 5: "Enmarañar nuestras mentes: la línea cada vez más delgada entre noticias y publicidad"

mercado global de los cereales y demás productos agrícolas. Esta política, cuyo objetivo era conseguir que las exportaciones de grano de los EEUU fueran competitivas en el resto del mundo, coincidió con la salida del dólar del patrón oro en agosto de 1971. Sin embargo, para que los EEUU llegaran a ser los productores más competitivos a nivel mundial en los negocios agrícolas, había que reemplazar las tradicionales granjas familiares por inmensas «granjas-factorías» de producción, tan extendidas en la actualidad. En otras palabras, la agricultura tradicional se reemplazó sistemáticamente con negocios de producción agrícola mediante cambios en la política interior. Por ejemplo, durante el mandato de Nixon los programas de granjas domésticas, que antes protegían a las pequeñas haciendas con menores ingresos, fueron desapareciendo paulatinamente. A renglón seguido, esta política se exportó a los países en desarrollo en una apuesta por aumentar la competitividad de los negocios agrarios de EEUU y hacerse con los mercados extranjeros:

> Como si fuese el disparo de inicio de una guerra no declarada, la administración Nixon comenzó el proceso de destrucción de la producción doméstica de alimentos en los países subdesarrollados, con el objetivo de crear un nuevo y vasto mercado global para la exportación «eficiente» de alimentos americanos. Nixon también usó el sistema comercial de posguerra conocido como el «General Agreement on Tariffs and Trade» (GATT) (Acuerdo general sobre tarifas y comercio) para promover esta nueva agenda global de exportación de las compañías agrícolas.[16]

En el informe de Henry Kissinger de 1974 «National Security Study Memorandum 200» (NSSM 200), él mismo apuntaba directamente hacia la

---

[16] Engdahl, F W, "Seeds of Destruction: The Hidden Agenda of Genetic Manipulation," Global Research, 2007.

ayuda alimentaria como «un instrumento de poder nacional».[17] Durante los años 70 la política cambió hacia un aumento de la desregulación, lo que suponía una mayor regulación privada por parte de las enormes y poderosas corporaciones globales. Esto llevó a un incremento de las fusiones corporativas y de las corporaciones transnacionales (que, aún hoy en día, a menudo tienen productos interiores brutos más grandes que muchos estados nación).[18]

A medida que las grandes corporaciones agrícolas iban creando su monopolio de producción, almacenamiento y distribución de alimentos, las granjas domésticas más pequeñas quebraban y cerraban. Aunque esta tendencia ocurría predominantemente en EEUU, más adelante se extendió a otros países desarrollados, que se vieron forzados a «modernizar» su industria agrícola para competir en el comercio global. Por ejemplo, entre 1979 y 1998, el número de agricultores estadounidenses disminuyó en 300.000, y hacia finales de los años 90 la agricultura (en EEUU al menos) estaba dominada por los grandes intereses de los negocios comerciales de agricultura. Los EEUU también llevaron a cabo una política exterior de oferta de asistencia financiera «para los países en vías de desarrollo, a través del Banco Mundial, a cambio de la apertura de sus mercados a las importaciones baratas de alimentos y semillas híbridas».[19]

---

[17] Ibídem

[18] Un estudio de la Universidad de Harvard, financiado por la Fundación Rockefeller y Ford, titulado "Harvard Economic Research Project on the Structure of the American Economy", dirigido por Wassily Leontief, ayudó a identificar los intereses y expansiones de las corporaciones estadounidenses.

[19] Engdahl, F W, "Seeds of Destruction: The Hidden Agenda of Genetic Manipulation," Global Research, 2007.

A principios del siglo XXI, los suministros mundiales de cereales estaban dominados por unos pocos monopolios radicados en EEUU. Cuatro grandes compañías agroquímicas y de semillas – Monsanto, Novartis, Dow Chemical y DuPont – controlaban más del 75 por ciento de las ventas de semillas de maíz de EEUU y el 60 por ciento de las de semillas de soja. Con el surgimiento de gigantescas compañías agroquímicas y de semillas, el ganado podía alimentarse con una dieta con gran contenido en fármacos destinados a estimular un aumento de su crecimiento. Se ha estimado que en años recientes los mayores usuarios de antibióticos y productos farmacológicos similares no han sido los humanos sino los animales, que consumieron el 70 por ciento de todos los antibióticos farmacéuticos. Las estadísticas muestran, de manera absolutamente escandalosa, que entre 1954 y 2005 el uso de antibióticos por parte de los negocios agrícolas estadounidenses aumentó de 500.000 a 40 millones de libras (un incremento, en peso, de 80 veces). Como consecuencia, el Centro para el Control de Enfermedades de EEUU ha informado de un incremento «epidémico» en humanos de enfermedades relacionadas con los alimentos, como resultado de la ingesta de carne que contenía grandes cantidades de antibióticos. Un investigador de la Universidad de Harvard, Ray Goldberg, que puso en marcha un grupo de investigación para examinar la revolución en el mundo de los negocios alimentarios (incluyendo los organismos genéticamente modificados), informaba: «la revolución genética nos está conduciendo a una convergencia industrial de los negocios de alimentación, salud, medicina, fibras y energía».[20]

El corporativismo y el ascenso de los conglomerados son sólo un ejemplo de la centralización de las instituciones sociales que les permite desarrollar sus agendas en nuestras sociedades. El suministro global de alimentos es

---

[20] Ibídem

sólo un aspecto de un conjunto de estructuras encubiertas que operan en y entre las naciones estado y que sirve para introducir en nuestras vidas una *ausencia de libertad democrática*. Otras estructuras incluyen, aunque no son las únicas, las instituciones financieras y los bancos centrales, los cárteles energéticos, los monopolios farmacéuticos, los emporios mediáticos y de comunicación y los centros de recolección de datos. Nuestros cada vez más restringidos ambientes sociales están manejados en la actualidad por una forma altamente organizada de *técnica* social.

Las modernas sociedades tecnocráticas se orquestan cada vez más alrededor de la cuestión central del poder y el control. En consecuencia, se necesita tecnología (el producto de la técnica social) para regular y manipular aún más la libre expresión de la actividad humana. Históricamente, la disciplina social se inculcaba en las masas mediante ejecuciones públicas y amenazas físicas muy evidentes. En nuestros días esto ha cambiado a formas más encubiertas de control e influencia. Por ejemplo, el futuro distópico final podría describirse como sigue:

> No será un campo de concentración universal, porque no será culpable de ninguna atrocidad. No parecerá demencial porque todo estará ordenado y las afrentas de la pasión humana desaparecerán entre destellos cromados. Ya no habrá nada que ganar y nada que perder. Nuestros instintos profundos y nuestras más secretas pasiones serán analizados, publicados y explotados. Se nos recompensará con todo aquello que nuestros corazones siempre han deseado. Y el lujo supremo de la sociedad tecnológica será concedernos la gratificación de la revuelta inútil y la sonrisa de aquiescencia.[21]

---

[21] Ellul, Jacques, "The Technological Society," New York: Vintage Books, 1964.

Deberíamos, pues, tomar nota de que la ilusión de libertad puede utilizarse como una poderosa forma de control y dominación. Igual que el «derecho democrático» a «elecciones libres y limpias» semeja «da libre elección de amos no suprime ni los amos ni los esclavos».[22]Joseph Goebbels (ministro nazi alemán de propaganda) era perfectamente consciente de este potencial cuando declaraba: «Ustedes son libres de buscar su salvación tal y como la entiendan, siempre que no hagan nada para cambiar el orden social». Esto no es otra cosa que correr dando vueltas a nuestro patio de recreo. La expresión extrema de ello es una sociedad donde el potencial revolucionario/reaccionario deja de existir. Lo cual podría no estar muy alejado de nuestra realidad social actual, con la entrada en vigor (en EEUU y en otros lugares) de muchas leyes nuevas que restringen las reuniones públicas y el derecho a protestar.

Tal como sugiero en un capítulo previo[23], hay un enorme interés por establecer quién y a qué información se tiene acceso. La información es crucial para la gestión de una matriz de control social. A muchos países les preocupa tanto este asunto que priorizan el control, la accesibilidad y el flujo de información. Esto es aplicable no sólo a países abiertamente restrictivos como China («El gran cortafuegos»[24]), sino también a las así llamadas naciones democráticas como Estados Unidos, Australia y los estados europeos. Los recientes intentos de regular la actividad de Internet, tales

---

[22] Marcuse, Herbert, "One-Dimensional Man: Studies in the Ideology of Advanced Industrial Society," Oxford: Routledge, 2007/1964.

[23] *Capítulo 5: "Enmarañar nuestras mentes: la línea cada vez más delgada entre noticias y publicidad"*

[24] http://es.wikipedia.org/wiki/Censura_de_Internet_en_la_Rep%C3%BAblica_Popular_China

como el Acuerdo comercial antifalsificación (ACTA)[25] y el Acuerdo para detener la piratería en línea (SOPA)[26], son ejemplos de esta progresiva y realmente peligrosa apropiación del flujo libre de información. A pesar del rápido aumento de nuevos espacios de información independientes y alternativos (gracias fundamentalmente a Internet), la triste realidad es que la mayoría de la gente aún sigue viviendo un *embargo de información* tremendamente manipulado.

Controlar el flujo y el contenido de la información es una particularidad de la técnica social que caracteriza a cualquier sociedad que se desplaza hacia una progresiva digitalización. En gran medida, fabricar el control social tiene que ver con la gestión de la información. Y es por ello que, de maneras sutiles e ingeniosas, las sociedades modernas compiten para establecer estructuras más eficientes de embargar la información. Tal comportamiento institucional no se restringe a las sociedades desarrolladas sino que también se manifiesta en las que están en vías de desarrollo:

> La tecnología sirve para instaurar nuevas formas de control y cohesión social más eficaces y placenteras. La tendencia totalitaria de estos controles parece reafirmarse aún más en otro sentido: extendiéndose a las áreas menos desarrolladas e incluso preindustriales del mundo.[27]

Zbigniew Brzezinski[28], que durante un tiempo fue Consejero Nacional de Seguridad de los EEUU, describió con gran claridad el papel crucial de la tecnología destinada al control de las masas. Brzezinski deliberaba acerca de

---

[25] https://es.wikipedia.org/wiki/Acuerdo_Comercial_Antifalsificaci%C3%B3n

[26] https://es.wikipedia.org/wiki/Stop_Online_Piracy_Act

[27] Marcuse, Herbert, "One-Dimensional Man: Studies in the Ideology of Advanced Industrial Society," Oxford: Routledge, 2007/1964.

[28] https://es.wikipedia.org/wiki/Zbigniew_Brzezinski

cómo la sociedad de la información debería suministrar un «foco de entretenimiento» del tipo «espectáculo con espectadores», como los deportes de masas y los principales medios de comunicación, con el objetivo de suministrar «un opiáceo para las masas cada vez más desprovistas de sentido». Y continuaba diciendo: «Puede que se necesiten nuevas formas de control social para limitar el ejercicio indiscriminado por parte de los individuos de sus nuevas posibilidades».[29] Brzezinski, como experto de alto nivel en asuntos políticos, se daba cuenta del aumento de la consciencia de la gente y de cómo eso podría afectar a la capacidad de las estructuras de poder para mantener la máscara de la democracia. Brzezinski escribió «por primera vez comienza a manifestarse una consciencia humana global, aunque dicha consciencia sólo está empezando a convertirse en una fuerza influyente. Todavía carece de identidad, cohesión y enfoque».[30]

El objetivo de la información abierta y del libre flujo del pensamiento debería ser, por tanto, establecer una sociedad civil genuina que ostente identidad, cohesión y enfoque. No hacerlo sería ponernos directamente en manos de la técnica social que fragua nuestro apaciguamiento y nuestra pérdida de sentido y poder personal. Espero que nuestra agenda no incluya aceptar ese juego y que, en lugar de ello, busque el potenciamiento, la integridad individual y colectiva y un sentido real de propósito cívico. Mientras nuestros canales de comunicación permanezcan abiertos… por ahora…, usémoslos para esos fines.

---

[29] Brzezinski, Zbigniew, "Between Two Ages: America's Role in the Technetronic Era," New York: Viking, 1970.

[30] Ibídem

Lo esencial

Un león fue capturado y encerrado en una reserva donde, para su sorpresa, se encontró con otros leones que llevaban allí muchos años, algunos incluso toda su vida: habían nacido en cautividad. El recién llegado no tardó en familiarizarse con las actividades de los restantes leones, los cuales se asociaban en distintos grupos.

Un grupo era el de los socializantes, otro el del mundo del espectáculo y había un tercero que tenía como objetivo preservar las costumbres, la cultura y la historia de la época en que los leones eran libres. Había grupos religiosos y otros que atraían a los que tenían talento literario o artístico. Por último, había revolucionarios que se dedicaban a conspirar contra sus captores y contra otros grupos revolucionarios. De vez en cuando estallaba una revuelta y un grupo determinado era eliminado o los guardianes del campo morían y eran reemplazados por otros guardianes.

El recién llegado reparó en la presencia de un león que parecía estar siempre profundamente dormido. No pertenecía a ningún grupo y permanecía ajeno a todos ellos. Suscitaba admiración en unos y hostilidad en otros.

—No te unas a ningún grupo —dijo el solitario—, esos pobres se ocupan de todo menos de lo esencial.

—Y, ¿qué es lo esencial? —preguntó el recién llegado.

—Lo esencial es estudiar la naturaleza de la cerca.

8. ESPIRITUALIDAD VERSUS FETICHISMO

Gran parte de lo que las sociedades contemporáneas toman por «espiritualidad»: rituales, talismanes, ejercicios, etcétera, se ha importado de otro sitio, se ha adaptado de versiones anteriores o se ha atrofiado, congelado en un símbolo y vendido como estímulo emocional. ¿Demasiado crítico?

Pues bien, lo que sucede a menudo es que muchas prácticas espirituales que en su tiempo fueron legítimas pierden su funcionalidad al sacarlas de su contexto original. Si esas herramientas precisas se utilizan de manera aleatoria corren el riesgo de convertirse, en el mejor de los casos en conjuros o, lo que es peor, en condicionamientos. Cuando esos emblemas de «enseñanza superior» se atrofian – lo que quiere decir que ya no están adaptados a la cultura, el momento y la gente – con frecuencia desencadenan una respuesta «pavloviana» en quienes los practican. Se trata de un estímulo emocional que genera una respuesta automática anhelante y asiduamente gratificante. Tales herramientas que quizás alguna vez, en un tiempo y un contexto específicos, tuvieron una función muy precisa se transforman fácilmente en tótems fetichistas.

La gente que tiene un deseo genuino de encontrar un camino de desarrollo interno puede ser vulnerable a tales mecanismos inconscientes o deliberados. Cuando se trata de manipulaciones intencionadas, estos iconos emocionales pueden provocar sentimientos de complacencia, quizás incluso de satisfacción egotista, pero no son el fundamento de ningún tipo de aprendizaje real.

La espiritualidad implica usar procedimientos precisos en etapas determinadas. No se trata de emoción sino de tener el conocimiento e información adecuados para saber lo que se requiere. No es un camino de deseos, sino un sendero de necesidades y capacidad.

Con frecuencia, las que consideramos como formas culturales de «espiritualidad» apenas son técnicas de condicionamiento. Puede suceder que el impulso original haya perdido su contexto y utilidad; o que sea aplicable a otra cultura en la que fue diseñada; o que sus representantes hayan escogido una «mescolanza» de varias técnicas para dar forma a algo atractivo y «holístico». De cualquier manera la función interna real de la enseñanza se ha perdido.

En el mundo moderno la espiritualidad se ha convertido en su propio mercado, de manera muy parecida a como las antiguas indulgencias saldaban por un precio el perdón de los pecados. La responsabilidad de tener un mecanismo interior de filtración enfocado y atento corresponde al individuo. ¿Vamos a la búsqueda de estímulos emocionales y de satisfacción?; ¿queremos inconscientemente encontrar una comunidad para reemplazar alguna carencia en nuestras vidas sociales?; o ¿verdaderamente necesitamos un proceso operativo preciso de desarrollo interno?

La ciega imitación de prácticas que a menudo se nos venden como técnicas espirituales puede parecer inofensiva. Pero desviar nuestras necesidades, y rechazar una alimentación adecuada, puede hacer que la persona no sólo sea vulnerable a la explotación sino que además esté hambrienta de nutrición apropiada. Como en el dicho:

«El pájaro que no conoce el agua dulce mantiene el pico en agua salada todo el año»

Estamos viviendo tiempos en los que hay tanto una gran cantidad de energía disponible como una eclosión de consciencia que estimulan a la gente a reevaluar su propósito, dirección y sentido del yo. Al mismo tiempo, muchos de nosotros vivimos en ambientes sociales eclécticos, consumistas, comerciales, que ofrecen posibilidades exorbitantes de elección creyendo que «más es bueno». Esto anima a ciertas personas a adoptar, experimentar, degustar, e interesarse por un batiburrillo de delicias espirituales con la esperanza de que la fusión resultante les «haga algún bien». Parece que es un camino bastante complicado para algo que comienza sencillamente por el yo.

La sociedad ofrece todo el estímulo que precisamos: no necesitamos buscar más. De igual modo, no es necesario que nos retiremos a una cueva para escapar de esa sobrecarga sensorial. Cualquier verdadero esfuerzo espiritual debe estar en armonía con nuestra propia vida. Si hay fricción e incompatibilidad con una vida normal, equilibrada, tenemos que cuestionarnos la «espiritualidad» que seguimos. No debería haber un planteamiento de «o-esto-o-aquello» en cuanto a nuestro propio desarrollo interno. Trabajar en uno mismo también entraña trabajar en la vida. Es la única manera de modelar un yo equilibrado, armónico e integrado.

Hay una historia que cuenta cómo, después de cierto tiempo, una buscadora espiritual encontró un maestro que le pareció genuino y de quien deseaba aprender. La buscadora preguntó al maestro si la aceptaría como discípula.

-¿Por qué buscas un camino espiritual? -preguntó el maestro.

-Porque quiero ser una persona generosa y virtuosa; deseo ser equilibrada, atenta, compasiva y ponerme al servicio de la humanidad. Ese es mi objetivo -dijo la buscadora.

-Bueno -replicó el maestro-, esos no son objetivos del camino espiritual; son los fundamentos básicos del ser humano que necesitamos antes incluso de empezar a aprender.

La sociedad moderna es una vida «a petición» en la que estamos acostumbrados a recibir aquello que solicitamos: un condicionamiento de demanda y suministro. Debido a ello con frecuencia estamos a merced de la cinta transportadora de oferta espiritual. Pero los primeros pasos deberían ser el diálogo de la persona consigo misma. *Presentimos* un montón de respuestas; disponemos en nuestro interior de filtros muy refinados que pueden, si los activamos, cribar la mayor parte de la basura que se nos pone por delante. Después necesitamos información. ¿Cuál es, en *mi cultura y en estos momentos,* un proyecto activo correcto de transformación interior? No necesitamos aprender sánscrito para entrar en contacto con un camino activo de desarrollo. Sólo tenemos que perder nuestro condicionamiento de estimulación emocional, el apego a rituales arcaicos y, aun así, atractivos, y nuestro fetichismo por los talismanes y los objetos exóticos. Las tendencias obsesivas por la apariencia de «algo más elevado» son poco más que una fijación de la codicia y un tipo de adoctrinamiento de bajo nivel.

Haríamos bien en considerar que lo «espiritual», como hemos dado en llamarlo, no es otra cosa que la nutrición humana necesaria, un requisito diario para vivir. No obstante, como el comer y el respirar, debe estar correctamente integrado en nuestras vidas sin grandes aspavientos. Y, por supuesto, sin olvidar que:

«Si insistes en comprar comida defectuosa, debes estar preparado para que te desagrade cuando se sirva»

El califa

Basándose en los informes que le habían dado, el califa nombró a Nasrudín Consejero Mayor de la Corte y puesto que su autoridad no provenía de su propia competencia sino del patronazgo del califa, Nasrudín se convirtió en un peligro para todos cuantos acudían a consultarle, como se evidenció en el siguiente caso:

—Nasrudín, tú que eres un hombre de experiencia —le dijo un cortesano— ¿conoces algún remedio para el dolor de ojos? Te lo pregunto porque a mí me duelen tremendamente.

—Permíteme que comparta contigo mi experiencia —le dijo Nasrudín—, en cierta ocasión tuve un dolor de muelas y no encontré alivio hasta que me las hice sacar.

9. ESPIRITUALIDAD VERSUS CONSUMISMO

Los rituales son importantes, no obstante a menudo son poco provechosos para aquellas personas proclives al hábito y mentalmente propensas a la ritualidad. La palabra «tradición» se aplica hoy en día a muchas prácticas religiosas y «espirituales» socialmente integradas que han arraigado en nuestras culturas. Aun así, en muchos casos resulta posible reemplazar la noción de «tradición» por la de «repetición». Ciertas prácticas y creencias se transmiten de una a otra generación sin modificarse ni adaptarse a circunstancias tales como el tiempo presente y el lugar en el que actúan. Esto es poco más que la repetición de una formula fija que aunque funcionase en su época, en la actualidad carece de su energía cinética interna. Podría decirse que es como la concha de una ostra hace mucho despojada de su perla.

Un ejemplo de ello puede verse en esta historia de un genuino maestro espiritual que fue a un país asiático para abordar el tema de la repetición. El visitante explicó al jeque titular que los ejercicios que estaba recomendando pertenecían a un tiempo pasado y que estaban restringidos a una audiencia específica a la que iban destinados. Puesto que esas condiciones habían dejado de existir, lo que permanecía era solamente el envoltorio externo: un espectáculo. El viejo jeque, que era el superior de la orden, replicó: «En un mundo sin luz, acaso hasta un falso destello merezca la pena» y «he estado aquí tanto tiempo, y otro tanto mis ancestros, que no podemos cambiar». El viejo jeque continuó con su negativa añadiendo a continuación: «Puede que nos quieran y crean que poseemos secretos... estamos aquí, después de setecientos años, no por nuestra valía o nuestra perversidad sino porque la gente nos quiere. Quieren magia... muchos pueden seguir un camino inofensivo y sentirse mejores, elevados. Esto es, en cualquier caso, lo que ellos imaginan que es la espiritualidad».[31]

Sin embargo, imaginar lo que puede «ser la espiritualidad», es similar a imaginar que el aire que respiramos es una sola sustancia. Pero esto no es así, porque si tuviésemos conocimiento de la correcta composición de una sustancia descubriríamos que es una mezcla de muchos elementos con un orden y concentración determinados. Centrarse en una sola parte de la sustancia y nutrirse de ella, como hacer exclusivamente ejercicios y rituales seleccionados, no sólo es ineficiente sino potencialmente perjudicial. En la analogía del aire que respiramos, sabemos por la ciencia que el aire está compuesto por un 21% de oxígeno, un 78% de nitrógeno, y un 1% de otros gases entre los que están el argón y el dióxido de carbono. Si una persona decidiese seleccionar exclusivamente el componente nitrogenado y concentrar su respiración «ritual» sólo en esa parte, no seguiría respirando mucho tiempo.

En el mundo moderno las prácticas espirituales están plagadas de repetición; sobre todo porque la repetición refuerza el condicionamiento y los patrones de conducta mentales, emocionales y físicos. Más aún, en tales «prácticas espirituales» la repetición implica a menudo continuar con elementos seleccionados; los que se ha decidido son más útiles para transmitirse o destacarse. En esos casos hay que preguntar: ¿quién lo dictamina? Si uno tiene dolor de cabeza puede tomarse una aspirina, pero repetirlo cien veces

---

[31] John Grant, 'Travels in the Unknown East', Octagon Press, 1992

tendrá un efecto diferente de hacer que el dolor desaparezca… ¡podríamos perder muchísimo más!

En la ciencia de la transformación interior, la repetición puede ser dañina si no guarda la correcta proporción con la totalidad. Aun así, cada uno de nosotros tiene capacidad para reconocer lo genuino; sólo que con frecuencia está ensombrecido por una serie de rasgos adquiridos como pereza, codicia, etc. Una manera de atravesarlos es ser sincero con uno mismo: preguntarse directamente si lo que se está haciendo procura verdaderamente el alimento y desarrollo requeridos. Si hay necesidad de autojustificarse podríamos preguntarnos ¿por qué?

En los últimos años la burbuja crediticia, ofreciendo la posibilidad de conseguir fabulosas delicias, hizo que mucha gente tuviese una falsa sensación de seguridad, tal como hacen las promesas de las formas de espiritualidad repetitivas y ritualistas. Debido a la oferta de crédito barato («oro falso») muchos fueron embaucados por un «consumismo repetitivo». De igual modo, mucha gente también se siente atraída por los escaparates de fascinantes ejercicios de transformación interna. Se consumen y exponen citas y frases, se admiran actos y se alegan milagros. Incluso se comercializan los extremismos: sufrimiento ritual, obediencia automática, premio y castigo, etcétera. Sin embargo, todos ellos son estímulos emocionales de bajo nivel. Como comentaba un maestro contemporáneo: «El aprendiz, en lugar de darse cuenta de que existe un objetivo, se convierte en un aturdido consumidor de excitación y prodigios». Tales ofertas pueden ser «consumibles», pero ¿forman parte de una ciencia disciplinada que conforma una enseñanza unificada y completa de desarrollo metódico, que tiene en cuenta los contextos específicos? Como reza el dicho: «*Sólo hay oro falso porque existe el oro verdadero*».

El imperativo de evolución interna no es una lista de la compra, ni adquirir habilidades aleatoriamente, ni conseguir satisfacción emocional. Es una verdadera necesidad interna: actuar en consecuencia con sinceridad e intención genuinas puede suponer un inmenso beneficio para el individuo y para el planeta

«A la gente falsamente espiritual se la reconoce fácilmente porque piensa, como los materialistas, en términos transaccionales. Quieren obtener algo a cambio de alguna otra cosa» – Idries Shah

Un criado

Un hombre, de intachable reputación, tenía un criado de rostro atroz y carácter imposible. No podía recibir una orden sin ponerse como una furia, se sentaba de forma grosera a la mesa, servía mal, empujaba a los invitados y dejaba a su patrón sediento. Todas las reprimendas lo dejaban indiferente y no hacían más que agravar el desorden y la negligencia de su servicio. Por la noche la casa retumbaba con el ruido de sus pasos y de la vajilla que rompía.

Incluso echaba las gallinas a los pozos y colocaba matorrales espinosos en los caminos por donde tenía que pasar el patrón. No se podía contar con él para nada.

Unos amigos del patrón le aconsejaron que se deshiciese de aquel fastidioso criado y tomase otro.

—Pero ¿por qué? —protestó el patrón sonriendo—. Le estoy muy agradecido porque me ha hecho mejor. Sí, me ha enseñado paciencia y cada día que pasa me la sigue enseñando. Y ese don me permite soportar las otras dificultades de la vida.

10. CORTADO Y RECORTADO[32]: EL AMOLDAMIENTO DE LAS PERCEPCIONES HUMANAS

Un famoso poema persa del siglo XIII cuenta la historia de una anciana que al encontrarse con un águila en el alféizar de su ventana la atrapó, pues nunca hasta entonces había visto algo semejante. La anciana contempló el extraño pájaro y al cabo dijo «¡Qué paloma tan rara!». Y procedió a cortarle las alas, enderezarle el pico y recortarle las garras con el fin de cambiar su apariencia y adaptarla a sus propias ideas sobre cuál debería ser el aspecto de un pájaro. Este poema persa refleja el condicionamiento social del pensamiento humano: modificar lo no familiar o lo «otro» para hacerlo aceptable y que encaje con las percepciones contemporáneas. En otras palabras, cortar y recortar para ajustarse a un «modelo básico».

A lo largo de nuestra vida una estructura sistémica de procesos e instituciones nos adoctrina. En este entorno condicionante las creencias prácticamente se «reencarnan» en nosotros. Y una vez que forman parte de nuestro yo socialmente construido, se mantienen, refuerzan y protegen, a menudo inconscientemente, mediante procesos psicológicos de percepción. Salvo raras excepciones, todo el mundo se educa en ambientes específicos culturalmente definidos. Luego, el entorno social predominante en el que vivimos intenta brindarnos un surtido de normas de pensamiento y conducta, social y culturalmente aceptadas. Esto funciona a través de distintos medios, como la fe personal; la religión; la ciencia; el lenguaje y las emociones; negación y duda; seguridad y protección (identidad y

---

[32] N.T.: "Clipped & Trimmed" (en el original): expresión usada habitualmente para referirse al cuidado de animales como pájaros, perros o caballos, mediante el cortado y recortado de alas, uñas, crines, pelo, etc.

pertenencia); felicidad y miedo; bienestar y materialismo. Una vez inculcados esos rasgos, la persona tiende a perpetuarlos creyendo que los ha obtenido mediante el «libre pensamiento». Al final, reforzamos las creencias que se han encarnado en nosotros, aceptándolas y defendiéndolas como propias. De manera que cuando decimos «yo no creo», a menudo lo que realmente queremos decir es «yo rechazo automáticamente todo aquello que mi cerebro no está *cableado* para recibir». El resultado final es que la mayoría sólo «cree» aquello que quiere creer, o que encaja dentro de sus propios paradigmas de percepción o experiencias. Y puesto que nos hemos comprometido con tales creencias sentimos como imperativo apoyar la inversión que hemos realizado. Después de todo, ¿a quién le gusta que le demuestren que está equivocado?

Con frecuencia, no solo nos esforzamos por apoyar nuestras preciadas creencias sino que además terminamos por estar de acuerdo con quien sea, o con lo que sea, que aparente coincidir con nosotros. Por ejemplo, dense cuenta como a menudo «votamos» favorablemente reseñas *online* positivas sobre cosas que nos gustan, ya sea un libro o una película, mientras que ignoramos, o es improbable que votemos como «útiles», reseñas desagradables. Por naturaleza, las personas intentan ratificar sus estructuras de creencia e identidad promoviendo aquellas actividades y experiencias que sirven para reforzar y validar sus propios esquemas condicionados. La gente rara vez busca experiencias que desafíen seriamente sus percepciones y generen incertidumbre o duda. ¿Cuántos conservadores de extrema derecha dedicarían tiempo a leer el último boletín socialista? Pero la idea fija es el enemigo del pensamiento libre.

A menudo para que nos vaya bien en la vida es importante «encajar» con la gente; evitar ser un inadaptado social o un individuo alienado. Tenemos que aprender a llevarnos bien con todos los demás. Somos, después de todo, animales sociales. Intentar vivir según algo que no sea la «norma» o la conducta social y el pensamiento aceptados, generalmente acarrea dificultades y un cierto nivel de distanciamiento. Puede decirse, especialmente en los tiempos que corren, que el liderazgo pertenece cada vez más a los mediocres. Y aunque el famoso edicto del templo de Delfos declaraba «Conócete a ti mismo», tales ideales se han visto menoscabados, o al menos mermados, en sucesivas generaciones. Aquellos templos antiguos han sido reemplazados por edificios de educación, religión, ley o política. Diversas características individuales están «autorizadas» por unas pocas y selectas instituciones culturales o religiosas emblemáticas.

Mucha gente puede no ser totalmente consciente de estos procesos que actúan en su vida, porque los impactos a menudo son graduales y no repentinos. Y el proceso comienza temprano en la vida de la persona. Mediante la combinación del adoctrinamiento precoz en la infancia, la socialización parental y los impactos educacionales, a menudo se nos condiciona satisfactoriamente para una «realidad cognitiva y perceptiva» específica. Una vez establecidos, estos conjuntos de creencias modelan una suerte de dependencia.

La sociedad colectiva sirve aún más para reforzar y modificar la mayor parte de la conducta física, mental y emocional. Así, la persona que llega a ser considerada como más valiosa socialmente es a menudo aquélla que ha demostrado su habilidad para adoptar (y adaptarse a) los patrones y conductas consensuales. Y como el medio social nunca, o rara vez, cuestiona tales creencias individuales es más fácil que la persona olvide por qué las mantiene. Debería recordarse que las creencias no son hechos: una creencia es «creencia» porque no es ni conocimiento ni verdad. Es una convicción de fe: una forma de pensamiento respaldada por apego emocional. Muchas creencias, cuando se las examina, se encuentra que son resultado de diversos procesos de adoctrinamiento como el lenguaje emocional y las asociaciones con una profunda carga emotiva. Entre otros ejemplos pueden mencionarse el amor al país (patriotismo, nacionalismo), a Dios, a la familia y la tribu, a los principios y un sentimiento de identidad moral. Un grupo de personas, incluso una nación, puede hacer grandes sacrificios por muchas de estas creencias, defendiendo las inversiones emocionales compartidas. Y si la mayoría de la gente comparte las mismas creencias es improbable que éstas se pongan en entredicho. Hacerlo podría dar lugar a que una persona exhibiese un comportamiento «anormal».

Puede decirse que la sociedad «corta y recorta» la mente humana – nuestra consciencia y nuestras precepciones cotidianas – con el fin de establecer un consenso general de pensamiento. De esta manera, una masa colectiva se hace más manejable: el águila se transforma en paloma.

Se trata de procesos de los que necesitamos ser conscientes, de modo que podamos reflexionar sobre nuestra conducta, nuestros roles sociales y nuestras actitudes. El mundo, nuestro medio social, está experimentando cambios rápidos. Por tanto, son tiempos de empezar a desarrollar nuestra consciencia y de participar plenamente en la expansión de la consciencia que nos aguarda.

El sabio y el científico

En una ocasión, un hombre sabio le preguntó a un científico:

—¿Qué crees tú: que una criatura primitiva se convierte en hombre a lo largo de millones de años o que una rana se convierte instantáneamente en un príncipe?

El hombre de ciencia estaba indignado:

—¿Por qué tipo de persona me tomas?— preguntó.

—Sé qué tipo de persona *eres* —dijo el sabio— sólo estoy intentando comprobar tus opiniones sobre ti mismo.

11. MANTENER LA CALMA: LA INTEGRIDAD Y NUESTRO SENTIDO DEL YO

Si puedes mantenerte sereno cuando a tu alrededor

todos enloquecen y te culpan por ello...

...Tuya es la Tierra y todo cuanto contiene

(Rudyard Kipling – «If»)

Los versos que anteceden – extractados del poema de Rudyard Kipling «If» («Si») – sirven para recordarnos que si somos capaces de «mantenernos serenos» habremos ganado la Tierra, nuestro sentido del yo. Aislada, la frase «mantenerse sereno» puede interpretarse de varias maneras. Para mí sugiere que en los tiempos que corren necesitamos ser más conscientes de nuestras acciones, para permanecer estables y equilibrados – renaciendo y conectándonos con nuestra integridad.

Mientras las cosas que nos rodean continúen yendo de mal en peor, los proyectos se descarríen y las incertidumbres se magnifiquen, seremos más propensos a sentirnos frustrados. También es probable que nuestras «zonas de comodidad» se pongan a prueba y que podamos sentir cómo surgen en nosotros emociones que están al acecho para asaltarnos. Después de todo, paradójicamente, el cambio nos llega tanto demasiado rápido como demasiado lento. El mundo que nos rodea parece estar variando rápidamente, aunque el cambio real que desearíamos ver en nuestras vidas, y en las de nuestros seres queridos, es para muchos demasiado lento. Quizás tengamos la sensación de estar atascados en una especie de contracorriente dimensional. Puede parecerse a la sensación de correr en un sueño: nuestra mente está corriendo, o diciéndonos que corramos, mientras que nuestras piernas se mueven a cámara lenta. La sensación de cambio, y de paso del tiempo, es rápida, pero la correspondiente actividad física se reduce a una especie de «paseo por las nubes». Una de las consecuencias inmediatas es la frustración: un sentimiento de impotencia en un mundo donde todo parece estar desintegrándose.

Otra característica de nuestras vidas repletas de información es la posibilidad de «quemarse», es decir, de recibir demasiada información con excesiva rapidez, e intentar procesarla a un ritmo antinatural. Es importante que cada uno de nosotros encuentre una cadencia que le resulte adecuada. Hace poco oí hablar de un restaurante en Holanda que ofrecía "Cenar en Tinieblas", o sea, ingerir los alimentos en la más absoluta oscuridad. Una persona lo había probado y describía su experiencia: decía que había sido reveladora. Todos los sentidos estaban despiertos y la comida sabía mejor de lo que hubiera podido imaginar. En la experiencia real de comer no había ninguna distracción. Y este es el punto importante: no distraerse del yo.

Vivimos en un mundo inmerso en una polución sensorial e informativa, y nuestros medios tradicionales de comunicación están diseñados para distraernos. El entretenimiento es el entretenimiento; en otras palabras, algo que te atrae para que entres en resonancia con ello. Así que, en medio de nuestras aceleradas y ajetreadas vidas, es importante mantener la calma. Necesitamos estar centrados y conectados a tierra para recargar nuestras energías. Para mí, mantenerse conectado a tierra[33] supone también valorar y respetar el yo. Es crucial que no nos permitamos sentirnos descorazonados.

---

[33] N.T.: «grounding» hace referencia al proceso, descrito en diversas técnicas de meditación, de ponerse en contacto con las energías de la tierra.

Escuchar o ver las últimas noticias en los medios de comunicación tradicionales no parece ofrecernos demasiadas esperanzas en el mundo. Además, lo que es aún más importante, no nos estimula a que aspiremos al bienestar y a mejorarnos a nosotros mismos.

Así que necesitamos dar un paso atrás, observar nuestras vidas y sentirnos a gusto con quiénes somos y con lo que estamos haciendo precisamente ahora. Un poco de amable reflexión no debería consistir en sentirnos culpables por los errores o los fallos que percibamos. Se trata de reconocer dónde podríamos realizar ciertas mejoras que puedan fomentar lo que queremos ser. Y también se trata de recuperar nuestra capacidad usurpada por las fuerzas externas que nos deprimen y desvitalizan. Muchos impactos externos del mundo sirven para vaciarnos, distraernos, deprimirnos e incapacitarnos. Tenemos que apartarnos de eso y centrarnos en lo que nos eleva.

Podemos, y debemos, ser representantes de nuestros ideales. Aún más, debemos aspirar a encauzar nuestras nuevas formas de pensar y ser. Esto significa no tener miedo de lo que el «consenso social» pueda decir acerca de nuestras percepciones y perspectivas. Estamos viviendo en una época en la que se nos convoca a responsabilizarnos de crear nuevos modelos de pensamiento, conducta y percepción. Empecemos por reconocer nuestra integridad y por ser fieles a nuestra dignidad y a nuestro equilibrio centrado. Es importante hablar de nuestra propia interpretación: no sólo compartir nuestro posicionamiento, sino también validar y reforzar nuestro sentido del yo. El mundo en el que vivimos aparece, a menudo, como una realidad confusa y «patas arriba». Cuando lo podamos observar con mayor objetividad veremos cómo nuestros sistemas establecidos de ideas ya no son sostenibles ni sirven para mejorar a la humanidad. Así pues, necesitamos reconocerlo pero sin miedo ni rabia. Entonces, una vez hayamos procesado estas verdades, estaremos en condiciones de hablar de ellas con mayor libertad. Podemos vivir nuestras nuevas percepciones y perspectivas con mayor integridad y libertad interna. Podemos consolidarlo internamente: al fin y al cabo, disponemos en nuestro interior de todas las herramientas que necesitamos…

<u>Cuentos</u>

Un sabio célebre siempre enseñaba a sus estudiantes con parábolas y cuentos, que ellos escuchaban con gran placer. No obstante, a veces los estudiantes también se sentían frustrados porque anhelaban algo «profundo». Al hombre sabio no le importaban en absoluto tales objeciones. Su respuesta siempre era la misma:

—Aún tienen que comprender que la distancia más corta entre el hombre y la verdad es un cuento.

12. IR POR EL BUEN CAMINO EN LA DIRECCIÓN EQUIVOCADA: EL ARTE DE PENSAR POR NOSOTROS MISMOS

Como dice el célebre pensador Edward de Bono: «Si todo el mundo va en la misma dirección, quienquiera que vaya en una distinta está *equivocado*. Puede que la diferente sea mejor, pero sigue siendo errónea».

Tal es el poderoso arrastre del conformismo social. No se puede confiar plenamente en quienes dicen y hacen lo que *piensan que es correcto*, si todos los que les rodean expresan una opinión diferente. Esto se debe a que el empuje del conformismo social, ya sea consciente o inconsciente, es sencillamente demasiado fuerte. El riesgo reside en que, en tal entorno, es probable que la persona abandone su propia responsabilidad en lugar de actuar de acuerdo con ella. Por lo general, un grupo muestra falta de compromiso por parte de sus miembros porque cada persona piensa que la responsabilidad global puede compartirse. Puesto que no existe una culpabilidad individual acumulable, el sujeto tiende a renunciar a su propia responsabilidad personal. El resultado es que cada persona refuerza la inercia de las demás. Así, efectivamente, la inacción se convierte en la norma aceptada dentro del grupo; entonces, ya que se ha invertido tanto en el mismo, la inercia se refuerza y se valida, a menudo mediante la racionalización personal. Estar equivocado puede causar demasiada angustia; por tanto resulta preferible racionalizar que las propias acciones son correctas. Este «miedo a la responsabilidad» es producto de la socialización y hace al individuo menos capaz de hacerse cargo con fluidez de las incertidumbres y complejidades de una vida plena. El resultado es que existe una tendencia a preferir sumergirse en «la masa»; en otras palabras, a ser una parte silenciosa del comportamiento colectivo de la misma. Y es precisamente este tipo de conducta el que ha sido repetidamente aprovechado por los dictadores y los «líderes» deshonestos como forma de conseguir autoridad y legitimidad.

La obediencia a las figuras de autoridad[34] es un rasgo condicionado en el individuo a lo largo de mucho tiempo. Un niño, desde temprana edad, está expuesto en primer lugar a sus padres; luego a los profesores en la escuela; más adelante a los funcionarios públicos uniformados; y finalmente a los jefes. Por tanto, se entrena al individuo para que actúe y responda correctamente dentro del sistema social jerárquico establecido. Esto genera la «creencia» de que la persona nunca es totalmente libre en lo que se refiere a su conducta; las personas están casi siempre sometidas a la autoridad de alguien que está por encima y que influye en los acontecimientos. Paradójicamente, mucha gente se repite a si misma que tiene libertad personal, si bien externamente temen mostrar «demasiada». Se ha observado que las personas que más se amoldan son las que con mayor probabilidad presentan menos tolerancia a la incertidumbre y la ambigüedad. De este modo, el conformismo social ha inculcado una sensación de seguridad: la pertenencia es un refugio seguro donde la persona se siente protegida. Pero tales emociones –de comodidad e incomodidad– a menudo son programas socialmente condicionados desde el nacimiento. Gran parte del «comportamiento humano» procede de las influencias que nos han conformado. Pero de lo que a menudo no nos damos cuenta es de hasta qué punto estas fuerzas sociales han sido deliberadamente elaboradas con el fin de conformar y gobernar una masa colectiva. A través de un abanico de instituciones sociales se establecen «sistemas de conocimiento» específicos que con frecuencia sirven para suministrar un dócil y consentido conjunto de estímulos. La «realidad» de la situación es que somos sutilmente coaccionados a enrolarnos en sistemas de imitación merced a los cuales se

---

[34] Véanse los famosos experimentos de Stanley Milgram sobre «Obediencia a la Autoridad»

nos entrena para memorizar información que se hace pasar por conocimiento. A su vez, esta información se refuerza mediante instituciones de autoridad (tales como la ciencia y el «expertismo»[35]), que le dan apariencia de verdad.

Entre los diversos métodos usados se incluye la forma que los estados nacionales tienen de utilizar la «realidad de la verdad» divulgando *estadísticas aparentemente precisas* que nos hablan de situaciones plausibles. De nuevo, es la táctica del «experto de bata blanca». Para que tal información sea eficaz no puede estar muy alejada de la verdad; en otras palabras, debe tener apariencia de realidad. El comercio, el empleo, y las cifras financieras son un ejemplo de ello. Y ¿quién, de entre el público general, dispone del conocimiento o los recursos para comprobar y confirmar tales cifras? ¿Y a quién le importa realmente? Las personas que saben son, habitualmente, quienes tienen un interés particular en mantener la ilusión, como en el caso de los negociantes y los financieros. Y una vez que una afirmación falsa (o «docta») se disemina y se acepta por el público, se consolida y resulta difícil de invalidar o desmontar.

La libertad de pensamiento «permitida» en la sociedad es generalmente expresión del pensamiento libre dentro de un sistema preestablecido: no significa una *libertad externa al sistema*. Ejemplo de ello sería la variedad interminable de clichés del rock -como las rabiosas travesuras de destrozar habitaciones de hotel y arrojar televisores por la ventana- que inspiran a rebeldes impulsivos. Más adelante, los departamentos de relaciones públicas del rock transforman todo esto en sucedáneos. En esencia, a esos

---

[35] N.T.: En el original «expertism», neologismo que se refiere a la cualidad del experto.

«rebeldes» se les permite, e incluso se les anima, porque sus travesuras venden discos. La rebeldía de este tipo es, por tanto, una contribución más a una sociedad consumista, aunque desde una óptica diferente.

Por otra parte, los sistemas alternativos de pensamiento a menudo se etiquetan como subversivos y los actos humanos se someten a rectificación o rechazo. De esta manera, determinadas pautas físicas, mentales y emocionales son engranadas, reforzadas, y moduladas por las instituciones humanas. La estandarización se ha utilizado como elemento clave de una sociedad ordenada densamente poblada. Pero el propio método de consciencia consensual y pautas controladas de pensamiento es anatema para la necesidad natural de un pensamiento evolutivo consciente. Este procedimiento conduce paulatinamente a la gente a ser pastoreada hacia un entorno social crecientemente controlado y, también, por su naturaleza intrínseca, sirve para debilitar a los agentes de cambio social.

Dichos agentes son aquellas personas, en cada sociedad, que no tienen miedo a desprenderse de las normas de condicionamiento social y a pensar por sí mismas, a menudo en contra del arrastre de las masas que van por el mal camino en la dirección «correcta». Ahora, más que nunca, se necesita al individuo «despierto», de manera que el pensamiento y la conducta conscientes puedan juntos crear una manera de avanzar a través del laberinto que nos rodea, e iluminar el paso para discurrir por el buen camino en la dirección «equivocada».

El mago

Cierto cuento oriental habla de un mago muy rico que tenía numerosos rebaños de ovejas. Este mago era muy avaro. No quería contratar pastores y no quería cercar los prados donde pacían sus ovejas. Las ovejas se extraviaban en el bosque, se caían por los barrancos, se perdían y sobre todo se fugaban cuando se aproximaba el mago, porque sabían que él quería su carne y su piel. Y esto no le agradaba. Por fin, el mago encontró el remedio. Hipnotizó a las ovejas y les sugirió primeramente que eran inmortales y que no les haría ningún daño el ser despellejadas, que al contrario este tratamiento era excelente y agradable para ellas; luego el mago les sugirió que era un buen pastor que amaba mucho a su rebaño, que estaba dispuesto a hacer toda clase de sacrificios por ellas; y en tercer lugar, les insinuó que si cualquier cosa mala les pudiera llegar a suceder, no iba a ocurrirles ahora, en todo caso no ese mismo día, y que por consiguiente no tenían ninguna necesidad de preocuparse por ello. Después el mago les metió en la cabeza que de ninguna manera eran ovejas; sugirió a algunas que eran leones, a otras que eran águilas y a otras que eran hombres o que eran magos. Hecho esto, sus ovejas no le causaron más molestias ni preocupaciones. No se escapaban más, esperando en cambio con serenidad el instante en que el mago las esquilara o las degollara.

13. AFERRARSE A LA REALIDAD: COMPROMETERSE ENéRGICAMENTE CON NUESTRAS VIDAS

Hoy en día muchos nos sentimos como si nos ahogásemos en información. ¿No es cierto que nuestro mundo está inundado por un nuevo tejido de comunicaciones, la mayoría digitales? Como Eric Schmidt, presidente de Google, dijo en su célebre frase: en 2010-11 la raza humana generaba en dos días tanta información como la totalidad de lo registrado en los anales de la historia. Esto supone una cantidad increíble de información fluyendo por las venas de nuestras culturas interconectadas. La pregunta es: ¿afecta esto a nuestro sentido de la realidad?

La respuesta es «Sí». Ahora bien: ¿cómo y por qué?

En el curso de los últimos siglos, en las naciones occidentales y septentrionales, ha habido un rápido desarrollo cultural que ha impuesto una manera de pensar lineal, basada en la lógica. Desde que nuestras ciencias modernas descubrieron el fenómeno del «cerebro dividido», esta manera de pensar se ha etiquetado como una perspectiva del cerebro izquierdo. Dicha perspectiva dominante ha contribuido a crear en nuestras mentes un mundo separado de nosotros mismos – «ahí fuera» – y desde esa posición sentimos apropiado manipular y controlar nuestro medio ambiente. Este punto de vista lo describió acertadamente Francis Bacon (el así llamado «padre de la ciencia moderna») como la capacidad, y necesidad, de forzar a la Naturaleza a revelar sus secretos. Pero tal perspectiva, que ha ido adquiriendo influencia a lo largo de los siglos y es, en la actualidad, nuestra mentalidad dominante, también sirve para «desencantar» el mundo: para alejarnos hacia una posición de observador distante, separado. La interacción con el mundo que nos rodea se ha convertido en gran medida en pasiva. En consecuencia, hemos sufrido una disminución de la función imaginativa: nos sumergimos menos en el mundo y nos colocamos como atisbándolo desde sus márgenes o, aún peor, desde un pedestal.

Nuestras modernas culturas *occidentales* han validado y reforzado este modelo que se ha convertido en la columna vertebral de cómo la mayoría percibimos las noticias, la información, las instrucciones, etcétera. Siendo observadores pasivos, se nos da la información de maneras aceptables para los medios de comunicación, y almacenamos, apilamos y archivamos estos datos, pero apenas reaccionamos ante ellos, lo que ha llegado a ser la característica habitual de nuestras vidas complejas y nos permite abordar los impactos, sucesos y obligaciones crecientes de nuestra existencia. Sin embargo, al mismo tiempo, nos insensibiliza frente al hondo valor emocional y la profundidad de esos impactos. En otras palabras, nos hemos desencantado y divorciado de nuestro vibrante entorno vital.

En un mundo rico en datos nos estamos volviendo cada vez más carentes de sentido. A muchos de nosotros nos invade un sentimiento de no «contactar» adecuadamente con nuestras vidas, de que sólo tenemos la sensación de estar de paso. Aunque haya sido un mecanismo satisfactorio de defensa para hacer frente a un mundo complejo, incierto y a menudo inestable, no contribuye a que nos comprometamos de manera consciente, compasiva, o creativa con nuestra realidad participativa. A menudo vemos el mundo como abstracto, como si estuviésemos separados y aislados de los acontecimientos y de los «hilos invisibles» que nos unen a todos de forma inextricable. Estamos ávidos de realidad porque rara vez experimentamos participación e intimidad con un mundo vibrante (sólo a veces mediante lo que se han denominado «experiencias cumbre»). La capacidad de percibir y relacionarse con el mundo se ha visto básicamente reemplazada por una realidad pasiva que proporciona a sus «consumidores» un cierto decorado de realidad que conlleva parámetros culturales estrictos y un pensamiento único. No resulta sorprendente que haya personas que para conseguir una olvidada sensación de vitalidad y dinamismo se complazcan en situaciones límite: deporte, intoxicación, brutalidad, locura. Experimentando esos momentos «eufóricos», a menudo nos damos cuenta de que nuestra existencia es mucho más interesante y «conectada» de lo que pensábamos. Desafortunadamente, muchas de esas epifanías proceden de conmociones, tales como cuestiones de salud o un trágico sentimiento de pérdida. No obstante, la buena noticia es que puede estar resurgiendo una conexión participativa con nuestro mundo.

La increíble cantidad de información que se produce hoy en día corresponde en gran medida a gente que «cuelga» videos en YouTube, envía mensajes, expone sus ideas en blogs y páginas web, y participa en redes sociales. La revolución eléctrica que nos trajo la radio y la televisión nos enseñó a sentarnos cómodamente y recibir pasivamente la información. La revolución digital que, en sólo un par de décadas ha aumentado de manera espectacular, nos urge a sumergirnos en su flujo. Navegamos por Internet, miramos y enviamos imágenes a nuestros amigos, vemos un río de vídeos, hacemos nuestros propios vídeos, subimos nuestros experimentos musicales, etcétera. La lista de formas de participar crece día a día. En lugar de estar a merced de la información, como ocurre con el viejo modelo, deberíamos dar la vuelta a esta relación y usar el medio para crear y desarrollar nuestras propias formas de expresión, comunicación y testimonio. Tenemos la oportunidad de participar e involucrarnos en nuestro sentido de la realidad cultural. Deberíamos buscar la información que nos da fuerza, tendiendo la mano a individuos y grupos afines, organizándonos y fortaleciendo nuestro sentido de nosotros mismos y nuestros valores. Y entonces, por supuesto, salir al encuentro de nuestras nuevas conexiones y comunidades (si ello es posible) o, al menos, ir a pasear por la naturaleza y reflexionar sobre nuestros nuevos pensamientos creativos.

La consciencia humana, nuestros pensamientos y estados mentales, está entrelazada[36] con nuestras vidas; podemos proyectar nuestro pensamiento consciente, como un rayo laser, sobre el mundo. Cada uno de nosotros posee la capacidad de darse cuenta de los impactos que absorbe, considerarlos, y «sentir» una respuesta, en lugar de ofrecer una reacción automática. Permaneciendo pasivos y aburridos no añadimos nada a nuestro entorno. En cambio, la energía y las actitudes vibrantes, apasionadas y decididas dinamizan el significado de nuestra realidad inmediata.

Para realizar un cambio duradero en los próximos años muchos de nosotros tendremos que despertar de nuestro letargo y aferramiento a la realidad, tender la mano a nuestro mundo, reconocer nuestra inmersión creativa y comprometernos enérgicamente con nuestras vidas. Podemos unirnos al diálogo global.

El precio del desánimo

Una vez se corrió la voz de que el Demonio se retiraba de sus negocios y estaba organizando la venta de sus herramientas de trabajo al mejor postor. La noche de la venta se dispusieron todos los utensilios para que los viesen los postores. ¡Qué tropa tan variopinta formaban! Había instrumentos siniestros de odio, celos, envidia, malicia, traición y todos los demás

---

[36] En el original «entangled» http://es.wikipedia.org/wiki/Entrelazamiento_cu%C3%A1ntico

elementos del mal. Pero junto a ellos también había un instrumento aparentemente inofensivo, con forma de cuña, desgastado y raído y que, no obstante, estaba tasado en un precio mucho mayor que el resto. Alguien preguntó al Demonio cuál era el nombre de aquel instrumento tan feo.

—Desánimo —contestó el Demonio.

—Y ¿por qué un instrumento que no aparenta malicia alguna tiene un precio tan elevado? —preguntó el postor.

—Porque —respondió el Demonio— este instrumento me es más útil que cualquier otro. Cuando me fallan todos los otros caminos puedo entrar en la consciencia de un ser humano y una vez dentro, gracias al desánimo de esa persona, hacer todo lo que quiera. El utensilio está desgastado porque lo uso prácticamente en cualquier sitio y como poca gente lo sabe puedo seguir logrando mis objetivos con éxito.

Y el precio del desánimo era tan extraordinariamente elevado que incluso hoy en día continúa siendo propiedad del Demonio.

14. LA CRISIS ES UN ESTADO MENTAL Y LOCAL

A la vista de los cambios y desafíos experimentados por diversos aspectos de nuestras vidas, a muchos el año 2012 nos ha parecido una prueba continuada de resistencia. Desde que los mercados financieros se derrumbaron en septiembre de 2008, el mundo globalizado de los medios internacionales de comunicación nos ha venido contando que todos estamos en crisis. Los bancos, nos dicen, sometidos a una deuda increíble, están quebrando a pesar de los billones de billetes brindados para reflotar el mundo financiero y conducirlo hacia el edén. El resultado es que, a medida que las deudas crediticias se amontonan, se reclaman los préstamos, no se pueden pagar las hipotecas, se pierden puestos de trabajo o se trasladan a otros sitios, etcétera, etcétera, un número incalculable de personas se ve abocado a situaciones de estrés y dificultades financieras, mientras los medios nos bombardean sin parar con una gama desconcertante de noticias sobre la crisis, banalidades domésticas y entretenimientos (¿o deberíamos llamarlos «arrastres»?)[37] para distraernos. Naturalmente, todo esto sirve de poco excepto para crear y abonar un estado mental de confusión.

Esta confusión se construye en el mundo que nos rodea cuando pensamos que nuestras proyecciones externas: deseos, esperanzas, avaricia, seguridad, posesiones, etcétera, son objetos que hay que buscar fuera de nosotros

---

[37] Juego de palabras intraducible: «entertainment» (entretenimiento) y «entrainment» (arrastre)

mismos. En otras palabras, nos hemos acostumbrado a vivir en proyecciones en lugar de en un espacio real (a nuestro alcance).[38]

La consecuencia de esta conducta, y de este estado mental, es que muchos estamos viviendo más allá de nuestros recursos. Luego consideramos que esta situación es normal y cuando no estamos en ella, la ansiamos más. Cuanto más nos acostumbramos a vivir en nuestras proyecciones externas de posesión y seguridad, más vulnerables somos a su ausencia y a sus terribles costes financieros. La crisis es, a menudo, un estado mental porque vivimos en un mundo que no está en el presente, o que quizás ni siquiera es posible para nosotros, de modo que para alimentar las necesidades que pensamos, o nos hacen pensar, que precisamos, creamos un mundo de falsedades.

Nos encolerizamos con los bancos porque son los nuevos «barones ladrones»[39] que se aprovecharon de nuestros deseos y necesidades de préstamos, casas, coches nuevos, cocinas modernas, etcétera. Luego, cuando las turbias prácticas comerciales de los bancos se fueron al traste, se les reembolsó con dinero de los contribuyentes. Así que, al no vivir en la realidad de nuestro presente, sino dentro del embrujo de nuestras proyecciones externas, nos volvimos débiles y vulnerables a esas tentaciones y promesas de progreso. Sus crisis son ahora, para muchos de nosotros, las nuestras porque entramos en el mismo juego, entendamos o no sus reglas. Compartimos un estado mental similar; y esa «mente» se arrulló para que viviese en un mundo en el que pensábamos que podríamos tenerlo todo con

---

[38] Juego de palabras intraducible: «in outreach» y «within reach» (fuera de y a nuestro alcance)

[39] En el original «robber barons», término bien conocido y usado en el siglo XIX para designar a los hombre de negocios, y por ende a las empresas, que se consideraba que habían utilizado prácticas cuestionables para amasar su fortuna.

poco coste añadido. Nos olvidamos de pagar al barquero[40] los interés del 20 por ciento por encima de la inflación. Para continuar con esta metáfora, es como estar empantanados en el río a merced de los remos de otros. Los medios de comunicación globalizados adoran esa imagen que pone de manifiesto nuestra difícil situación colectiva. Sólo que no es una crisis colectiva.

La transición global es, como pone en el envase, un fenómeno global. Y sin embargo la «crisis» es tanto un estado local como un estado mental; y ese estado local no es universal. El lugar donde vive una persona dicta, en ciertos puntos importantes, su forma de vivir. Como viajero he residido y viajado por diversos lugares a los que, como «occidental» nacido en Inglaterra, no estoy socialmente acostumbrado, entre los que se incluyen Turquía, Jordania, Egipto, Marruecos y, recientemente, la India. Cuando conducía por Marruecos a finales de 2009 – al año de los primeros problemas financieros – me di cuenta de que la gente no parecía estar implicada en nuestra crisis, pues tenía que atender sus propios asuntos de supervivencia diaria. Vivían con las necesidades y las luchas de sus circunstancias cotidianas. Esa forma de vivir se centraba en otro tipo de mundo. Seguía siendo un mundo en el que existían las crisis, sólo que tales desafíos adoptaban formas relacionadas con su contexto cultural. Eran necesidades inmediatas y, aún así, mucho más al alcance de sus posibilidades.

En mi reciente viaje a la India, con las intensas experiencias que me ofreció, tuve una sensación similar de gente que vivía en el presente. Para muchos de

---

[40] Una referencia a la mitología griega, donde Caronte o Carón es el barquero de Hades.

los indios locales, la noción de una crisis bancaria y crediticia global simplemente no forma parte de su experiencia diaria. Y ¿por qué debería hacerlo? Después de todo, se trata de un contexto y una situación que en gran medida han construido y mantenido los pueblos de occidente, forjando un mundo que existe para abastecernos más allá de nuestros recursos. Esto, al igual que nuestra insaciable explotación de las limitadas fuentes de energía, es claramente insostenible. Entonces ¿por qué tantos de nosotros somos «adictos» a vivir en un mundo que se proyecta más allá de nuestros recursos actuales? ¿Es nuestra mentalidad, nuestra codicia de necesidades, insaciable?

Quizás sea ésta una de las razones por las que, para tantísima gente, el mundo parece volverse cada vez más confuso. Se está convirtiendo en una fantasía distorsionada: como si anduviésemos por un salón de espejos de carnaval en el que las formas y los tamaños están extraña y grotescamente distorsionados. Estas son las distorsiones y distracciones de nuestros objetos externalizados: nuestras proyecciones sobre el lienzo de la realidad que nos rodea. De igual modo que las etiquetas de los espejos laterales de seguridad de nuestros vehículos de motor nos advierten expresamente que los objetos que se ven en el espejo están más cerca de lo que parece. Esto es así porque la convexidad de los espejos, al mismo tiempo que nos suministra un campo de visión conveniente, también hace que los objetos parezcan más pequeños. De un modo similar, los espejos de nuestra percepción distorsionan la inmediatez de nuestra situación. En lugar de vivir intentando alcanzar un mundo que aparentemente se construye alejado de nosotros —es decir, más allá de nuestros recursos— debemos vivir mucho más en el presente, y por tanto con necesidades y deseos sostenibles.

La inmediatez de nuestro mundo —la «realidad» de nuestra vida esencial— está más cerca de lo que parece. Quizás los espejos laterales con los que maniobramos en nuestras vidas ambulantes puedan servir como símbolos que despierten algo más en nosotros.

Luz

Song Hu, un filósofo oriental, contó a sus discípulos el siguiente relato:

Varios hombres habían sido encarcelados por error en una oscura cueva donde apenas podían ver algo. Pasó el tiempo y uno de ellos se las apañó para encender una pequeña antorcha. Pero la luz que daba era tan escasa que incluso con ella difícilmente se vislumbraba algo. No obstante, al hombre se le ocurrió que podía usar la luz para ayudar a otros a hacer su propia antorcha y así, compartiendo la llama, toda la caverna se iluminó.

Uno de los discípulos preguntó a Hu Song:

—¿Qué aprendemos de esta historia?

Hu Song respondió:

—Nos enseña que si no la compartimos con otros nuestra luz permanece oscura. También nos cuenta que compartiéndola no disminuye sino que, al contrario, aumenta.

SEGUNDA PARTE

15. EL CAMINO A SEGUIR: CAMBIAR NUESTRAS NARRATIVAS INTERNAS

En un ensayo reciente —«2012-2020: Donde las mitologías chocan»[41]— planteaba que la década que comienza será un periodo de prueba por cuanto señala el cenit de la colisión entre dos mitologías o, más bien, dos eras concretas. Exponía cómo el «viejo» sistema, aún vigente, evidencia una estructura vertical de arriba-abajo, fuertemente centralizada y basada en unos pocos que controlan «mucho» y por tanto a «muchos». Esta no es sólo una manera de vivir sino, lo que es más importante, una manera de percibir y pensar que evidencia una narrativa específica, o mitología.

Destacaba cómo, a medida que nos movemos hacia un periodo de crecientes restricciones energéticas, economías en contracción y aumentos del coste de vida, necesitaremos basarnos más en los recursos locales. Este modelo, de relocalización y redistribución económica, es precursor de un nuevo sistema que está emergiendo. Afrontamos una década en la que, literalmente, tendremos que reorientar nuestra forma de pensar y hacer negocios. Este es el choque de las mitologías, las narrativas en las que vivimos; y las nuevas mitologías rara vez surgen sin dificultades: los sistemas sociales emergentes, adversarios directos del actual, generan grandes enfrentamientos, tal como sucede en las revoluciones sociales y en el tristemente célebre «choque de civilizaciones».

No obstante, el camino a seguir requerirá un cambio más profundo y holístico: cambiar nuestras narrativas internas y por tanto nuestra visión del mundo y del lugar que ocupamos en él. Cambios similares de mitología ocurrieron cuando la humanidad se desplazó gradualmente desde una

---

[41] http://www.kingsleydennis.com/2012-2020-donde-las-mitologias-chocan/

perspectiva terráquea plana a otra redonda. Esta es la razón por la que siento que los tiempos que se avecinan guardan un profundo significado para todos nosotros: suponen un cambio de perspectiva y de la consciencia humana que no sólo influirá en nuestra evolución física socio-cultural sino en el futuro consciente de la humanidad. Es probable que, en lo que atañe a cómo percibimos el camino a seguir como especie colectiva, estemos entrando en un hito mitológico.

Aún seguimos atrapados en los debates polarizados del «y/o»; por ejemplo: ¿vivimos en un mundo de escasez o de abundancia? Para muchos la respuesta a esta pregunta depende de su propia perspectiva del mundo; verbigracia: ¿nos estamos quedando sin recursos, o se trata de una invención y la humanidad siempre encontrará soluciones innovadoras? Mi propia versión es que ambas respuestas son ciertas; y lo que surja como nuestra narrativa global del mundo para el futuro proporcionará la solución. Digo «nuestra narrativa del mundo» no desde un punto de vista colonial occidental, sino desde el reconocimiento de que actualmente vivimos en un mundo intrínsecamente interconectado. Lo que ocurra dentro de nuestros sistemas —económico, de recursos, de comunicaciones; etcétera— tendrá un impacto a escala global. Si la narrativa dominante es la de un crecimiento perpetuo dentro de un sistema de control limitado, la escasez se convertirá en la ideología dominante; lo que, a su vez, fortalecerá la exigencia de una pérdida creciente de libertades civiles. Pero si llegase a prevalecer una narrativa de redes distribuidas de potenciación, colectividad y sostenibilidad integral, podremos percibir la abundancia disponible tanto en nuestra capacidad humana de innovar como en nuestro potencial ambiental.

Mentes diversas, a menudo personas no especializadas interconectadas alrededor del mundo, tienen capacidad para crear soluciones innovadoras:

habilidad para ver los problemas y los asuntos de una manera nueva. La innovación es un estado mental que se hace exponencial por nuestra conectividad. Por ejemplo, ahora en el 2012 la población es de 7.000 millones y el número de usuarios conocidos de Internet es el 23% de esa población. Pero hacia el 2020 la población mundial será de 7.800 millones, y se espera que el 66% utilice Internet: 3.000 millones de nuevas personas conectadas a la conversación global[42]. ¡También se trata de otros 3.000 millones de mentes nuevas, de personas innovando y resolviendo problemas! Tenemos que cambiar la conversación global, pasar de quejarnos de los problemas a resolverlos: *debemos tomar parte en la conversación global creciente.*

El futuro inmediato tendrá menos que ver con los deseos y más con las necesidades, lo que para mucha gente puede suponer inseguridad y frustraciones. Muchos se pueden preguntar: ¿Me afectarán los cambios? A corto plazo siento que es casi inevitable que algunos de los impactos se experimenten a escala global. La sociedad humana se ha situado dentro de una monstruosidad de sistemas convergentes que van desde corruptos e insostenibles hasta ilusorios y nocivos. Y muchos de nosotros hemos sido tentados, arrullados, apaciguados y absorbidos por un tipo de vida que nos aleja de nuestras posibilidades.

Como diría Bob Dylan, ahora necesitamos '*Bring It All Back Home*' (traer todo de vuelta a casa). En estos momentos se trata de entablar una nueva conversación con nosotros mismos. Es tiempo de observar nuestras

---

[42] *Diamandis, P. H. & Kotler, S. (2012) Abundance: The Future Is Better Than You Think. New York: Free Press.*

dependencias, tendencias, adicciones y deseos, y de transformar *nuestras narrativas internas* en una que sea auto-sostenible, auto-nutritiva y vivificadora. Necesitamos sentirnos menos alentados por estímulos externos y más catalizados por preferencias internas y auto-fortalecimiento.

Parte de nuestro choque de mitologías tiene que ver con cómo elegimos ejercer la consciencia humana. Las sociedades modernas tienen innumerables maneras para limitar la consciencia y mantener a los seres humanos distraídos de sus vidas interiores. No sería demasiado equivocado decir que muchas sociedades se mantienen con el fin de preservar las estructuras de poder y las normas que les incumben. Los entornos humanos no sólo sirven para distraernos y apaciguarnos sino además para separarnos de la Naturaleza y del cosmos viviente. Sin embargo, el gran cambio es parte del estímulo para recordarnos los límites culturalmente impuestos a la percepción; nuestra nueva mitología deberá fomentar un auge de la empatía y la concienciación colectiva.

No obstante, esto no ocurrirá de un día para otro. Los cambios monumentales por lo general pasan por periodos de gestación. Necesitaremos vivir, experimentar y responder a los desafíos que tenemos por delante para incorporar los cambios que han nacido y se han nutrido dentro de nuestras diversas culturas y de la colectividad humana. Esto podría representar el nacimiento de una nueva narrativa para la próxima etapa de la civilización humana.

El árbol de la felicidad

Cuentan que hace muchos, muchos años un peregrino tras caminar durante infinitas jornadas bajo el implacable sol de la India deseó en su corazón poder descansar a la sombra de un árbol que le diera cobijo. Y así fue que, de pronto, divisó a lo lejos un frondoso árbol solitario en medio de la planicie. Cubierto de sudor y tambaleándose sobre sus fatigados pies se encaminó alegremente hacia el árbol que hacia realidad su deseo.

—Al fin podré descansar —pensó, mientras se abría paso entre las tupidas ramas que llegaban hasta el suelo. ¿Qué más podría desear? Tendiéndose sobre la tierra en su refugio vegetal trató de conciliar el sueño, pero el suelo estaba duro y cuanto más trataba de ignorarlo y descansar, más duro le parecía.

—Si al menos tuviese una cama —pensó. Al momento surgió una imponente cama, con impolutas sábanas de seda, digna de un sultán. Brocados, lujosos tejidos de Samarkanda y las más suaves pieles cubrían el lecho. Y es que, sin saberlo, el peregrino había ido a sentarse bajo el mítico árbol de los deseos. Aquel árbol milagroso era capaz de convertir en realidad cualquier deseo expresado bajo sus ramas. El hombre se acostó en el mullido lecho relajándose.

—¡Oh, qué a gusto me siento, lástima del hambre que tengo! —pensó. Y ante él apareció una espléndida mesa cubierta con la más sabrosa de las comidas, con ricos y variados platos exquisitamente preparados y servidos en la más extravagante de las vajillas. Sobre las más finas telas entretejidas con hilos preciosos se mezclaban oro, plata y finísimo cristal con las más exóticas frutas y voluptuosos postres. Todas estas maravillas tomaron forma ante sus asombrados ojos. Todo aquello con lo que siempre había soñado en las solitarias noches de su largo peregrinar ahora estaba ante él. El peregrino comía y comía con el temor de que tal prodigio desapareciera en el aire tan súbitamente como había aparecido. Pero, cuanto más comía, más comida aparecía. Y cada nuevo manjar era aún más sabroso y exquisito que el anterior.

Finalmente dijo: —Ya no puedo más —y en ese mismo instante la mesa con todas sus maravillas se desvaneció en el aire.

—Es maravilloso —pensó, mientras un sentimiento de felicidad le embargaba.

—No me moveré de aquí y seré por siempre feliz.

Pero, de pronto, una idea terrible surcó su mente:

—Claro que esta planicie es famosa por sus feroces tigres. ¿Qué sucedería si un tigre me descubriese? Sería terrible morir, después de haber encontrado el árbol de la felicidad.

Fue la milésima de una fracción de segundo, pero bastó. Cumpliendo su deseo, en aquel momento surgió de la nada un terrible tigre que lo devoró.

Y así, el árbol de la felicidad quedó solo de nuevo. Y allí sigue esperando la llegada de un ser humano de corazón completamente puro, donde no haya miedo, ni desconfianza, sino sólo responsabilidad y conocimiento.

16. ADAPTARSE A UN MUNDO EN TRANSFORMACIÓN

La vida humana en este planeta parece estar a punto de experimentar un periodo de transición que pondrá a prueba nuestra capacidad para readaptarnos y resurgir en un nivel sin precedentes. Quizá sea hora de preguntarse: ¿qué tipo de «revoluciones» estamos abocados a afrontar en nuestro «pequeño planeta» en los días y años venideros? ¿Está la humanidad dirigiéndose colectivamente hacia una «experiencia cercana a la muerte» como parte de un proceso de transformación y renovación?

La civilización occidental ha creado una mentalidad que, aunque denominada «moderna», es demasiado racional y lógica, y busca reglamentar y controlar. Desafortunadamente, también ha conseguido arrebatar el «encantamiento» a un universo misterioso. Lo que está claro es que la humanidad se halla inmersa en las brumas de una gran revolución. En la actualidad, los sistemas ecológicos, biológicos, sociales y tecnológicos se están reorganizando debido a los nuevos avances en la energía, las comunicaciones y la conciencia. La vida en el planeta Tierra está entrando en una fase de cambio de dimensiones casi rupturistas.

Hemos llegado al siglo XXI atravesando una serie creciente de umbrales críticos, moviéndonos hacia los actuales límites globales, sociales y ambientales. Sin embargo, en tales umbrales surgen forzosamente nuevos planes. Esos nuevos proyectos emergentes ocurren generalmente en el contexto de sistemas interrelacionados, donde el cambio en un sistema/estructura afecta potencialmente a muchas otras estructuras, directa e indirectamente. Podemos decir que la revolución que comienza en este planeta tendrá profundos efectos, tanto físicos – estructurales, ambientales, socioculturales – como psicológicos.

Los medios de comunicación nos informan de cambios dramáticos debidos a perturbaciones climáticas: terremotos, inundaciones, huracanes y erupciones volcánicas. También somos testigos de un aumento de las protestas populares, a medida que décadas de sistemas sociales corruptos e ineficientes se enfrentan a su némesis. Aún así, dentro de este caos visible, están ocurriendo cambios más sutiles, como la transición de la mente «moderna» desde el modelo de globalización industrial hacia una visión del mundo ecológico-integral de mantenimiento vital. El pensamiento occidental, con su noción lineal de la historia y del progreso, nos ha privado de muchos «encantamientos» y «augurios». Muchas enseñanzas antiguas (tanto espirituales como seculares) y muchas culturas indígenas nos hablan de procesos cíclicos durante largos periodos de tiempo histórico, tales como los ciclos Yuga. Estos periodos también coinciden, o coexisten, con cambios en la percepción y en las visiones del mundo. En otras palabras, las grandes revoluciones sociales se acompañan de grandes modificaciones de la conciencia humana. Tales cambios también corresponden a transformaciones en la manera en la que la especie humana entiende, y subsecuentemente aprovecha, diversos tipos de energía, merced a una progresión de descubrimientos de formas cada vez más refinadas y menos densas o corrosivas. Mi visión es que en los años venideros la humanidad se encontrará a sí misma formando parte de un mundo «en revolución» adaptándose a utilizar y a hacer buen uso de nuevos desarrollos en el campo de la energía, las comunicaciones y la conciencia.

Con la comprensión de cómo funcionan esas energías más refinadas y sutiles, podríamos desarrollar una relación con la tecnología que catalizase un «nuevo cableado» de la psique humana. Ya lo estamos viendo surgir con el aumento de una mente empática globalmente entrelazada que nace de una conectividad física y emocional creciente, y que podría ser precursora de nuevas generaciones que nazcan con mentes intuitivas reforzadas, a las que podríamos denominar mentes «*supramentales*», en las que la racionalidad intuitiva, o el sentido común reforzado, se convierten en el estado mental predominante. En otras palabras, se trata de reconocer la conciencia o atención plena (*mindfulness*) más allá de nuestra mente física, lo que incluye la creciente percepción de nuestro lugar dentro de un gran orden cosmológico creativamente dinámico. Podemos decir que se trata de una conciencia plena (*mindfulness*) que es, simultáneamente, tanto vertical (transpersonal) como horizontal (integral). En el ámbito de esta conciencia transpersonal-integral, podemos contarnos un nuevo relato: una historia de un cosmos viviente, dinámico y creativo, que es un flujo continuo de energía. Dentro de un universo viviente todo el orden energético subyacente, en lugar de ser una masa inerte aleatoria, se recrea y se sostiene en cada momento. Tal cambio en la percepción del sentido de nuestro cosmos contiene profundas implicaciones para la comprensión y la significación de la vida humana. En los próximos años, la humanidad puede avanzar no sólo en sus descubrimientos científicos de «energías más refinadas», sino también en cuanto al desarrollo en la especie de capacidades innatas, órganos de intuición y empatía, y nuevos patrones de pensamiento. Dando un paso adelante en su camino evolutivo, la humanidad percibirá que el cosmos no sólo nos sostiene continuamente sino que todos estamos íntimamente relacionados con todo lo que existe. Después de casi 4,5 billones de años de evolución en la Tierra, los humanos pueden considerarse a sí mismos como agentes de participación dentro de un cosmos activo y creativo.

En los años que se avecinan, a medida que nuestras vidas sean catalizadas hacia nuevos planes y posibilidades, la humanidad descubrirá que necesita adaptarse a un mundo en revolución: en la energía, las comunicaciones, y la mente. Necesitamos estar preparados para adaptarnos tanto a nuevos mundos como a nuevas visiones del mundo, y para percibir nuestras oportunidades de un futuro creativo.

Los síntomas

Alguien preguntó a un hombre sabio:

—He oído que la humanidad sufre una dolencia que impide que los hombres y las mujeres vean la verdad, que se conozcan a sí mismos. ¿Cuál es el síntoma principal?

El hombre sabio respondió:

—El primer síntoma es creer que uno *no* padece esa enfermedad en absoluto. No obstante, cuando el paciente empieza *realmente* a captarlo, puede que admita que está enfermo, pero entonces insiste en que la enfermedad es cualquier cosa distinta de la que es en realidad.

17. ¡TODO CAMBIA!

La sinceridad, con los demás y con uno mismo, es una de las pocas herramientas con las que contamos para conseguir nuestra libertad personal.

Ahora más que nunca, rodeados como estamos de cuentos, historias y habladurías que nos venden cosas como la «ascensión inmediata», los nuevos «cuerpos de luz», futuros catastróficos, etcétera, el valor de la sinceridad es de gran importancia. La realidad (o «gran verdad») de todo esto es más sutil y al mismo tiempo más poderosa: es el desarrollo en curso de la sociedad y de la evolución de la consciencia humana. Y *es* un trabajo en constante progreso: tan simple y tan difícil como eso…

De modo que necesitamos ser sinceros con nosotros mismos, porque si no lo somos ¿quién puede serlo por nosotros? Esta sinceridad significa reconocer que aunque el mundo *parezca* ser externo a nosotros, el trabajo real comienza *dentro* de uno mismo. Y no llega con un anuncio por megafonía, apuntándose a cursos de pago o con eventos comerciales emocionalmente estimulantes y gratificantes. A menudo la sutileza del trabajo comienza con un silencio; una quietud de reconocimiento, atención, concentración, aspiración e intención.

A finales de diciembre del 2012 no habrá un gran cataclismo de «final de los tiempos»: la prueba es que ahora, *después* del 21 de diciembre, estás leyendo estas palabras, sin duda relajado mientras lo haces. Aún estás aquí, ¿no es cierto? Si el «mayor evento» de los últimos 26.000 años no ha podido expulsarte fuera del planeta, o de tu piel, ¿qué podría hacerlo? Así que yo diría que se puede asegurar que la especie humana está aquí para quedarse.

Esta es la buena noticia. El paso del 2012 anuncia la llegada de un concepto importante. Quiere decir que estamos entrando en un periodo de la historia humana en el cual ya no se puede esgrimir la ignorancia como excusa para la inactividad. Si acaso, el «Culto del 2012» despertó en muchos la comprensión de que la humanidad global, y nuestra civilización planetaria, están atravesando un periodo de transición y puede que en estos momentos no todo esté bien. Transición significa *re-organización*: un cambio tanto de energías como de sistemas físicos: visiones del mundo, percepciones y estilos de vida. Y en plena «limpieza primaveral» necesitamos prepararnos para ser adaptables, flexibles y estar abiertos a un cambio de desarrollo positivo. ¿Por qué habría de ser un concepto tan difícil de captar? Después de todo no nos pondríamos a realizar la limpieza primaveral sin antes quitar o recolocar los muebles. Así que ¿por qué tendría que ser diferente para nosotros? Para dar la bienvenida a los nuevos arreglos de primavera necesitamos reordenar el mobiliario de nuestros pensamientos, creencias, modelos, etcétera. Tras ello, podemos aprender a apreciar que las cosas pueden mejorar: y lo harán. En primer lugar, sólo tenemos que afrontar la incomodidad, y la responsabilidad, del gran cambio planetario.

La responsabilidad del cambio conlleva trabajo: mental, emocional, físico y espiritual. Puesto que ser «humano» significa que no somos una «unidad simple» sino un ser integrado, e interrelacionado, de muchos «cuerpos», es crucial que existamos y operemos en armonía. Por ejemplo, si nuestro cuerpo físico está en buena forma pero nuestros pensamientos son erráticos y perturbados, o si creemos que tenemos pensamientos equilibrados pero nuestros yos emocionales están angustiados, estamos desarmonizados. De modo que la estabilidad auténtica y verdadera está en nuestro interior: de ahí emerge el cambio real.

El cambio en el planeta Tierra llegará a través de nosotros, las personas, y las actitudes, consciencia, compasión, sinceridad, etcétera, que encarnemos y manifestemos. Esa es la verdadera estabilidad que podemos transmitir a nuestro alrededor: familia, amigos, comunidades, redes sociales y demás. Cuando las energías centradas, sutiles e inspiradoras se revelen en más y más gente, será cuando surja el cambio en nuestro entorno físico. No aparecerá de un día para otro. No existirá un «paraíso de la 5ª dimensión» post 2012. Pero las energías se están moviendo en la dirección correcta y hay millones de personas que ya sienten este júbilo del cambio. Por lo tanto, mientras sucede, debemos mantener esta intención de gran oportunidad y no descorazonarnos. Como reza el infame aforismo latino: *Illegitimi non carborundum* («No dejes que los bastardos te reduzcan a cenizas»). ¿Por qué seguir aguantando a la «gente que ataca las potencialidades»? Sí, *tenemos* la posibilidad de sacar el potencial sin precedentes de la energía, la creatividad y la visión humanas, y por lo tanto necesitamos alinearnos con él.

Trabajar en la vida, como parte de la vida, con energía contagiosa, motivación e intención enfocada nos permitirá surcar las olas de cambio en lugar de ser engullidos por ellas. Si estás leyendo estas palabras es porque estás listo para este cambio y esta responsabilidad, y tienes capacidad para participar. El cambio generacional es simplemente el que tiene lugar durante generaciones. ¿Suena como mucho tiempo? Bueno, en términos evolutivos nos estamos moviendo a gran velocidad; somos testigos de un cambio exponencial que asombraría a nuestros antepasados y enorgullecería a nuestros descendientes. No es momento de parar…

El futuro está justo aquí donde te encuentras… y como solía gritar el maquinista cuando el tren llegaba al final del trayecto: «¡TODOS CAMBIAN!»*

Bienvenido al ahora, y más allá... el futuro va a durar mucho tiempo...

La sociedad ofrece todo el estímulo que necesitamos; no precisamos buscar más. De igual manera, no es necesario que nos retiremos a una cueva para huir de esta sobrecarga sensorial. Cualquier esfuerzo espiritual verdadero debe estar en armonía con nuestra propia vida.

*N.T.: «ALL CHANGE!»: expresión que se usaba para avisar a los pasajeros que tenían que cambiar de tren porque habían llegado al final de trayecto.

Un tipo diferente de discípulo

Había una vez un maestro que vestía a sus discípulos con mantos de lana, les hacía llevar escudillas de limosna hechas de coco de mar, les enseñaba a girar en una danza mística y entonaba pasajes de algunos clásicos.

Un filósofo le preguntó:

—¿Que haría, cómo maestro, si fuese a un país donde no hubiera ovejas para la lana, no se conocieran los cocos de mar, danzar fuese considerado inmoral y no se le permitiera enseñar a los clásicos?

El Maestro contestó de inmediato:

—En ese lugar encontraría un tipo completamente diferente de discípulo.

18. TIEMPO DE RE-CALIBRACIÓN

«Ya no es momento para ser mejores, es hora de ser de otra manera»

Satprem

Durante miles de años los humanos hemos sido conquistadores. Jamás pensamos en abrir nuestras fronteras a todas las naciones, en compartir recursos ni en agruparnos en organismos nacionales más amplios. Construimos fortalezas y grandes muros, y abrimos nuestras puertas, apenas una rendija, para permitir que las caravanas de intercambio serpenteasen por ellas para traer bienes de lujo. Y ahora todo el planeta depende del intercambio global de bienes y necesidades básicas. Actualmente las naciones del mundo están negociando cómo cambiar hacia una sociedad planetaria. No obstante, aún prevalecen las mentes antiguas que desean gobernar esta transición controlando los recursos y las consecuencias. Esas viejas formas, y modelos, confían en que, como ha sucedido hasta ahora, el planeta pueda seguir en las codiciosas manos de unos pocos. Sin embargo <u>no</u> es así cómo se revelarán las cosas: en la actualidad están surgiendo otras fuerzas que desean contribuir a ese agrupamiento como sociedad planetaria. Y esas «otras fuerzas» se manifiestan a través de los corazones y las mentes de las gentes del planeta. Una fuerza colectiva está emergiendo en la humanidad que sabe —siente instintivamente— que si queremos caminar hacia una nueva era de límites armónicos y sostenibles se necesitan otras sendas.

Esto jamás había sucedido hasta ahora porque nunca se había alcanzado ese punto. Y la razón por la que la humanidad no lo había logrado es sencillamente porque no estaba lista. En lo que se refiere a nuevas ideas y pensamiento innovador, se trata de que «¡aún no conocemos las cosas que no sabemos!». Las nuevas ideas llegan cuando estamos listos para usarlas: ¡es un proceso de activar el acceso a la información en lugar de un descubrimiento casual significativo! lo que resulta difícil de formular de manera «racional», sobre todo porque a los humanos les gusta pensar que son los agentes centrales del pensamiento libre y el descubrimiento. Esta es la razón por la que, cuando de repente muchas personas hacen descubrimientos casi al mismo tiempo, padecemos el síndrome de invención/descubrimiento simultáneos: la historia está llena de ejemplos. ¿Coincidencia? No, se llama re-calibración.

Las nuevas ideas son simplemente cosas que nunca habíamos pensado…hasta que llegan. Y lo harán cada vez más, a medida que nos adentremos en un tiempo en el que se exteriorice una frecuencia/energía de consciencia diferente. Y con ello llegarán soluciones a algunos de nuestros problemas más urgentes: especialmente de energía y recursos. Las soluciones ya están ahí: simplemente estamos esperando el momento del «¡Ajá!». No tienen por qué creerme; esperen y vean. Ya hay personas que trabajan arduamente en las cuestiones, y muchas mentes jóvenes pronto se unirán al laboratorio de resolución de problemas humanos. Conectar, colaborar, compartir ideas y pensamientos: la membrana planetaria de consciencia es un activo crisol de cambio y visión.

En cada momento de necesidad la mente humana accede a soluciones para superar los problemas urgentes contemporáneos. En una época hubo vaticinios de que el mundo se quedaría sin leña para quemar… entonces descubrimos el carbón. Luego llegaron el petróleo y la electricidad; y una vez más nos encontramos frente al problemático precipicio colectivo de la necesidad: ¿Saltaremos al abismo del caos y el derrumbamiento? ¿O de alguna manera, una vez más, la humanidad dará un paso adelante? En tiempos de necesidad surgen nuevas soluciones. Tenemos que prepararnos para los cambios estructurales que acomodarán esos nuevos desarrollos. En lugar de quedarnos en las estancadas ciénagas del pensamiento estático, deberíamos adquirir una perspectiva evolutiva de avances súbitos e innovadores (a la que los biólogos evolutivos se refieren como «equilibrio puntuado»[43]). Lo mismo que pasa con los registros fósiles humanos sucede en los patrones de consciencia humana: largos periodos de estasis seguidos de repentinos saltos de progreso y cambio. A menudo, en esos periodos de estancamiento se siembran las semillas del cambio para el desarrollo. El agricultor sabe que las simientes sembradas no brotan de un día para otro. Filósofos, artistas, agentes creativos de cambio, entre otros, trabajan para plantar las semillas del potencial evolutivo. Luego, cuando llegue la temperatura apropiada (cuando «sople el viento cósmico»), las cosechas alcanzarán su momento óptimo de nutrición y rápidamente se impulsarán a través de la capa vegetal para alimentarse con los rayos del sol: así crecerán rápidamente. Nuestras semillas se han plantado –y se siguen plantando– y el nuevo sol está irradiando la Tierra. Estas simientes de cambio radical y necesario asoman en nuestro suelo planetario y serán las cosechas de las generaciones venideras. En lugar de quedarnos demasiado tiempo en las pesimistas salas de espera de la vieja energía, necesitamos empezar a entusiasmarnos: ¡la mecha (tú *mismo*) tiene que estar más cerca de la llama si desea encenderse!

Esta nueva fase de la evolución humana se centrará en el desarrollo interno, lo que significa tomar un mayor contacto con uno mismo. Por supuesto, también surgirán cambios tecnológicos impresionantes; no obstante, es

---

[43] http://es.wikipedia.org/wiki/Equilibrio_puntuado

preciso encontrar un equilibrio donde nuestras tecnologías trabajen en conjunción con nuestras necesidades reales, en lugar de como muletas para conquistar el mundo «ahí fuera». Es probable que las tecnologías se hagan menos abrasivas y más sutiles, incluso que se entremezclen con el trasfondo de nuestras vidas cotidianas. Eso ya está ocurriendo, al cambiar del cable de telégrafos a la fibra óptica y ahora al wifi: y esta transición hacia lo etéreo continuará[44]. En cualquier caso la auténtica cuestión será de qué manera nosotros, como individuos dentro de una colectividad, aprendemos a acceder a nuestras propias verdades. Ésta será la esencia de la re-calibración que necesita nuestro pequeño y hermoso planeta: el corazón del escenario donde ocurrirá la revolución genuina.

Dejar agujeros detrás

Había una vez un muchacho con mal genio. Un día su padre le dio una bolsa de clavos y le dijo que cada vez que perdiese la calma debía colocar uno en la cerca de detrás de su casa. El primer día el chaval puso 37 clavos en la cerca. Poco a poco se fue calmando porque descubrió que era mucho más fácil controlar su temperamento que clavar las puntillas. Por fin llegó el día en el que el chico no perdió la calma en absoluto y se lo dijo a su padre. Entonces éste le sugirió que por cada día que controlase su temperamento debía sacar unos de los clavos de la cerca.

Pasaron los días y el chico por fin le pudo decir a su padre que había sacado todos los clavos de la cerca. Entonces el padre lo llevó hasta la cerca.

—Mira hijo, lo hiciste bien pero observa todos esos agujeros en la cerca.

---

[44] Para más debate sobre este tema ver mi libro «New Revolutions For A Small Planet»

Cuando dices o haces algo con rabia dejas una cicatriz, como este agujero, y no importa cuán a menudo pidas perdón, el daño está ahí, y una herida física es tan grave como una verbal. Los amigos son verdaderas gemas que deberían apreciarse; sonreirán y te animarán a mejorar; te escucharán; compartirán palabras de aliento; y siempre tendrán sus corazones abiertos para recibirte. La felicidad no consiste en hacer siempre lo que quieres, si no en querer siempre lo que haces.

19. LA ERA AKÁSICA: UN NUEVO AMANECER NACIENTE

Nuestra especie –*homo sapiens sapiens*– ha recorrido históricamente un largo camino evolutivo hasta arribar al punto donde nos encontramos. Finalmente hemos llegado a un mundo complejo e interdependiente; por tanto, tomar las decisiones correctas es difícil pero absolutamente crucial. Mientras que previamente quizás podíamos permitirnos el «lujo» de tomar decisiones que solo afectaban a nuestro bienestar inmediato y nuestro escenario personal, ahora debemos pensar y actuar en un contexto global y con un horizonte a largo plazo. Para ser claros sobre este tema: nos estamos aproximando a una época crucial que alcanzará una cúspide en el desarrollo de nuestra especie. Estamos dejando atrás una época pasada y entrando en la siguiente. Estamos abandonando la era moderna y a punto de cambiar a otra que ha recibido muchos nombres –digital, nueva era, etcétera– aunque hasta ahora ha carecido de una verdadera y genuina prospectiva. Parte de la culpa reside en la tendencia humana a pensar de manera lineal y, por tanto, a imaginar el futuro como una extensión lógica del pasado. Pero la Naturaleza y la evolución no funcionan de esa manera y nunca lo han hecho. Más bien lo que hay son largos periodos estáticos con relativamente pocos cambios, seguidos del inicio de un *punto de inflexión* en el que se produce un salto crucial y crítico. Lo que hay al otro lado de ese «salto» resulta a menudo inesperado porque no se ajusta a los viejos patrones de pensamiento, percepción y comportamiento. Estos periodos críticos son momentos de oportunidad, en los cuales los catalizadores para el cambio ejercen una influencia mayor de lo habitual sobre el desenlace de los acontecimientos. Es un periodo de transición en el que comienzan a ponerse de manifiesto anomalías en la periferia y que atestigua la implosión del *statu quo* existente.

En esos momentos las ideas, instituciones y creencias tienden a perder su utilidad.

Con todo, hay principios rectores que pueden ayudarnos, si no a predecir el futuro al menos a prever modelos alternativos. Por ejemplo, la ciencia de sistemas puede capacitarnos precisamente para eso: para descubrir las tendencias subyacentes que fluyen por las venas de la evolución tanto biológica como socio-cultural. Para explicarlo con sencillez, los sistemas que surgen y evolucionan —ya sean orgánicos, ambientales o sociales— viran hacia un tamaño y una complejidad cada vez mayores. Estamos inmersos en sistemas que buscan desarrollarse a través de una creciente complejidad y de numerosos niveles de organización, un mayor dinamismo, una interacción más cercana y un equilibrio más sutil con el medio ambiente. Por tanto, podemos prever un futuro altamente conectado e integrado; más descentralizado; tecnológicamente avanzado; más sosteniblemente equilibrado; y no localmente interconectado, lo que quiere decir que los objetos/cuerpos físicos —así como la consciencia humana— mantienen formas efectivas de relación a distancia. El término «no localidad» procede de las ciencias cuánticas, primordiales para brindar al mundo un nuevo paradigma de unicidad incluyente, intrínseca e inmediata. Es un paradigma que ayuda a explicar nuestra inherente conectividad energética, que es el fundamento de la permanente proximidad y conectividad física que se desarrollan en el mundo. Este nuevo paradigma emergente es clave para entender a qué me refiero cuando hablo de Era Akásica.

¿Sigue siendo algo descabellado? Pues bien, podemos encontrar que se halla plenamente inmerso dentro del campo de la ciencia y la validez científica. Las nuevas ciencias basadas en la física cuántica nos muestran que este nuestro maravilloso mundo es un gigantesco sistema cuántico a gran escala,

CONSCIENCIA Y EVOLUCIÓN

donde todas las cosas, y no solo los pequeñísimos entes cuánticos, están «entrelazadas»: instantáneamente interconectadas. Darnos cuenta de ello tiene la potencialidad de cambiar nuestros valores y aspiraciones, y nuestra propia forma de pensar y actuar en el mundo. Puede ser la clave para nuestro propio bienestar y para la supervivencia de toda la comunidad humana. De hecho, *puede* que sobrevenga una civilización global sostenible y, si así fuese, su advenimiento estaría en armonía con la tendencia general de la evolución de los sistemas complejos. Por tanto, es enteramente posible que se pueda pueda producir un desarrollo positivo de la tendencia socio-cultural evolutiva. Sin embargo, de nosotros depende facilitarlo: de lo que hagamos ahora, y en los años venideros.

Nos encontramos en el «amanecer» de la Era Akásica porque aún persisten una serie de dilemas y umbrales críticos que debemos afrontar, y que se revelarán a lo largo de la(s) próxima(s) década(s). Pero es imperativo que consideremos todo esto como oportunidades potenciales y obstáculos latentes. En gran medida, estas oportunidades/obstáculos se basarán en temas de energía, comunicaciones y consciencia. Es decir, energía en lo referente al uso de nuestros recursos; comunicaciones en cuanto a cómo nos conectamos y colaboramos; y consciencia en lo que se refiere a nuestros patrones de pensamiento y coherencia interna.

El camino hacia la Era Akásica es un tiempo de transición en el que las crisis se convierten en nuestros catalizadores; y los obstáculos en nuestra fuerza impulsora. En estos tiempos en los que existen grandes fluctuaciones en nuestras visiones del mundo, nuestros valores y creencias, estamos obligados a reorganizar cómo pensamos y hacemos las cosas. Tales momentos están en sazón para el surgimiento de nuevos modelos que probablemente emerjan en la periferia —como «anomalías»— antes de desplazarse

- 112 -

sigilosamente hacia el centro para derribar y desplazar los viejos sistemas centralizados y egocéntricos. Estos nuevos modelos también evidencian una marcada diferencia porque funcionan como redes horizontales de conexión y colaboración mediante canales descentralizados y repartidos, en lugar de los procedimientos de control verticales y jerarquizados de arriba-debajo de los viejos sistemas. Mientras los modelos previos de civilización continúan medrando a través de una creciente centralización y jerarquización, en estos momentos, al inicio de su colapso final, están pasando a la historia con un grito de muerte.

Para que nuestro planeta tenga un futuro que sea no solo sostenible sino que además fomente el desarrollo humano de crecimiento y bienestar, necesitamos una Era Akásica que promueva el flujo integrado de los sistemas vivientes. Esa era alentaría la realización social y personal, y sembraría las semillas de una nueva cultura que respete y dignifique la Tierra y sus diversos pueblos. La Era Akásica representa una nueva etapa en la consciencia humana que permite a la humanidad elevarse y superar todos los desafíos a los que se enfrenta. A nosotros nos corresponde permitir que tal Era pueda ser algo más que simplemente un posible futuro. Puede ser NUESTRO futuro, si verdaderamente queremos que lo sea.

El problema

Un gran maestro y su custodio dividieron la administración de un gran monasterio. Un día, el guardián fue asesinado y el maestro se encontró con el dilema de reemplazarlo. Entonces reunió a todos sus discípulos para escoger quién tendría el honor de trabajar directamente con él.

—Os mostraré un problema —dijo el maestro— y quien primero lo resuelva será mi nuevo guardián del templo.

Después de terminar su breve discurso, puso un taburete en el centro de la habitación. Sobre el taburete colocó un jarrón de fina porcelana de gran valor, con una hermosa rosa dentro.

—Éste es el problema —dijo el maestro.

Los discípulos miraron perplejos y embelesados por lo que veían: los sofisticados dibujos y la excepcional porcelana; la frescura y elegancia de la flor, su belleza y fragancia. Pero... ¿Qué representaba todo aquello? ¿Qué hacer? ¿Cuál era el enigma? ¿Y la solución? Tras unos cuantos minutos, uno de los discípulos se levantó, miró a su maestro, miró a sus compañeros, se dirigió hacia la vasija y la arrojó al suelo destrozándola.

—Tú eres el nuevo custodio —dijo el maestro.

Una vez que el discípulo volvió a su sitio, el gran maestro explicó:

—Fui muy claro, dije que estabais frente a un problema: y un problema es un problema. Incluso aunque adopte la forma de un jarrón de porcelana muy valioso, un amor precioso carente de sentido o un camino que ha de ser abandonado; debemos perseverar en superarlo porque es necesario. Sólo hay una manera de tratar los problemas, no importa lo bellos o fascinantes que aparenten ser: haciéndoles frente.

20. UNA REVOLUCIÓN EN LA CONSCIENCIA HUMANA

Las décadas recientes atestiguan un gran auge de la toma de conciencia ecológica y de la perspectiva acerca de los sistemas vivientes. Muchos de nosotros nos relacionamos actualmente, a nivel personal y consciente, con la interconexión e interacción entre humanos, naturaleza y medio ambiente. No obstante, este nuevo paradigma de pensamiento no debería restringirse a un nivel material de interconexión, también ha de abarcar los niveles no materiales de la psique humana y la consciencia. El mundo del yo interno se abre cada vez más y se explora mediante las ciencias transpersonales, la autorrealización y la autoactualización[45]. A través de nuestras diversas culturas estamos desarrollando el lenguaje, las facultades y las percepciones necesarias para sentir y articular nuestras experiencias personales de revelación. A medida que vamos encarando una realidad física más habituada a renovar los paradigmas de percepción, el contacto extrasensorial, perteneciente en su día a la esfera de lo chamánico, está empezando a normalizarse. Por ejemplo, los nuevos descubrimientos científicos explican y validan realidades no locales de conexión y entrelazamiento[46] energético. En la actualidad, estamos descubriendo que hay campos ampliados de información y comunicación consciente entre individuos y grupos, como un medio de coherencia que podría entrelazar aún más la humanidad en su camino hacia una «gran familia» colectiva.

De la infancia a la adolescencia, y hasta la edad adulta, la distinción entre lo interno y lo externo, lo objetivo y lo subjetivo, siempre ha tenido una demarcación transitoria, indefinida. Nuestros parámetros culturales –

---

[45]https://es.wikipedia.org/wiki/Pir%C3%A1mide_de_Maslow#Autorrealizaci.C3.B3n_o_autoactualizaci.C3.B3n

[46] https://es.wikipedia.org/wiki/Entrelazamiento_cu%C3%A1ntico

nuestro condicionamiento social– han tratado de cristalizar esas fronteras fluctuantes. Sin embargo, hoy en día, un número creciente de personas está empezando a percibir la presencia de campos de energía sutil, ya sea alrededor de sus cuerpos, alrededor de los cuerpos de otros o en el medio ambiente. El interés por los temas metafísicos se ha disparado en nuestros días, con un nuevo lenguaje y una mentalidad que emergen para afrontar estos fenómenos cada vez más comunes. En la actualidad hablar de reiki, chi, energía pránica, e incluso usar términos de energía cuántica, se está volviendo aceptable. No sólo hay muchas culturas y sociedades que están aprendiendo a encarar una nueva oleada de redes sociales tecnológicas –con Facebook, Twitter y YouTube–, sino también un aumento de la consciencia energética de las conexiones humanas y de una mente ampliada.

En cierto sentido, la humanidad está aprendiendo cómo ser una familia colectiva más interactiva. En la historia conocida de nuestra especie, nunca hasta ahora habíamos llegado a un punto en el que navegásemos en el mismo barco, afligidos por las mismas preocupaciones y afectados de manera similar por toda una gama de impactos globales. Cuando, por ejemplo, una cosecha exigua afecta las áreas de cultivo de China, Australia y EE.UU., las redes de distribución mundial de alimentos hacen que eso repercuta sobre todas las naciones. Cuando una pandemia vírica se extiende a partir de un mercado de algún lugar del sur de Asia, abarrotado de aves de corral, eso afecta a todas las naciones sin excepción, enlenteciendo los centros de transporte hasta hacerlos rechinar. La comprensión de que ya formamos parte del tejido estructural de una familia colectiva está alboreando en todos los pueblos del mundo.

Asimismo, las generaciones más jóvenes que crecen acostumbradas a tener una red de cientos, quizás miles, de amigos virtuales a lo largo y ancho del planeta experimentan profundamente esta percepción; compartiendo intimidad y empatía con un grupo social internacional de personas con mentalidades afines. Esta generación más joven pone de manifiesto, sea o no consciente de ello, relaciones no locales (es decir, «efecto campo»). Este tipo de relaciones respaldan al individuo al tiempo que refuerzan redes que forman parte de un todo unificado y, aun así, diversificado. Es una configuración que imita el estado cuántico de la partícula y la onda: cada persona se encuentra claramente aislada del resto por un espacio físico, y aun así, al mismo tiempo, está entrelazada en un espacio consciente de conectividad y comunicación. En otras palabras, cada quien está participando en un campo de visión de la realidad; una realidad que crea un conjunto ampliado de responsabilidades ya que los propios pensamientos y acciones pueden «resonar» mucho más allá.

El individuo humano posee la capacidad de darse cuenta conscientemente del efecto de los pensamientos y acciones sobre los demás: de considerar sus reacciones, reflexionar sobre sus pensamientos y decidir si comportarse de otra manera. En otras palabras, cada persona posee la habilidad de desarrollarse conscientemente, y con atención, a partir de cada interacción con los impactos y experiencias tanto internas como externas. Hasta ahora, los sociólogos se han centrado principalmente en una identidad humana caracterizada por la individualización. Esto es especialmente cierto en la sociedad «moderna/posmoderna», en la que cada persona se singulariza por actuar con autonomía, con una actitud de autopromoción «al servicio del Yo». Pero ésta es una visión miope por dos motivos: por un lado se olvida de que los humanos son animales sociales que instintivamente buscan agrupamientos y conexiones; y por otro no reconoce que la naturaleza de la consciencia humana también experimenta cambios al mismo tiempo que suceden las revoluciones socio-culturales. Es pues muy probable que, inicialmente en la periferia, quizás entre las generaciones más jóvenes, surja una forma de consciencia que a continuación se infiltre en el núcleo de todas nuestras sociedades futuras.

El investigador social Duane Elgin considera que lo que sigue representa los estados de cambio de la consciencia humana a lo largo de las épocas históricas:

1 Consciencia contraída (humanos primitivos)

2 Consciencia perceptiva (cazadores-recolectores)

3 Consciencia emocional (era agraria)

4 Consciencia pensante (era científico-industrial)

5 Consciencia observadora (era de las comunicaciones)

6 Consciencia compasiva (era de vinculación)

7 Consciencia fluyente (era excepcional)

Usando esta escala parecería como si en estos momentos el conjunto de la humanidad estuviese cambiando desde la era de las comunicaciones (consciencia observadora) hacia la era de la vinculación (consciencia compasiva). Quizás, haciendo hincapié en la «consciencia empática», podríamos cambiar el énfasis en la era de vinculación hacia la de «consciencia compasiva». Esta transición desde una consciencia observadora hacia una consciencia compasiva/empática representa el desplazamiento, desde las energías de la «mente antigua» que nos condujeron al estado actual de un mundo globalizado, hacia las energías de la «mente nueva» que enlazarán nuestro mundo heterogéneo con coherencia y equilibrio.

De igual modo, la era excepcional podría renombrarse como era planetaria y representar no solo el surgimiento de la consciencia de campo no local sino también la comprensión científica de las fuerzas sutiles del universo. Esta era de «consciencia fluyente» encajaría bien con la siguiente fase de la evolución de la consciencia humana que parece exhibir elementos de naturaleza transpersonal-integral.

No obstante, ninguno de dichos estados se halla totalmente separado del otro; más bien se superponen y emergen cuando una era se desvanece y converge en la siguiente. Habitualmente, la nueva era, o paradigma, surge inicialmente en la periferia hasta que alcanza un punto de inflexión en el que se convierte en el nuevo paradigma aceptado. La consciencia fluyente se está filtrando lentamente en nuestras percepciones humanas, a medida que cada vez más y más gente adopta información no materialista e instintivamente confía en ella. La dominante visión materialista del mundo está siendo objeto de un creciente escrutinio a medida que más personas despiertan a la posibilidad de que sus vislumbres intuitivos —sueños, visiones, premoniciones, etcétera— sean fuentes fiables de información que tienen su origen en sentidos alternativos. Mediante la búsqueda de prácticas que en su momento se consideraron como metafísicas (o incluso insólitas) —tales como prácticas espirituales, yoga, meditación, psicoterapia, terapia transpersonal, bio-feedback, estados alterados de consciencia, y otros— actualmente la gente está accediendo a un ámbito de sentidos y auto-conocimiento que antes permanecía escondido, o más bien era desestimado.

A medida que más gente se vaya dando cuenta de que el ámbito de la información extrasensorial no es una ficción de fantasía y engañosa ilusión sino que, de hecho, tiene fundamento científico, los mencionados estados de consciencia irán siendo cada vez más ampliamente aceptados, creíbles y buscados. Asimismo, podemos encontrarnos con que nuestras ortodoxas instituciones sociales empiezan a incorporarlos en el statu quo de la realidad y la experiencia consensuadas. Aunque pueda parecernos que la transición no se revela súbitamente, en términos evolutivos será una revolución. Y participar en este despliegue revolucionario de consciencia será tanto un imperativo de crecimiento personal como una responsabilidad humana colectiva.

La zorra y el león

Una vez un hombre vio una zorra herida y se preguntó cómo se las arreglaría para estar tan bien alimentada. El hombre decidió seguir a la zorra para averiguarlo y después de un rato la vio asentada cerca de un lugar donde un león había llevado su presa. Después de comer, el león desapareció y la zorra se comió los restos. Así que el hombre decidió dejar que el destino le sirviese de igual modo. Se sentó en la calle y esperó. Pero todo lo que sucedió fue que cada vez se encontró más débil y hambriento, y nadie se interesó por él.

A su debido tiempo el hombre escuchó una voz, como surgiendo de la nada, que decía:

—¿Por qué tienes que comportarte como una zorra herida? ¿Por qué no hacerlo como un león de manera que los demás puedan beneficiarse de lo que dejas?

21. HACIA LA CONSCIENCIA DE UNIDAD

A medida que la humanidad se adentre en una etapa de cambio social y cultural, de percepciones alteradas y desafíos a nuestra visión del mundo, casi con toda seguridad nos veremos forzados a entrar en estados alterados de consciencia. En otras palabras, para readaptarnos y sobrevivir al desmoronamiento de la mente antigua/energía antigua, nuestra visión colectiva del mundo tendrá que desplazarse hacia una forma más ecológica e intuitiva. Es probable que esto implique también un cambio a un modo más directo de percepción (una forma de gnosis). Aunque ambos modos, cognitivo e intuitivo, conocidos como las formas objetiva y subjetiva de saber, pueden funcionar simultáneamente, nuestras sociedades modernas han priorizado en gran parte la interpretación objetiva y han desestimado la subjetiva como perteneciente al reino de lo imaginativo. Este reino «imaginativo» de la experiencia subjetiva está más activo en la infancia aunque, cuando el condicionamiento de nuestras instituciones sociales y nuestros iguales interviene para establecer una realidad social consensuada, rápidamente se atenúa. Pero el modo directo-intuitivo de percepción es un rasgo evolutivo que aún permanece en nosotros y que puede empezar a manifestarse en las nuevas generaciones de niños intuitivos.

Es posible que las conexiones no lineales en el espacio y el tiempo (por ejemplo, las comunicaciones globales) entre los miembros de nuestra especie sean uno de los aspectos que llegue a predominar en los años venideros. Internet nos ofrece una representación física de estas nuevas relaciones espaciales y temporales. El modo directo-intuitivo seguramente será un medio más eficaz de comprensión y entendimiento ya que soslaya los órganos de los sentidos que normalmente filtran la información.

Además, el modo directo-intuitivo funciona fuera de las barreras lingüísticas y permite acceder a una consciencia colectiva compartida participativa.

La visión «consciente participativa» de la realidad refleja un modo intuitivo de percepción que se relaciona con las nuevas energías de conexión, comunicación, colaboración y compasión. En la actualidad esta comprensión está siendo validada por los últimos hallazgos de las ciencias cuánticas, especialmente la biofísica y la mecánica cuánticas. Nuestra «consciencia cotidiana» de la visión local del universo no está preparada, en gran parte, para las esferas de la realidad no ordinaria. En nuestra era actual, y especialmente en la civilización occidental, el modo directo-intuitivo de percepción (experiencia subjetiva) no se ha fomentado, ni siquiera se ha reconocido, de manera que se ha atrofiado y ha pasado a formar parte del campo de las ciencias esotéricas. Puede que esto sea así porque el punto de vista «racional objetivo» de la realidad permite un sentimiento acrecentado de individualismo, favorecido por el ego, que como tal pertenece a la esfera del poder, el dinero, la competitividad y la avaricia. Sin embargo, el modo directo-intuitivo de conocer la realidad abarca la cooperación, la conexión, la correspondencia y la compasión. Y parece que ya estamos siendo testigos del surgimiento de esta nueva característica de la consciencia humana.

La noción de la percepción directa-intuitiva de la realidad podría suponer un paso adelante hacia la próxima etapa de la evolución humana: el desarrollo evolutivo de lo que podría denominarse consciencia cuántica que es la base de la mente colectiva de la especie humana. Diversos místicos e investigadores de la consciencia han aludido a esto con una variedad de nombres que van desde consciencia cósmica, a super-consciencia, consciencia transpersonal, consciencia integral y otros más. Todas estas descripciones comparten un tema común: el aumento de la intuición y la empatía, una mayor conectividad con el mundo y con la gente, y un sentimiento de «saber» lo que exige cada situación determinada.

El surgimiento de una forma de consciencia directa-intuitiva probablemente infunda dentro de cada persona la sensación de una totalidad cósmica más grande; la comprensión de que la humanidad existe y evoluciona dentro de un universo de inteligencia y sentido – un universo viviente. Esto servirá para transmitir a la humanidad un impulso espiritual más profundo y reconocido. Lo cual podría traer consigo facultades intuitivas incrementadas y fenómenos extrasensoriales que no sólo se convertirían en parte compartida de nuestras vidas sino que darían acceso a una mayor creatividad y capacidad inventiva para cooperar y diseñar nuestro porvenir en el mundo. El aumento de estos atributos en un pequeño porcentaje de la gente, al inicio, podría finalmente alcanzar una masa crítica que permitiría a la consciencia humana derivar hacia un nuevo paradigma perceptivo y una nueva visión del mundo. Indicios y muestras de estos nuevos patrones de consciencia ya están surgiendo en el mundo, pero aún no han llegado a formar parte de la investigación dominante. Estos agentes «mutacionales» evolutivos incluyen visionarios, místicos, artistas, médiums, intuitivos, maestros espirituales y lo que se ha denominado como los nuevos 'Niños Índigo'. Como señalaba el Dr. Richard Bucke en su trabajo clásico sobre el tema, Consciencia Cósmica (1901), los signos preliminares de este nuevo desarrollo evolutivo han estado apareciendo en la humanidad desde hace tiempo. Esto sugiere que ha habido intentos de ayudar a preparar el «terreno mental» para que lentamente se siembre y crezca una nueva consciencia. En su conjunto, las fuerzas sociales/culturales/materiales son lentas para reaccionar frente a la necesidad de un paradigma evolutivo de la consciencia humana. En cualquier caso, esto no es nada nuevo, ya que a lo largo de la historia conocida muchos individuos que han tomado conciencia de la necesidad de sembrar un impulso evolutivo en la vida social se han visto inmersos en sucesos revolucionarios o implicados en levantamientos socio-culturales.

Quizás se pueda especular aquí que para que continúe el crecimiento cultural y de la especie hay ciertos periodos de la historia humana en los que la humanidad está preparada para, o necesita, la activación de facultades específicas o rasgos evolutivos. Puede que durante ese periodo de transición la humanidad se adapte, o se vea forzada a desarrollar, nuevos aspectos creativos e inspirados de la consciencia. Sin embargo, como en todos los cambios de paradigma, las antiguas energías deben ceder el paso a las nuevas, y puede que sólo sea cuestión de tiempo el que las nuevas generaciones cambien a una consciencia evolutiva y sus expresiones físicas. Por lo tanto es esencial que una comprensión de los asuntos espirituales comience a permear nuestras vidas cotidianas a modo de contrapeso frente a nuestro materialismo social.

Necesitamos unidad, no uniformidad

No estamos buscando una consciencia «asombrosa» – como el superhombre de Nietzche. Más bien, lo que posiblemente surja sea una consciencia diferente y por tanto un tipo distinto de ser humano. Es decir, no se trata de «más de lo mismo», sino de más personas que manifiesten la nueva consciencia. La mente humana es como una gran olla que puede contener el mismo agua para todos – un compartir unificado. El camino hacia la unidad –con diversidad– comienza por la necesidad de armonía. Con la energía de la armonía podemos hacer que las aguas se tranquilicen y se sosieguen. Mediante la armonía podemos festejar nuestras diferencias con tolerancia, respeto, paciencia; sin juicios, cotilleos ni resentimientos hacia los demás. Con armonía podemos empezar a reunirnos; a trabajar juntos y a colaborar – a desarrollar confianza y visión. En primer lugar necesitamos suavizar las energías perturbadoras que existen en el mundo. Esto empieza por la armonía en casa: en uno mismo, la familia, los colegas, los amigos, los conocidos y los contactos. A partir de aquí la energía que se ha armonizado puede comunicarse, filtrarse hacia el mundo y entrar en resonancia con otros.

Durante estos años que se avecinan redundará en nuestro beneficio intentar desarrollar una consciencia que esté tanto abierta a impulsos espirituales como simultáneamente consciente y atenta a las necesidades de nuestras comunidades y culturas. Es esencial que revitalicemos nuestro sentido colectivo de bienestar y conexión –nuestra solidaridad y empatía– como parte de nuestra travesía humana compartida. Es posible que vislumbres emergentes de una consciencia participativa compartida permitan a la humanidad acceder a un cosmos creativo inimaginable de información e inspiración. Esto daría paso a nuevas perspectivas de inteligencia creativa que podrían ser las precursoras de una nueva etapa a lo largo de nuestra travesía humana evolutiva.

La flor

Un día el gran sultán recibió la visita de un derviche, de quien se decía no tener rivales en sabiduría. El sultán decidió proponerle un enigma. Llevó al derviche a una habitación de su palacio que los artesanos más dotados del sultán habían llenado de muchísimas flores artificiales maravillosas. La habitación parecía una pradera milagrosa, donde la multitud de flores exhalaban sus aromas expresamente elaborados y parecían mecerse bajo la influencia de una brisa desconocida.

—Éste es mi enigma —dijo el Sultán—, una de estas flores, sólo una, es real. ¿Podrías indicarme cuál es?

El derviche miró atentamente a su alrededor mostrando en su cara los más delicados pliegues de concentración. Al fin el derviche contestó serenamente:

—No puedo señalar la flor real. No obstante, ya que aquí hace calor ¿podría uno de tus sirvientes ser tan amable de abrir una ventana?

El sultán ordenó que así se hiciese.

—Ésta es la flor real —dijo el derviche al instante. Tan pronto como hubo hablado una abeja entró por la ventana y se posó sobre la única flor real.

Se dice que siempre es difícil ser un derviche: esta historia nos revela que ser una abeja es incluso más difícil. Sin embargo, en todo momento, lo más difícil es ser una flor.

22. RE-CALIBRACIÓN: UNA ÉPOCA DE BIENESTAR

Ya no estamos en la época de la «sala de espera», preguntándonos cuando comenzarán a cambiar las cosas. Cada parte de nuestras vidas ya está fluyendo, y siempre lo ha estado. Es erróneo pensar que la vida humana es estática: nunca lo ha sido. A menudo, durante ciertas épocas en las que existe una relativa estabilidad social y, lo que es importante, una estabilidad en las ideas culturales y en la consciencia de masas, lo parece. Sin embargo, todos estos aspectos —estructuras/instituciones sociales, normas culturales, patrones de pensamiento— han entrado en un periodo de profundo cambio y re-calibración. Desde hace unos cuantos años mucha gente ha sentido y percibido esta re-organización («deshaciéndose-rehaciéndose»); aunque la mayoría han sido meros observadores de estos cambios. Muchos estábamos esperando que ocurrieran grandes «puntos de inflexión» o momentos explosivos: y nunca han llegado. Esto es así porque el cambio que vamos a presenciar infiltrará nuestras vidas con el fin de influir en la transformación desde dentro... y a lo largo del tiempo. Si todo se derrumbase de repente sería catastrófico para la vida humana en este planeta. Más que explotar como una bomba de relojería, se espera de nosotros que nos re-ajustemos a los nuevos contextos en este planeta, como un camaleón que cambia el color de su piel para armonizarse con un nuevo entorno. Pero esa re-calibración tiene que realizarse de forma consciente y en armonía con la vida cotidiana. Esta es la razón por la que la época de la «sala de espera» ya ha pasado: es tiempo de Trabajar.

El periodo que estamos viviendo en la actualidad puede que también resulte perturbador en lo referente a la salud, puesto que existen muchos elementos caóticos circundando la vida e impactándonos. Es probable que en estos momentos estas «frecuencias perturbadoras» causen enfermedades y dolencias en mucha gente del planeta. Aunque se trate de una afirmación de carácter general, siento que en estos momentos muchos tenemos la experiencia de gente de nuestro entorno que está enfermando. Para algunos estas dolencias serán más graves que para otros. Con todo, la sensación es que ahora nos sentimos obligados a des-intoxicarnos y a re-alinearnos con una energía que está avanzando y nos impele a cambiar. Una nueva energía que se *mueve* de manera diferente está llegando al planeta: una energía con una *gravitas*[47] diferente.

Esta nueva energía es más fluida y adaptable; más ligera y más rápida. Como resultado de ello necesitamos ser más receptivos ya que la energía se desplaza como una red de luz: se manifiesta a través de las relaciones y las redes y es más sutil y, con todo, más claramente activa en nuestras vidas cotidianas. Es una energía que requiere *vivirse* y *manejarse*. Como tal, necesitaremos re-calibrar nuestro bienestar físico y emocional de manera que podamos resonar en armonía con esta energía viviente entreverada que está constantemente emergiendo a la superficie de los asuntos humanos y planetarios.

Cada vez será más importante que busquemos aquellos aspectos de nuestras vidas que propician y nutren nuestro bienestar. Vivimos en una cultura que fomenta las enfermedades y las dolencias como un estado normal de las cosas. De hecho, las empresas y corporaciones incluyen las enfermedades en sus planes de negocio. La mayoría de las empresas calculan que sus empleados se tomarán $x\%$ de días de baja por enfermedad al año, lo que a su vez afectará a la rentabilidad en un $y\%$. De modo que esta diferencia a menudo se calcula en los planes anuales de beneficios. Se espera que la gente

---

[47] https://es.wikipedia.org/wiki/Gravitas

enferme varias veces a lo largo del año; y si perdemos unos pocos días de trabajo con un «justificante por enfermedad» nadie piensa nada sobre ello. ¡A veces se espera de nosotros que para ser personas sanas estemos enfermos! Y luego está la industria farmacéutica global que, en verdad, debería denominarse «Industria de la Enfermedad» con el lema de «Para curarle antes tenemos que matarle». Esta expectativa y «normalización» de la enfermedad es un des-alineamiento y enfoca nuestra atención en dirección equivocada. Nuestra vida cotidiana debería, hasta donde fuese posible, formar parte de la «Industria del Bienestar» que se centra en la armonía dentro de uno mismo con el fin de armonizarse con los demás y con la vida de cada día. La verdadera armonía es una cuestión de coherencia y adaptación en todos los aspectos de nuestra vida cotidiana.

Nadie puede escapar de lo que piensa, dice, hace o siente: todo ello se entreteje en el tapiz que regula nuestro sentido del yo y nuestro bienestar. Por eso tiene sentido que seamos conscientes de cómo manifestamos nuestras expresiones de pensamiento-acción-sentimiento. Todo está tejido con las hebras de la consciencia humana. En su momento nuevas sensibilizaciones, consciencias y paradigmas de pensamiento, y nuevos modelos se alinearán para co-crear una nueva forma de vivir y ser que reemplazará nuestros antiguos modos y modelos. Es un proceso maravillosamente coherente y orgánico. De hecho, ¡es sólo la terquedad humana la que hace que la experiencia resulte espinosa y a veces incómoda! A menudo nosotros mismos somos nuestras propias barreras para el auto-desarrollo puesto que ya estamos calibrados con una amplia gama de condicionamientos. Llevamos con nosotros una pesada mezcla de opiniones, creencias, juicios y críticas: ¡como un pobre asno con una pesada carga! ¿Cuándo fue la última vez que nos preguntamos si nuestros patrones de pensamiento (sistemas de creencias) nos ocasionan desequilibrio y enfermedad emocional, física y espiritual?

Parte de la re-calibración en pos del bienestar humano es el indispensable trabajo que hemos de llevar a cabo para poder estar mejor alineados con un nuevo mundo y una nueva energía que está impregnando nuestra realidad ahora y en los años por venir. La re-calibración consiste en saber cuándo decir «NO» a aquellas cosas que ya no nutren nuestro bienestar ni nuestro sentido del yo; y resonar, y atraer conscientemente, aquellos elementos de la vida que son beneficiosos y apuntalan nuestro bienestar mental, físico, emocional y espiritual. Es hora de encarrilarse: de saber lo que es mejor para nosotros, y gravitar hacia aquellas cosas de la vida que alimentan nuestro bienestar. Nuestra re-calibración tiene lugar ahora en el mercado de la vida.

«Dime: si el tesoro escondido está ahora expuesto en el bazar, ¿no debería el Gnóstico abandonar su celda y deambular por el mismo?» **Gharib Nawaz**

El camino del becerro

Un día, un becerro tenía que cruzar un bosque virgen para volver a su pastizal. Siendo una animal irracional creó un camino sinuoso que se curvaba siguiendo los altibajos de las colinas.

Al día siguiente, un perro que pasaba por el mismo lugar usó el mismo sendero para recorrer el bosque. Luego vino una oveja que viendo el espacio abierto emprendió la misma senda, que muchas otras ovejas siguieron, pues tal es su naturaleza.

Más adelante, llegaron los hombres y comenzaron a utilizar exactamente la misma vereda que zigzagueaba adentro y afuera, a la derecha y a la izquierda, arriba y abajo, quejándose y maldiciendo mientras la seguían. Pero no hicieron nada para crear una nueva alternativa.

Finalmente, después de usarlo durante mucho tiempo, el sendero se convirtió en un camino más ancho por el que los pobres animales cansados se veían forzados a recorrer en tres horas la distancia que podría haberse hecho en treinta minutos si no hubiesen seguido el trayecto originalmente creado por el ternero irracional. Pasaron muchos años y la carretera se convirtió en la calle principal de un pueblo y, finalmente, en la de una ciudad. Pero todo el mundo se quejaba del tráfico porque era el peor camino posible.

Entre tanto, el viejo y sabio bosque reía, viendo cómo los hombres actuaban ciegamente siguiendo un trayecto ya abierto sin jamás preguntarse si era la mejor elección.

23. EL TRABAJO VIVIENTE: RECONECTAR CON LA ENERGÍA FEMENINA

Se acerca nuevamente, como hacen siempre esos ciclos. Desde hace varios años, yo (entre otros) vengo hablando de la nueva consciencia que está emergiendo –o más bien desplegándose– en estos tiempos. Sin embargo, hasta ahora el enfoque se había centrado en gran medida en las consecuencias de esta nueva «energía consciente», más que en las cualidades de la propia energía que aflora. Por ejemplo, he deliberado sobre cómo esta energía que se despliega está cambiando los sistemas sociales humanos –*el cómo hacemos las cosas*– desde un patrón vertical hacia uno horizontal. Es decir, desde estructuras jerárquicas hacia redes y conectividad. No obstante, recientemente me estoy centrando en el cambio de los viejos valores de **Competición ~ Conflicto ~ Control ~ Censura**, a los nuevos valores de **Conexión ~ Comunicación ~ Consciencia ~ Compasión.** Entonces, ¿qué nos dice todo esto acerca de esta nueva energía que se despliega sobre la Tierra e impregna la humanidad?

Nos dice que la nueva energía es relacional, no es mecánica ni está aislada. Es decir, no prospera en base a la autosuficiencia sino al contacto y la receptividad para con los demás. Fluye y funciona mediante sistemas orgánicos, no jerárquicos: mediante redes sociales y webs, a través de los hilos que entretejen la totalidad de la vida. Esta energía ya no prospera mediante estructuras de poder de arriba-abajo; ya no busca los encuentros de uno en uno: fluye como la propia vida.

Comprenderlo me recuerda cómo entre los siglos XVI y XVIII Europa fue testigo de la caza de brujas que ajustició a decenas de miles de mujeres acusadas de brujería. Los ejecutores fueron predominantemente hombres que representaban a la jerarquía eclesiástica. Era una energía masculina que durante milenios había estado haciendo desfilar y oscilar la pesada hacha paterna del poder jerárquico. Y las brujas no eran sino otra manifestación del poder femenino que las autoridades eclesiásticas no podían tolerar. Muchas de las así llamadas «brujas» eran mujeres que sabían de hierbas, sabían cómo sanar y fortalecer a la gente y cómo escuchar a la naturaleza (¡otras fueron simplemente víctimas inocentes de las habladurías!). Pero una de las cosas de las que se les acusaba, entre otras muchas, era de reunirse y conspirar juntas. ¿Cómo se reunían? Lo hacían en *círculos* de brujas… Aquí tenemos la energía del poder jerárquico contra la energía del flujo circular, relacional. Fue el miedo a una «presencia mágica» entre las mujeres lo que alimentó a lo largo de los siglos una profunda represión que se ha convertido en un modelo: la negación de lo sutil, lo integral, lo nutritivo.

Nuestros modernos sistemas e instituciones educativas también han mantenido un gran rechazo hacia esta energía integral y por ello se han engranado con la mente masculina. Nuestros programas de estudios fueron creados inicialmente por hombres, de forma que las mentes juveniles pudieran moldearse para pensar de maneras masculinas; es decir, condicionadas para manifestar una energía y una consciencia masculinas. La comprensión relacional femenina se dejó de lado para ser sustituida por los modelos lineales de pensamiento de la mente masculina. Para algunos fue cómo intentar hacer pasar formas cuadradas por un agujero redondo, o por un círculo por el que debería fluir el agua. Pero la insistencia en la mente masculina ha intimidado a la consciencia femenina. Ha impulsado su retirada, socavando la verdadera expresión de esa energía tan necesaria. La mente masculina dominante ha insistido en que la mujer imite sus atributos, juegue sus juegos y por tanto suprima su propia presencia.

La consciencia masculina también está detrás de la imagen de una divinidad asentada en el cielo. Desde «las alturas», la dominación de un dios masculino ha hecho permisible el desarrollo de una ciencia que «extrajese los secretos de la naturaleza torturándola»[48] y con ello se hiciese con el control de nuestro entorno. De esa manera la humanidad ha conseguido divorciarse en gran medida de la sagrada interdependencia de la creación. Nuestras «modernas» culturas materialistas comercializadas reflejan este sentido de alienación e individualismo representado por la autarquía de un dios masculino. La humanidad ya no entiende –¿o no recuerda?– que es una parte integral esencial de la gran totalidad de la vida. Como especie y como civilización hemos llegado a un punto donde esta consciencia masculina dominante ya no puede seguir adelante sola... si queremos tener un futuro viable a largo plazo en este planeta. Es en este periodo crítico donde hay signos de que actualmente la energía está virando, o más bien está cambiando a medida que nuevas permutaciones emergen en el mundo. Es la energía femenina que busca el flujo, las redes, la conectividad... y se está acercando nuevamente.

Tradicionalmente la consciencia femenina ha enaltecido la totalidad de la vida como sagrada; como tal manifiesta una reciprocidad que refleja la inter-conectividad de la vida. Las relaciones con los demás se han hecho más importantes que el aislamiento del ego. El valor de la comunidad está por encima de la búsqueda del logro individual. El proceso de *ser* tiene prioridad sobre la necesidad de conseguir mediante el *hacer*. Y la multitarea es más apropiada que la obsesión por un objetivo final único. Ahora bien, ¿qué aspectos parecen ser los más adecuados para un mundo global interconectado que se comunica simultáneamente a través de múltiples

---

[48] Una referencia a Sir Francis Bacon cuyo método científico se convirtió en el fundamento de la moderna ciencia empírica.

redes? Preguntémonos: ¿qué energía y consciencia pueden estar más alineadas con la manera en la que el mundo se está reestructurando y recalibrando?

Bienvenidos al siglo XXI en el que las comunicaciones globales han abierto el mundo a las masas. Internet, seamos honestos, representa aspectos de la energía y la consciencia femeninas. Internet conecta a la gente con múltiples relaciones; es responsable de alimentar una creciente empatía en todo el mundo; comparte historias y necesidades, y llega a mucha gente y muchas comunidades. Por supuesto, también tiene sus aspectos negativos, pero ésa es la naturaleza de un mundo dual. Centrándonos en los cambios constructivos vemos cómo individuos, comunidades, negocios, sistemas, etcétera, se están recalibrando por todo el mundo para alienarse con la nueva interconectividad que simboliza el mundo hacia el que estamos mudando. La manifestación actual de la energía femenina necesita nuevos senderos para entrar e impregnar nuestro mundo material. Nuestras estructuras físicas están respondiendo a esta llamada cambiando desde estructuras de arriba-abajo hacia redes repartidas y descentralizadas. Pero también tenemos que ayudar a esta recalibración cambiando las maneras de pensar ya que las formas de *hacer* las cosas no obtendrán perdurabilidad hasta que la consciencia humana cambie. Para permitir que la nueva consciencia entrante fluya en el mundo debemos admitir que fluya *a través nuestro*. Es decir, para recibir, mantener y transmitir esta consciencia con la máxima eficacia, tenemos que manifestar *en el mundo* cualidades y actitudes, y nuestra propia presencia. Esta responsabilidad es ahora nuestro trabajo viviente.

Los días de trabajar en reclusión han pasado: la nueva energía no respalda el monacato. El flujo debe establecer la conexión entre los estados y los eventos internos y externos. El nuevo trabajo viviente no es un esfuerzo monástico sino que debe existir en los redilles, travesías y mercados activos de la vida. Los altos castillos, los enclaves sacerdotales, los santuarios de los gurús, etcétera, son edificios del pasado que contenían una energía diferente. La nueva energía —que muestra aspectos de la consciencia femenina— es una energía nutriente que adquiere vida *a través de la gente*. Mientras que la energía previa orientada hacia lo masculino deseaba permanecer visible y poderosa como la torre en la colina, la energía femenina es más sutil y fluye merced al contacto apreciativo, la palabra de apoyo, la mirada tranquilizadora que se difunden a través de cada uno de nosotros mientras encaminamos nuestras vidas. Aquello que una vez estuvo oculto puede ahora manifestarse a través de nosotros: éste es *el trabajo viviente*.

El amor no tiene estructuras de poder ni jerarquías; no está a la venta. Pasa libremente de corazón a corazón a lo largo de la red de unicidad que a todos nos conecta.

Llewellyn Vaughan-Lee

Importancia

Nasrudín comenzó a charlar con algunos amigos. Uno de ellos, de repente, le preguntó por su mujer:

—¡Ah, mi mujer! Se ha quedado en casa.

—¿A qué se dedica?— preguntó el otro.

Nasrudín se encogió de hombros y le dijo:

—Insignificancias, asuntos sin importancia, pequeñas cosas sin trascendencia alguna. Se encarga de llevar a cabo las tareas del hogar, cuida de nuestros hijos y les ayuda a estudiar, va al mercado, hace reparaciones cuando son imprescindibles, como pintar la casa y arreglar lo que se rompe... Saca agua del pozo y riega la huerta, también atiende a su madre enferma y se hace cargo de la mía; a veces visita a su hermana y le ayuda con los niños... Cosas así, pequeñas cosas sin trascendencia.

—¿Y tú qué haces?— le preguntó otro de los reunidos.

—¡Ah amigos, yo soy verdaderamente importante, claro! Soy el que investiga si Dios existe.

24. EL GUERRERO PRESENTABLE

Para muchos de nosotros la idea de un «panorama general» es algo sobre lo que, simplemente, no podemos permitirnos el lujo de pensar. A menudo es así porque en nuestra vida cotidiana pasan tantas cosas de las que ocuparse que no nos sobra tiempo para relajarnos y preguntarnos sobre el sentido más amplio de la vida humana. Tenemos que ocuparnos del aquí y el ahora. Para muchos de nosotros el «aquí y ahora» no es una senda recta ni fácil y requiere sus propias formas concretas de viajar. Cómo recorremos dicha senda es lo que llamamos «vivir». Pero también es cuestión de cómo nos «vestimos» para la ocasión. Para clarificar esto, me gustaría citar un breve episodio de «Encuentros con Monroe»[49], cuando en una ocasión le comenté que siempre iba vestido con tanta elegancia:

«La elegancia es hacer aprecio del ser» contestó Monroe. «Estar presentable, como diría usted, es cuestión de respeto. Cada uno debe escoger su forma y manera de administrar la vida. Si somos descuidados y sucios con nosotros mismos, percibiremos el mundo como descuidado y sucio. Es cuestión de perspectiva correcta, de organización intencionada. Debemos respetarnos a nosotros mismos si queremos pedirle lo mismo a ese mundo que es nuestra realidad. Usted mismo es bastante elegante. Demuestra que se respeta a sí mismo. No es una persona perezosa, aunque demasiada gente lo es. Si quiere comprometerse con el mundo, participar en su realidad, debería presentarse para ello. Debería decir: "Mírame, aquí estoy. Estoy dispuesto. Estoy preparado para tratar con la realidad. Puedes trabajar conmigo: me comprometo". En este mundo resbaladizo por el que transita es importante ser impecable. No dé razones a sus detractores. No se excuse a sí mismo ni dé justificaciones que otros puedan usar contra usted».

---

[49] «Encuentros con Monroe». Kingsley L. Dennis. Editorial SUFI. 2015

«Habla como si debiésemos ser guerreros» contesté.

«Así es soldado: ¡cabeza arriba y espalda recta!» dijo Monroe con un tono burlón de sargento de instrucción. «Soldados de un tipo» añadió sonriendo. «¿Y por qué no? Si interiormente no es un guerrero entonces tiene miedo. El miedo es una de las cosas más peligrosas para la gente. El miedo arrastra aún más a la persona hacia la trampa de su realidad y disminuye su potencial de percepción. El miedo es un distractor maravilloso, le mantiene ocupado en lo mundano y lo falso».

«¿Y qué otras cosas son peligrosas?» pregunté mientras nos sentábamos a la mesa para comer.

«Dudar de uno mismo, por supuesto» respondió Monroe, como por casualidad, mientras me servía un vaso de agua. Como en un fogonazo repentino me di cuenta de que en todos nuestros encuentros siempre había sido Monroe quien había puesto la mesa, provisto la comida, e incluso quien me había servido. Aunque, de cierta manera distendida, yo era el «huésped», al menos podría haber sido más generoso con mi actitud de servicio. Al darme cuenta, enrojecí de repente y me sentí culpable y codicioso. Monroe me echó un rápido vistazo pero no dijo nada.

La comprensión –sobre mi falta de actitud de servicio– que se menciona al final del encuentro era sólo un detalle minúsculo de mi comportamiento. Hasta eso puede decirse que forma parte del «guerrero presentable», en la medida en que deberíamos ser conscientes de la manera de presentarnos mediante nuestras pequeñas interacciones cotidianas. Como dijo Monroe con razón: «El miedo es una de las cosas más peligrosas». Y el miedo puede aparecer en nuestras vidas con muchos disfraces diferentes, tales como caos, perturbación, incertidumbre, seguridad, necesidad, codicia, envidia, celos y pereza; entre otros. Quizá el «guerrero presentable» represente un camino hacia la normalidad social y el equilibrio en medio de tantas fuerzas e influencias desestabilizadoras. También, en mi opinión, estar «presentable» sugiere ser en parte invisible o anónimo; o más bien, vivir la vida sin necesidad de grandes gestos para atraer la atención. Estar «presentable» puede referirse a la propia elegancia en la apariencia y en la acción; también sugiere el estado del ser de cada uno. Por ejemplo, resultaría difícil decir que uno está «presentable» cuando por dentro alberga pensamientos negativos y enojados contra alguien o algo. La elegancia es, después de todo, un estado completo tanto externo como interno.

Otro aspecto del «guerrero presentable» que se me viene a la cabeza es la habilidad para absorber impactos y experiencias, que de entrada podríamos etiquetar como «positivos» o «negativos», sin encasillarlos en ninguna de esas categorías. Es decir, impactos que pueden considerarse ordenados o caóticos pueden funcionar de una manera diferente de la que aparentan. O sea, los impactos caóticos en realidad pueden servir para crear orden y viceversa. Me acuerdo del viejo dicho: *Cosas aparentemente opuestas en realidad pueden funcionar juntas.* De igual modo, sucesos caóticos pueden ser experiencias de aprendizaje que sirvan de catalizadores para nuestro propio desarrollo. Categorizar algo —o a alguien— como caótico o perturbador tal vez sea, de hecho, una manera de bloquear (o esconder) la capacidad de desarrollo disponible. No sé qué diría Monroe de todo esto, pero estoy seguro de que consideraría que la mejor forma de enfocarlo, o la mejor respuesta, sería una elegante. Después de todo, se trata de hacer aprecio del propio ser. Y quizá una de las mejores maneras de hacerlo sea dejar de categorizar cada cosa que se cruza en nuestra senda cotidiana. En lugar de ello, podemos abordar los pormenores de nuestras vidas como oportunidades para aprender en vez de perder el tiempo etiquetándolo todo. ¿No es esto más elegante? Ser un participante que fluye en lugar de un ordenado archivero ¿no es una manera más presentable de enfrentarse a la vida?[50]

Y quizá, solo quizá, a veces tengamos que reinventarnos para presentar un «nosotros» más elegante ante el mundo.

Nadie debería decir: «Puedo confiar» o «no puedo confiar» hasta no ser dueño de la opción de confiar o de no hacerlo. **Idries Shah: «Reflexiones»**

Dos lados

Los mantos de colores de los derviches, copiados con propósitos de enseñanza y, con el tiempo, imitados como mera decoración, se introdujeron en España en la Edad Media, de esta manera:

Un rey cristiano gustaba de los desfiles pomposos y también se enorgullecía de su conocimiento filosófico. Pidió a un sufí conocido con el nombre de el-Agarin que le instruyese en el conocimiento:

—Os ofreceremos observación y reflexión, pero primero tenéis que aprender su significado en toda su extensión —dijo el-Agarin.

—Ya sabemos cómo prestar atención pues, gracias a nuestra propia tradición, hemos estudiado bien todos los pasos preliminares hacia el conocimiento.

—Muy bien —dijo el-Agarin—, durante el desfile de mañana, haremos a Vuestra Majestad una demostración de nuestra enseñanza.

Se hicieron los preparativos y al día siguiente los derviches del grupo de el-Agarin desfilaron por las estrechas calles de la ciudad andaluza. El rey y sus

---

[50] Un **archivero** es un profesional de la información que evalúa, recopila, colecciona, organiza, conserva, controla y da acceso a registros o archivos que se ha decidido que tienen valor a largo plazo (Wikipedia) – ¿suena familiar?

cortesanos estaban a uno y otro lado de la ruta: los nobles a la derecha y los caballeros a la izquierda.

Cuando terminó la procesión, el-Agarin se volvió hacia el rey y le dijo:

—Por favor, Majestad, preguntad a vuestros caballeros del lado izquierdo el color de los mantos derviches.

Todos ellos juraron sobre las escrituras y sobre su honor que las vestimentas eran azules. El rey y el resto de la corte se mostraron sorprendidos y confusos, pues de ninguna manera era lo que ellos habían visto.

—Todos nosotros vimos con claridad que iban vestidos con hábitos color café —dijo el rey— y entre nosotros hay hombres de gran fe y santidad, y muy respetados.

El rey ordenó que todos sus caballeros fueran castigados y degradados. Aquellos que habían visto el color café fueron puestos a un lado para ser premiados. El proceso duró bastante tiempo.

Después el rey preguntó a el-Agarin:

—¿Qué embrujamiento has hecho hombre malvado? ¿Qué actos del demonio son los tuyos, que pueden ocasionar que los caballeros más honorables del cristianismo nieguen la verdad, abandonen sus esperanzas de ser redimidos y traicionen nuestra confianza, incapacitándolos para la batalla?

El sufí dijo:

—Los mantos, en su mitad visible eran de color café. En la otra, cada manto era azul. Sin preparación, vuestra predisposición hace que os engañéis a vos mismo y nos malinterpretéis. ¿Cómo podemos enseñar a alguien en estas circunstancias?

25. EL PRÓXIMO «GRAN ACONTECIMIENTO» SOMOS NOSOTROS: EL AUGE DE LOS NUEVOS MONÁSTICOS

A muchos, los últimos años nos han dejado esperando el «Próximo Gran Acontecimiento» o algún grandioso milagro televisado. Recientemente, el mundo se ha llenado a rebosar de catastrofistas y de imágenes de crisis, violencia y corrupción. Muchos nos hemos sentido desconcertados, o marginados, hasta la indiferencia. Se nos dijo que carecíamos de poder para realizar cualquier cambio duradero. Los primeros años del siglo XXI se han centrado, en gran medida debido a los medios de comunicación, en la inseguridad; y gobiernos oportunistas han utilizado dicha inseguridad y el miedo para fortalecer estructuras de autoridad impuestas.

Pero en mi opinión, el 2014 será un año relevante que señalará un cambio en las relaciones humanas y en los patrones de pensamiento. Presiento que vamos a ser testigos de la aparición acelerada de lo que yo llamo «innovadores perturbadores»; es decir, individuos que actúan como inesperados agentes de cambio. Serán los individuos, no los gobiernos, quienes mostrarán una capacidad mayor para catalizar la transformación y el cambio en el mundo. Esto es así porque el cambio real ocurre cuando las «anomalías» (es decir, los agentes de cambio) llegan a ser demasiado numerosas como para ser absorbidas por el sistema actual. Por ello, precisamente ahora, son tan importantes individuos y grupos «haciendo cada uno lo suyo».

Todas las grandes ideas e innovaciones afloran desde la periferia como «perturbaciones», a partir de gente que se limita a «actuar en solitario» y seguir su instinto y motivación. Esta es la razón por la cual, en mi opinión, el 2014 será un año importante a nivel individual sin que sea necesario prestar atención a movimientos globales o acciones grandiosas para cambiar. Para habilitar los cambios que se avecinan se ha instaurado un nuevo arquetipo, al que me he referido como modelo de acción «nuevo monástico», con el cual individuos y grupos han empezado a crear nuevas maneras de hacer las cosas, sin fanfarrias ni grandes vallas publicitarias. Ese «trabajo monástico», por así decirlo, pasa a menudo desapercibido y en lugar de buscar visibilidad y atención resulta genuino gracias a su actividad. El «trabajador monástico», en búsqueda de transformación, escoge un modo de vida con sentido que puede dar lugar a un cambio duradero en quienes se implican en ello. A menudo los trabajadores monásticos se esfuerzan por promover el cambio dentro de sus propias comunidades. Son como gotas de tinta sobre un papel secante, extendiendo lentamente su impacto mediante un quehacer perseverante y creativo. El auge de las comunicaciones globales y las redes distribuidas hace que, en la actualidad, este modelo sea no solo más atractivo sino además mucho más eficaz. Ahora, los monásticos diligentes pueden conectarse, compartir y colaborar.

Por lo tanto, hacer las cosas a nuestra manera, participar mediante nuestras contribuciones a «pequeña escala», puede tener un impacto mayor del que normalmente tendría. Ahora es el momento ideal para dirigir la mirada hacia nuestras propias vidas, nuestro futuro, y empezar a engendrar en nosotros mismos el cambio que deseamos ver. Es tiempo de examinar nuestros estilos de vida —lo que comemos, nuestras seguridades, nuestras dependencias, nuestras redes, nuestras finanzas, etcétera— y de ser verdaderamente honestos con nosotros mismos.

El *nuevo monástico* actúa a modo de síntesis entre una percepción vibrante del mundo y una manera práctica de hacer las cosas. Es decir, es gente motivada tanto por un espíritu interno como por una visión práctica. Tales catalizadores del cambio pueden dar sentido y significado a todo lo que hacen, incluso a las pequeñas cosas aparentemente triviales. Obrando con una fuerte visión interna también son capaces de transformar el mundo externo. Nuestros modernos procedimientos de conexión y comunicación pueden conducir a los *nuevos monásticos* hacia una asamblea en red de «corazón-mente-espíritu» para trabajar con pragmatismo y visión.

Los retos a los que nos enfrentamos puede que aparenten estar fuera de nuestro alcance, pero cada uno de nosotros tiene el poder de escoger cómo responder ante ellos. Cambiando nuestros patrones de comportamiento desde el materialismo egocéntrico hacia un conjunto de valores centrados en la comunidad se puede alimentar una respuesta atenta y compasiva. Doris Lessing, en su libro *Shikasta*, cuenta como «la Tierra rota» necesita recuperar las energías de la «*Sustancia del sentimiento de nosotros*»[51]. Es muy posible que dentro de cada uno de nosotros, en nuestro sentido social de responsabilidad, en nuestro impulso innato para *reunirnos*, se hayan sembrado las claves de nuestro desarrollo colectivo. La especie humana es, después de todo, una especie social (¡como les gusta recordarnos a los antropólogos con tanto entusiasmo!). Cuando se está confinado en una cueva de ermitaño resulta fácil comportarse «espiritualmente»; en ella, libramos nuestros únicos combates con nuestros propios pensamientos incesantes. Sin embargo, una actividad sincera también requiere que cada individuo comprenda y acepte el papel de su participación social, de su presencia y su responsabilidad con los amigos y la familia, y dentro la comunidad.

---

[51] N.T.: En el original SOWF (Substance-Of-We-Feeling)

Como comunidad global de individuos se nos insta a apoyar y desarrollar una consciencia empática compartida. Mediante una combinación de cambios físicos en los niveles sociales, culturales y políticos la gente, en todo el mundo, está empezando a despertar de la temeridad de nuestra situación. A partir de aquí, a medida que los aspectos irónicos, incrédulos y a menudo absurdos de muchos de nuestros estilos de vida se pongan descaradamente de manifiesto a la escandalosa luz de nuestros tiempos actuales, podrían surgir «despertares» ulteriores. En los años venideros los *nuevos monásticos* continuarán emergiendo por todo el mundo, convirtiéndose en agentes del cambio dentro de sus comunidades. Extenderán su influencia a través de las redes sociales, tanto físicas como virtuales. Para «cambiar el mundo» primero debemos convertirnos en agentes de cambio dentro de nosotros mismos. También deberíamos reconocer que la consciencia humana está inherentemente integrada en cada aspecto de nuestras vidas. La humanidad es integradora por naturaleza y no busca conscientemente separarse. Uno de los aspectos de los *nuevos monásticos*, que son conscientes y responsables de activar su mundo interno en el desempeño de un papel constructivo en la vida cotidiana, es la consciencia integral. Cada persona puede formar parte de esta corriente, con voces y hechos fuertes y convincentes y, al mismo tiempo, desprovistos de ego y grandes declaraciones.

Más que nunca, el año que tenemos por delante tendrá que ver con la gente de base. Se tratará de cómo la gente común puede marcar una gran diferencia; y de los cambios que cada uno haga en sus vidas para estar más en línea con el avance. Tendrá que ver con cuán resilientes somos y con cómo nutrimos un estado mental y del ser enfocado y positivo. También se tratará de integrar nuestros yos espirituales con aplicaciones prácticas en el mundo. Los periodos de transición no son tiempos normales: son fases en las que la acción individual puede tener un impacto mucho mayor en los desarrollos históricos. Es el momento de que el empeño «monástico» individual acepte el desafío y la responsabilidad.

Estamos aquí para trabajar en pos de un cambio: es el momento de reunirse. Siento que el 2014 demostrará que realmente el «próximo gran acontecimiento» somos NOSOTROS. O, como diría Doris Lessing, es el momento de nuestra *«Sustancia del sentimiento de nosotros»*, que necesitamos al igual que los viñedos precisan un buen suelo.

<u>Un derviche</u>

Un derviche que había hecho voto de soledad se había retirado a un desierto. Un día, pasó junto a él un rey con su séquito. El derviche, que se hallaba en estado de meditación contemplativa, no levantó la cabeza, ni siquiera se percató del cortejo. El monarca, aunque estaba de buen humor, se irritó contra él y dijo:

—Estos que visten el manto andrajoso son brutos como los animales y carecen de educación y humildad.

El visir reprendió al derviche diciendo:

—¡Oh derviche! El sultán de toda la tierra acaba de pasar. ¿No vas a rendirle homenaje como es debido?

El derviche respondió:

—¡Qué el sultán busque homenajes en aquellos que esperan beneficiarse de su buena voluntad! Dile, además, que los sultanes se crearon para proteger a sus súbditos, y no los súbditos para servir a los reyes.

El rey quedó impresionado por la sabiduría del derviche y dijo:

—Pídeme un deseo.

El derviche respondió:

—Lo que deseo de ti es que no vuelvas a molestarme.

—Dame, pues, algún consejo— dijo el rey.
El derviche contestó:

—Ahora que tienes entre las manos el poder y la soberanía, recuerda que estos pasan de mano en mano.

26. ESTÁ BIEN ENSALZARSE UNO MISMO

Jamás pensé que me descubriría viendo por televisión los Juegos Olímpicos de Invierno en Sochi, Rusia. No soy una persona especialmente interesada en los deportes o que los vea por televisión, ¡y menos aún los invernales! Pero una tarde de un fin de semana de febrero encendí la televisión y me encontré con los patinadores artísticos que competían en Sochi. Así que pensé que, antes de ver una película, los miraría un rato. Esos escasos minutos se convirtieron en un par de horas. Me quedé estupefacto por la elegancia, la destreza y la pericia de los patinadores artísticos. Fue un despliegue de refinamiento, entrega, concentración y belleza que nunca antes había apreciado. Así que lo estuve viendo una noche, y otra noche…y no solo el patinaje artístico sino el esquí acrobático, el salto de esquí, el esquí alpino, el snowboard, el patinaje de velocidad, el bobsleigh: ¡el lote completo! Y sigo sin ser un entusiasta del deporte… porque me di cuenta de que no estaba mirando el «deporte» –la competición, el ganador, etcétera– sino algo diferente. Estaba contemplando cómo participa el ser humano y de lo que es capaz mediante el esfuerzo concentrado, la dedicación y el compromiso. Para mí, estos Juegos Olímpicos de invierno suponían un ensalzamiento del ser humano; es decir lo que los seres humanos pueden conseguir cuando adoptan la actitud correcta. Y los resultados pueden ser verdaderamente asombrosos.

Por supuesto, había leído algunas de las críticas sobre los Juegos Olímpicos de Sochi, pero en su gran mayoría habían sido diatribas contra el presidente Putin, los políticos rusos, el comité organizador, etcétera. Para mí, eso es olvidarse de lo esencial. Lo fundamental es que cientos de personas esforzadas, de todas las partes del mundo, se reunían con un espíritu de participación y logro. Muchos de estos participantes habían estado entrenándose durante los dos años previos sólo para este acontecimiento concreto. Es un acaecimiento, como otros eventos y reuniones que suceden por todo el mundo, que en realidad constituye un ensalzamiento de uno mismo. Quizá ha llegado el momento de que no sólo reconozcamos este hecho sino de que lo hagamos de una manera fuertemente positiva. ¿Por qué? Porque nuestros canales informativos tradicionales están repletos de noticias negativas que, junto con otras perversidades del mundo, muestran las peores facetas de la naturaleza humana. Es cierto, estas cosas están *sucediendo*, y soy uno de los primeros en aceptarlo. Pero lo que quiero hacer constar es si centrarse en las maldades del mundo nos ayuda a desarrollar nuestra comprensión, nuestras herramientas de progreso, nuestros enfoques positivos y nuestra confianza en nosotros mismos. ¿Estamos nutriendo los mejores aspectos del amor humano? Y si no es así ¿por qué no hacerlo?

Podemos pensar que todo lo que existe en el mundo es obvio y está frente a nosotros. Ese es el resultado de un estilo de vida material que constantemente se nos arroja a la cara de tal manera que nos sentimos abrumados por su presencia. La inmediatez de esa *realidad-material* (materialidad) tan patente atrae continuamente nuestra atención. Sin embargo, existen otros elementos de la vida que no son tan fáciles de discernir. Hay momentos en los que debemos estructurar nuestras mentes y tomar decisiones basadas en pruebas externas limitadas. Mientras que nuestro entorno socio-cultural resulta a menudo abrumador, nuestra esfera humana interna está mínimamente desarrollada. Pero lo está de una manera positiva y sutil e igualmente tenemos la obligación de reconocerlo y admitirlo. A veces resulta difícil concretar lo que es correcto hacer. El filósofo Emanuel Swedenberg urgía a la gente a que en su vida cotidiana «hiciese el bien que conoce». Hacer lo correcto y lo incorrecto puede parecer muy similar. Esta es la razón por la que necesitamos basarnos en nuestras propias herramientas de discernimiento. Y dichos instrumentos pueden pulirse u oxidarse dependiendo de nuestras actitudes hacia nosotros mismos y de si nos ensalzamos o no. Blaise Pascal, el inventor, escritor y filósofo francés lo decía de esta manera:

«Existe suficiente luz para aquellos que quieren creer y suficiente oscuridad para quienes no lo quieren»

No tenemos que preocuparnos de encontrar nuestras propias justificaciones, ésa es la parte fácil: ¡ellas nos hallarán! A veces la vida puede resultar engañosa, pero eso está bien. Se trata de si insistimos en ello y permitimos que nos desvíe por distracción e intencionalmente. Seamos honestos, nuestros entornos socio-culturales –es decir la vida moderna– nos distrae a propósito: basta con mirar el estado actual de lo que llamamos «democracia». Como escribió el crítico social Herbert Marcuse: «*En la civilización industrial avanzada prevalece una confortable, agradable y razonable ausencia de libertad democrática, signo del progreso técnico*». De modo que para manejar y tratar con dicha «ausencia de libertad» (por favor, nótese que no he dicho *luchar contra*) y transformarla en algo que trabaje a nuestro favor, tenemos que empezar por ensalzarnos a nosotros mismos.

Necesitamos mirar el mundo a través de nuestras lentes internas y apreciarlo mediante nuestros propios estados interiores. Esto es lo opuesto a lo que parece estar sucediendo con demasiada frecuencia: que el estado del mundo trata de penetrar en nosotros e imponerse a nuestro estado interno. Debemos cambiar esta relación de manera que en lugar de que la distracción se introduzca en nosotros y decida lo que es, sea el ensalzamiento de uno mismo lo que participe como fuente principal. Plotino, filósofo del siglo III, lo expresaba así:

«Soy visión-amorosa y gracias a la facultad interna de ver concibo lo que veo... miro dentro y las imágenes del mundo material adquieren existencia a medida que descienden desde mi cavilación».

Por cavilación, Plotino entiende la reflexión interna profunda o contemplación. Ella nos informa de que si estamos en un lugar oscuro, las imágenes y los acontecimientos del mundo material también nos parecerán oscuros. Nadie percibe la misma imagen del mundo: eso es responsabilidad de cada uno. Pero si, como Plotino, somos internamente visión-amorosa (ensalzamiento de uno mismo), podemos modificar las «imágenes del mundo material» y con ello transformarnos.

No deberíamos permitir que lo presente nos distraiga de la «visión-amorosa» y la «facultad de ver» un futuro mejor que deseamos contemplar tanto para nosotros como para quienes nos sigan. Está bien ensalzar los logros positivos del ser humano. De hecho, me atrevería a decir que ¡hacerlo es nuestra responsabilidad!

Dos ranas

Dos ranas cayeron en un recipiente con leche.

—Sigue nadando —dijo una rana a otra—, saldremos de alguna manera.

—Es inútil— chilló la primera —es demasiado espesa para nadar, demasiado blanda para saltar, demasiado resbaladiza para arrastrarse. Como de todas formas hemos de morir algún día, mejor que sea esta noche.

Así que dejó de nadar y pereció ahogada. Su amiga siguió nadando y nadando sin rendirse. Y al amanecer se encontró sobre un bloque de mantequilla que ella misma había batido.

Y allí estaba, sonriente, comiéndose las moscas que acudían en bandadas de todas direcciones.

27. HACIA LA SÍNTESIS

Por todo el mundo, en muchas tradiciones, el equinoccio de primavera es también un momento de gran confrontación entre las fuerzas de la oscuridad y de la luz. Esto aparece en muchas enseñanzas sagradas simbolizado como la muerte y la resurrección de sus deidades. O, en términos iniciáticos, como una importante etapa de auto-realización, en la que la batalla entre la oscuridad y la luz crea la oposición necesaria para catalizar el desarrollo. Es decir, se avanza gracias a la contienda y el antagonismo. El movimiento y el cambio a menudo se han representado como un forcejeo hacia adelante y hacia atrás entre opuestos, y por tanto como lucha y antagonismo. Pero tales discrepancias no sólo se encuentran en las tradiciones y costumbres simbólicas, también aparecen reflejadas en nuestras influencias y tendencias culturales. Un ejemplo histórico es la teoría marxista: Karl Marx decía que la lucha/oposición entre clases sociales (burguesía y proletariado) terminaría por resolverse en una sociedad humana sin clases (socialismo). A esta noción de lucha entre opuestos que genera una tercera fuerza de resolución se la conoce como dialéctica (tesis + antítesis –> síntesis). Las ideas de Marx acerca de la lucha dialéctica estaban fuertemente influenciadas por la filosofía idealista del pensador alemán Georg Hegel. Hegel desarrolló el concepto de que la mente o el espíritu se manifestaban en un conjunto de contradicciones y oposiciones que finalmente se integraban y unían en una síntesis. Para Hegel la síntesis (el absoluto) en su camino hacia la realización y la verdad debía transitar siempre por un estado de oposición. A nivel material, Hegel consideraba la relación dialéctica como el proceso mediante el cual se despliega la historia humana. Es decir, la historia (evolución social) progresa, como una batalla entre dos fuerzas opuestas, hacia un estado evolutivo de resolución.

Según Hegel, la principal característica de la resolución-en-unidad es que evoluciona mediante la contradicción y el rechazo. Estas batallas, dice Hegel, pueden encontrarse en la mayoría de los ámbitos sociales: la historia, la filosofía, el arte, la naturaleza e incluso la consciencia. Resulta significativo señalar que el pensamiento de Hegel estaba muy influenciado por los escritos menos conocidos del místico cristiano alemán Jacob Böhme. Las visiones internas de Böhme le llevaron a concebir una cosmología en la que la humanidad necesitaba volver a Dios. Los estados de conflicto serían una etapa necesaria para seguir perfeccionando la evolución del universo. En esta situación de separación, conflicto y resolución, el regalo más importante que Dios podía conceder a la humanidad era el libre albedrío. En otras palabras, trabajar en pos de nuestra reconciliación mediante la lucha y los impulsos opuestos de resistencia sería responsabilidad nuestra: un cometido privilegiado.

De manera similar, las enseñanzas del místico-filósofo greco-armenio George Gurdjieff también describen una tríada de relaciones en su *Afirmación Sagrada* y *Negación Sagrada* –>*Reconciliación Sagrada*. Gurdjieff se refería a esto como la «Ley del Tres». En este contexto podemos ver cómo el devenir conjunto de impulsos contradictorios –como mente y espíritu– conduciría a una resolución que no sólo consistiría en una integración de estas fuerzas contradictorias sino, a la vez, en una resolución/síntesis *mayor que* la suma de sus partes.

De igual modo, el psicólogo y filósofo humanista Erich Fromm hacía hincapié en que, en el mundo industrializado, la sociedad de mediados del siglo veinte padecía lo que él consideraba como la lucha contradictoria entre *tener* y *ser*. La ideología de crecimiento y consumo incesantes –modo *tener*– estaba en conflicto con la necesidad humana de encontrar sentido, bienestar y crecimiento personal: modo *ser*. Fromm imaginó la resolución de este conflicto como un Humano Nuevo y escribió que «somos una sociedad de gente notoriamente infeliz: sola, ansiosa, destructiva, dependiente, gente que se alegra cuando perdemos el tiempo que tanto nos esforzamos por ahorrar». Su conclusión era que «*la supervivencia física de la raza humana depende de un cambio radical del corazón humano.*»

Gran parte del pensamiento actual se caracteriza por mostrar una falta de reconocimiento de la naturaleza cambiante de la consciencia humana. Y tampoco tiene en cuenta el papel que ésta desempeña afectando las circunstancias externas. Más aún, existe el peligro de pensar que las influencias opuestas solo pueden conducir a una alternativa del tipo «o esto, o aquello». Hasta cierto punto, incluso Erich Fromm lo ilustraba al pensar que podíamos tener una existencia del tipo *tener* o *ser*, pero no ambas.

En lo que a mí respecta, diría que hay algo más que aún no se ha tenido en cuenta. Un «algo más» que participa dentro de la red de empujes opuestos que ayudan en la catálisis hacia una síntesis/resolución. Y este «algo» es inmaterial y, aún así, tangible. Según una analogía utilizada por el poeta persa Rumi, podemos juntar los diferentes ingredientes: harina, agua y levadura; pero con esto no crearemos pan. Se debe añadir algo más a la mezcla; y ese algo es calor: el fuego del horno necesario para cocer el pan. El calor es la fuerza inmaterial pero tangible que cataliza los ingredientes hacia una síntesis, el pan en este caso. En cierto sentido, Gurdjieff en su «Ley del Tres» se refería a esa energía inmaterial como una fuerza reconciliadora: una energía de atención e intención.

De modo similar, se dice que cuando los sistemas físicos han alcanzado su capacidad para organizar ordenadamente la energía, se produce un punto de inflexión. La alternativa es o bien una descomposición (colapso) o bien la entrada en el sistema de una mayor cantidad de energía utilizada para catalizar y crear un orden superior, impulsando el sistema hacia un estado ulterior de desarrollo. Así que, ¿para qué digo todo esto?

Comencé este breve ensayo mencionando cómo el equinoccio de primavera es, simbólicamente, un tiempo en el que las batallas entre fuerzas opuestas (oscuridad y luz) encuentran equilibrio y resolución: en este caso la igualdad de horas del día y de la noche. También simboliza un tiempo de muerte, renacimiento y realización (iniciación). Siento que ahora el mundo está atravesando una versión a gran escala de esta batalla; y que, efectivamente, se requiere una síntesis global. Como individuos, cada uno de nosotros también tiene que afrontar la resolución de las propias luchas y empujes contradictorios, tanto externos como internos, que le impactan. La pregunta final al respecto debe ser: ¿podemos encontrar y utilizar esa energía «reconciliadora» inmaterial y, aún así, tangible? ¿Y cuál es?

En los temas globales, el arte, la psicología, la vida social —en todos y cada uno de ellos— se necesita que esa «otra fuerza de reconciliación» esté presente; y quizá lo esté, pero de maneras que no percibimos o no podemos advertir; siendo como es uno de los mecanismos de nuestra evolución social y cultural. Y quizá sea simplemente cuestión de poder conectarse con esa fuerza sintetizadora, y utilizarla. ¿Qué pasaría si se tratase de la energía de la atención consciente y dirigida? ¿Es decir, del impulso del conocimiento y la participación conscientes, de la intención consciente orientada hacia un objetivo?

Todo lo que hacemos puede realizarse de forma diferente. Y no solo las cosas importantes de la vida —nuestro trabajo, nuestro amor, etcétera— sino también las pequeñas cosas: cocinar, limpiar, preparar, colocar y demás. En otras palabras, poner intención consciente en cada encuentro y participación, en cada acto humano. ¿No sería algo a tener en cuenta? Después de todo si, de verdad, fuésemos plenamente conscientes en esos momentos ¿desearíamos hacer daño, cometer errores, hablar mal y hacer las cosas incorrectamente? La consciencia, humana cuando es deliberadamente consciente de sí misma, puede ser una fuerza de resolución, síntesis, integración y desarrollo mucho mayor.

Para poder darnos cuenta del potencial inherente a la reconciliación de los impulsos opuestos con vistas al mejoramiento no tenemos por qué limitarnos a observar las fuerzas materiales globales (por ejemplo, la guerra). Esos impulsos opositores y contradictorios también operan dentro de cada uno de nosotros. Pero el primer obstáculo a superar es reconocer su existencia y funcionamiento. Percibiendo su existencia ayudamos al nacimiento de la fuerza de la atención directa. Habiendo activado el conocimiento consciente quizá podamos dar el siguiente paso de la intención consciente en busca de un resultado orientado hacia un objetivo de resolución y armonía. *Así cómo es arriba, así es abajo*: como sucede en el mundo también ocurre dentro de nosotros. Estas fuerzas están en todo y por todo lo que nos rodea. Están tanto en nuestros mitos y leyendas como en nuestros sistemas y estructuras sociales. También existen en nuestras ciencias.

Un vistazo rápido a la mecánica cuántica nos dirá que los paquetes de quanta pueden existir tanto en forma de partícula como de onda: ¿desconocer en qué estado están, no es una condición contradictoria de las cosas? Solo cuándo se les observa –participación del observador- los quanta «escogen» en qué estado estar, y se dice que *colapsan* ya sea en partícula o en onda. En otras palabras, la atención humana dirigida colapsa la realidad en existencia. La manera de reconciliar el combate en nuestras vidas y de esforzarse hacia un mayor desarrollo, parece residir en el «calor» de nuestra percepción consciente.[52]

Participamos en el mundo que nos rodea mediante una fuerza inmaterial pero tangible de atención consciente, intención dirigida y participación consciente. Es con esto con lo que podemos trabajar con las fuerzas opuestas en pos de su resolución y hacia un orden más elevado de síntesis e integración. Eso requiere un tipo de *trabajo interno*: debemos colocarnos en todas las situaciones y circunstancias como un crisol humano de cambio. Podemos ser el agente de cambio –el catalizador– aportando a la mezcla nuestra intención consciente. Quizá sea ésta la razón por la que hemos estado deambulando durante tanto tiempo… para estar preparados para ello.

Lo que perjudica al ratón…

Un ratón miraba, por un agujero en el muro, a un granjero y a su esposa abriendo un paquete. Pensó qué clase de comida podía haber allí y se aterró al descubrir que era una ratonera. Corrió por el corral de la granja para avisar a todos:

---

[52] Para una discusión en mayor profundidad, a fin de entender mejor el papel de la intención humana sobre los procesos físicos, podríamos indagar sobre las artes alquímicas y el trabajo de Paracelso.

—¡Hay una ratonera en la casa, una ratonera en la casa!

La gallina que estaba cacareando y escarbando, levantó la cabeza y dijo:

—Disculpa, entiendo que sea un gran problema para ti, pero no me daña en absoluto, no me molesta.

El ratón se volvió hacia el cordero y dijo:

—¡Hay una ratonera en la casa, una ratonera en la casa!

—No hay nada que pueda hacer, si me lo pides. Te prometo que te tendré presente en mis oraciones.

Entonces el ratón se dirigió hacia la vaca y ésta dijo:

—¿Pero tal vez estoy en peligro? Creo que no.

Así que el ratón volvió a la casa, preocupado y alicaído, a enfrentarse a la ratonera del granjero.

Esa noche oyeron un estruendo, como el de una ratonera atrapando su presa. La mujer del granjero corrió para ver lo que había apresado. En la oscuridad, vio que la trampa había pillado la cola de una cobra venenosa. La cobra mordió a la mujer.

El granjero la llevó a un hospital. La mujer regresó con fiebre. Todo el mundo sabe que para alimentar a alguien con fiebre, nada mejor que una sopa. El granjero agarró su cuchillo y fue a traer el principal ingrediente: gallina.

Como la enfermedad de la mujer continuó, amigos y vecinos vinieron a visitarla. Para darles de comer, el granjero mató al cordero.

La mujer no mejoró y finalmente murió.

Entonces el granjero, para pagar los gastos del funeral, vendió la vaca al matadero.

28. LIBERTAD: UN ESTADO DEL CORAZÓN HUMANO

En mi artículo previo (*Hacia la síntesis*) señalaba cómo el filósofo humanista Erich Fromm consideraba que el mundo moderno padecía una lucha contradictoria entre *tener* y *ser*. La necesidad humana de encontrar sentido, bienestar y crecimiento personal entraba en conflicto con un tipo diferente de mundo externo a nosotros. Para Fromm, la resolución de este enfrentamiento debía encontrarse en un «cambio radical del corazón humano». Para mí, el bienestar personal gira en torno a la percepción y la experiencia de libertad. La capacidad de reconocer e internalizar el bienestar está intrínsecamente ligada a cómo la persona experimenta su libertad.

La libertad no es simplemente una circunstancia limitada a los campos de batalla, las naciones y los derechos humanos. A un nivel esencial tiene que ver con la libertad dentro de uno mismo y con la contienda por mantener en nuestra vida cotidiana esa autonomía personal. El propio Erich Fromm escribió en abundancia sobre el miedo humano a la libertad[53]. Fromm concluía que nuestro miedo innato a buscar la libertad frente al condicionamiento social tenía su origen en el proceso humano de nacimiento. La indefensión del niño recién nacido y que requiera tan prolongada dependencia y protección continúan durante la vida adulta en forma de necesidad de seguridad. Fromm considera por tanto que nuestra susceptibilidad al condicionamiento social se basa en una predisposición

---

[53] Ver su libro «Miedo a la libertad»

biológica. Quizá esto explique por qué a menudo tendemos a buscar una autoridad externa (padre, maestro, pareja/amante) como un poder o fuerza que compense nuestra sensación de aislamiento personal. La sociedad moderna ha explotado esa tendencia aprobando y sustentando nuestra dependencia de sistemas sociales externos. De igual modo, nuestras culturas a menudo desaprueban a aquellos individuos que muestran altos niveles de autosuficiencia e independencia. En un mundo que se dirige hacia una mayor conectividad, colaboración y compasión compartida, la existencia de libertad individual es crítica. Durante demasiado tiempo nos hemos centrado en la representación de la libertad tal y como se exhibe externamente —mediante poderes manifiestos— en tanto permanecemos ciegos a las restricciones de la libertad personal. Para mí, la libertad no es nada si no es libertad del corazón.

A menudo hablamos de libertad, o escuchamos a otros hablar de ella, en términos de *tener*. De esa manera se convierte en un valor de posesión. O bien la tenemos o bien no; otra gente la tiene, o la manipula, o la controla, etcétera. Con nuestra moderna comprensión de la libertad la hemos convertido en una mercancía: un objeto material con el que negociamos. En muchas situaciones y para muchas personas esto ha sido cierto. Asimismo, si se secuestra a una persona o se la mantiene en prisión o confinamiento, la libertad se convierte en una auténtica realidad física. Pero ésta es solo una manifestación de la esencia de la libertad humana. Para lo que aquí me interesa me gustaría hablar de la libertad como un *estado del ser*.

A nivel interno la libertad no tiene que ver con lo que tenemos; más bien se trata de dónde estamos y qué hacemos. Se refiere a tener la actitud y la perspectiva correctas. En este contexto la libertad es un proceso: la necesitamos *respecto* a algo o *para* algo. No tenemos o poseemos libertad: **la**

generamos. Es importante que creemos una libertad a la que acceder, de otro modo ¿hacia dónde vamos? Si deseamos desplazarnos *hacia* un lugar o estado del ser diferente podemos concebir nuestra libertad a partir del pasado e incluso del presente. Por ejemplo, nuestro pasado no debería definir cómo deseamos que sea nuestro presente. Podemos aprender de él y desarrollarnos a partir de su experiencia; pero si ya no sigue siendo útil, o incluso resulta prejudicial, debemos aprender a dejarlo atrás. Todos tenemos la capacidad de elegir dónde queremos **Ser**.

Si somos incapaces de crear esa libertad dentro de nosotros mismos nos convertimos, en palabras de Doris Lessing, en las «prisiones que elegimos para vivir»[54]. Tampoco olvidemos que nuestra libertad interior va con nosotros adonde nos dirijamos. Si sentimos internamente una falta de verdadera libertad eso mismo viajará con nosotros ya sea que estemos en un retiro de meditación en la India o en los Andes de Sudamérica. Después de todo, no podemos escapar de nuestro propio yo. Es por tanto esencial que tengamos la libertad de afrontar los hechos que nos afectan cotidianamente. No podemos controlar lo que nos ocurre pero tenemos la libertad de escoger cómo respondemos ante ello. Progresando mediante nuestras experiencias y escogiendo las conexiones y situaciones alineadas con nuestro corazón, podemos llegar a ser viajeros intencionados más que aleatorios. La pregunta fundamental que debemos hacernos es: ¿cómo queremos vivir?

Para mí, cómo respondemos esa pregunta forma parte de lo que llamo el «trabajo viviente»: el esfuerzo que hacemos internamente a fin de prepararnos y hacernos mejores para vivir en el mundo externo. Es aquí

---

[54] Ver Doris Lessing, 1987: *Prisons We Choose To Live Inside* («Prisiones que elegimos para vivir»)

donde convergen ambos aspectos de la libertad: en la intersección donde se encuentran los mundos externo e interno. También es aquí donde nuestra imagen del mundo y su realidad física se fusionan. Si podemos darnos cuenta de que solo experimentamos el mundo «tal como somos», entonces la libertad que encontramos en el mundo no es sino un reflejo de la libertad que consciente o inconscientemente percibimos internamente. En otras palabras, nuestro sentido de la libertad está tan cerca o tan lejos como lo concibamos. Puede sonar contradictorio, pero lo que tenemos que conseguir es la liberación de nuestras propias percepciones de la libertad. La razón por la que muchos de nosotros no nos detenemos a tomarlo en consideración, o quizá no lo veamos necesario, es que ¡aún no tenemos la libertad para evaluar el estado de nuestra propia libertad! Como he dicho antes, la libertad no es una posesión, es un proceso -una <u>acción</u>- y por tanto algo en lo que trabajar, con lo que involucrarse. Nuestra propia libertad es un *proceso de participación*.

Quizá este proceso implique la libertad de hacer las pequeñas cosas que son importantes en nuestras vidas; no necesariamente la libertad de «salvar el mundo» o de hacer un gran gesto. Lo que necesitamos internamente es libertad de elección; de actuar como mejor nos sintamos; de crear momentos de alegría que poder compartir. O podría ser la libertad de empezar a realizar un cambio modificando las cosas de una en una. Nuestras vidas forman parte de un gran tapiz humano viviente. Haciendo una pequeña modificación podemos influir en el cambio de muchas otras maneras gracias a innumerables conexiones visibles e invisibles. La libertad consiste en tener la opción de hacer esos cambios, y de responsabilizarnos de nuestra participación en el tapiz viviente que es la existencia.

La libertad personal es también una expresión de inteligencia: no de aprendizaje intelectual sino más bien de inteligencia social, espiritual, emocional e instintiva. Todo eso es la inteligencia de la libertad personal. Esto me recuerda a Rumi que describió la diferencia entre la inteligencia instintiva y la adquirida: «*Hay dos tipos de inteligencia: Una adquirida / como la de un niño que memoriza en la escuela hechos y conceptos / de los libros y de lo que dice el profesor, recopilando información de las ciencias tradicionales... ...Hay otro tipo... uno ya completo y conservado dentro de ti. / Un manantial que desborda su lecho. Un frescor / en el centro del pecho.../ Este segundo saber es una fuente / que mana desde dentro de ti.*» Este segundo conocimiento –nuestra inteligencia instintiva– ya está dentro de cada uno de nosotros. Como seres humanos tenemos este *saber* de forma inherente. Para mí, la libertad es ser capaz de conectarse con este conocimiento interno y actuar de acuerdo con él. Al fin y al cabo, la verdadera libertad es un estado del corazón humano.

«Amar la libertad significa, para mí, tener la libertad de amarse profundamente y amar a los demás, y aceptar la eterna verdad del cambio. Quiere decir tener la libertad de ser feliz con uno mismo y con los otros según llegan y se van de nuestras vidas. Significa tener la libertad de conectarse maravillosamente con quien sea que nos encontremos y de relacionarse satisfactoriamente con aquéllos con quienes resulta difícil hacerlo correctamente».

Owen Fitzpatrick

El mundo de la risa

El maestro estaba de un talante comunicativo y por eso sus discípulos trataron de saber las fases por las que había pasado en su búsqueda de la divinidad.

—Primero —dijo el maestro— me condujeron de la mano al País de la Acción, donde permanecí una serie de años; después fui llevado al País de la Aflicción y allí viví hasta que mi corazón quedó purificado de toda afección desordenada.

Entonces fue cuando me vi en el País del Amor, cuyas ardientes llamas consumieron cuanto quedaba en mí de egoísmo, tras lo cual accedí al País del Silencio donde se desvelaron ante mis asombrados ojos los misterios de la vida y la muerte.

—¿Y fue ésta la fase final de tu búsqueda? —preguntaron los discípulos.

—No —dijo el maestro—, un día fui llevado al santuario más escondido del Templo, al corazón del propio Dios... al País de la Risa.

TERCERA PARTE

29. DESPERTAR A NUESTRA MENTE EMPÁTICA (PARTE 1)

La tragedia de la humanidad es que muchos de nosotros apenas reconocemos las poderosas energías conscientes inherentes a nuestra psique colectiva. Nuestros sistemas mediáticos y de propaganda se han aprovechado de las imágenes mitológicas, los estereotipos colectivos y los significantes subconscientes que actúan sobre nuestras vulnerabilidades colectivas. A la persona promedio el conocimiento le ha llegado más o menos, rezumando a través de canales intensamente filtrados y en gran medida se ha adaptado, enmendado o corregido. El resultado final no ha sido conocimiento sino información consensuada o «permitida». Le ha venido muy bien a la élite de la estructura de poder el que la gente, en general, no haya comprendido aún que la humanidad posee una capacidad increíble y unos recursos innatos para la expansión creativa y el desarrollo. En estos momentos, en lugar de ver las noticias diarias necesitamos contemplar nuestras futuras potencialidades.

Muchos hemos sido educados en una estructura social que exige que nos convirtamos en «miembros productivos» de nuestra colectividad; por ello se hace tanto énfasis en el desarrollo de habilidades individuales, a fin de que para sobrevivir podamos competir con los demás. Hay un miedo intrínseco residual a que si nos abrimos demasiado a los demás podemos perder nuestra «ventaja competitiva» y nuestro sentido de individualidad. Externalizando nuestras dificultades y nuestra culpa, hemos sido parcialmente programados para desempeñar el papel de víctima o de luchador. A ello se añade el hecho de que la ciencia occidental, que desde el Renacimiento se ha reafirmado como hegemónica, se haya esforzado en hacer hincapié en que lo primario es la materia y que la conciencia es un subproducto secundario de nuestra actividad mental. La visión contemporánea del mundo que niega la primacía de la consciencia promueve formas de alienación humana, tanto psicológica como social. Es una gran paradoja que la ciencia moderna, en sí misma resultado de la consciencia humana, haya producido una cosmovisión que la excluye. Pero los seres humanos necesitan en sus vidas sentido y significado al igual que precisan aire que respirar y alimentos que comer. Este combate en torno a la(s) mente(s) consciente(s) de la humanidad, que ha persistido bajo diversas formas durante eones, está alcanzando un punto crucial en la generación actual. El resultado es que hemos llegado colectivamente a un momento crítico en la evolución de la civilización humana. Cualquier sociedad o civilización que tenga como único objetivo de búsqueda e interés el mundo material no puede sino decaer a largo plazo. Como acertadamente comentaba el Profesor Needleman:

«Lo esotérico es el corazón de la civilización. Y si las formas externas de una civilización humana llegan a ser totalmente incapaces de incluir y adaptar las energías de las grandes enseñanzas espirituales, dicha civilización habrá cesado de cumplir su función en el universo».[55]

Es por tanto imperativo que la gente comience a romper con el condicionamiento social ajeno al desarrollo y realice esfuerzos para hacer que la intención compasiva forme parte de su experiencia cotidiana. Esto incluye ser conscientes del tipo de impactos que recibimos y evitar las impresiones e influencias negativas en favor de aquellas que son positivas. Por ejemplo, las palabras verdaderas nos animan y nos dan fuerza porque

---

[55] Jacob Needleman, *New Religions* (New York: E P Dutton, 1977)

instintivamente reconocemos la autenticidad: nuestra consciencia corporal reacciona aunque sea indirectamente en forma de respuesta cutánea galvánica, reacción pupilar o impulsos eléctricos nerviosos. En síntesis, nuestro cuerpo *siente* la esencia de aquello que nos impacta y la información negativa o falsa nos debilita. Este concepto se investigó científicamente examinando la fuerza muscular. El Dr. David Hawkins ha escrito ampliamente sobre cómo los test musculares demuestran que diversos impactos generan reacciones corporales intensas o débiles. En su trabajo explica que aquellas personas que escuchan mentiras exhiben una reacción muscular debilitada, mientras que quienes escuchan palabras o afirmaciones positivas muestran una respuesta muscular fuerte.

En su trabajo el Dr. Hawkins subraya además como determinados «atractores» lingüísticos como Vergüenza, Culpa, Apatía, Pena, Miedo, Deseo, Ira y Orgullo funcionan como emociones negativas que consumen energía. Emociones y palabras positivas como Coraje, Voluntad, Aceptación, Razón, Amor y Alegría son fuertes atractores energéticos. Según el Dr. Hawkins, alrededor del 99% de los humanos se encuentra por debajo del nivel de la Alegría: un pensamiento entristecedor. Lo que esto también nos indica es que todo nuestro cuerpo funciona como mente: una mente ampliada. Como tal, todo nuestro cuerpo puede responder empáticamente y fortalecerse mediante la empatía y la compasión. Necesitamos escuchar más a nuestro cuerpo, la información que nos da, y confiar en esa parte de nuestra mente, y no solo en los pensamientos que proceden del piso de arriba: nuestra cabeza. Cuando la mente está recibiendo impactos y noticias ambiguas a menudo podemos confiar en que el cuerpo nos dará información más precisa y veraz.

Además, en momentos de desorden o desequilibrio cultural y social la mente humana funciona a menudo con una energía e intensidad que no se manifiesta cuando los patrones sociales son estables y monótonos. En esos periodos dinámicos podemos darnos cuenta de que ningún individuo está aislado; que cada persona está entretejida en una red vibrante, una web de interrelaciones psicológicas, emocionales y espirituales. Esta comprensión puede incrementarse durante aquellos periodos, como el actual, en los que parece que la consciencia humana está atravesando un tiempo de transición crítica.

Nuestro propio conocimiento de la naturaleza de la conciencia humana se ha ido incrementando enormemente a lo largo de las últimas décadas. Los recientes hallazgos de las nuevas ciencias (especialmente la ciencia cuántica y la neurociencia), los estudios sobre la consciencia, la divulgación del autodesarrollo interno, etcétera, todo indica que una nueva percepción está emergiendo dentro de nuestra consciencia colectiva. Es interesante señalar que según la investigación del Dr. David Hawkins la consciencia humana, que había permanecido suspendida durante muchos siglos por debajo del nivel 200 (190)[56], de repente, en algún momento a mediados de los años 80, ascendió hasta su nivel actual más elevado. El índice medio global de la consciencia humana se situó en 207 (hasta finales de los años 90). Por consiguiente, muchas predicciones y profecías fatídicas del pasado puede que se hayan evitado porque estaban relacionadas con un tiempo durante el cual la consciencia humana se hallaba por debajo del nivel 200. Si el mundo permaneciese en esos niveles durante un tiempo prolongado, dice el Dr.

---

[56] Esta es la escala del Dr. Hawkins para calibrar el nivel de consciencia humana según su «Mapa de Consciencia». Para más detalles consultar su trabajo.

Hawkins, causaría un gran desequilibrio que probablemente conduciría a la desaparición de la humanidad. Cuando en un momento dado la propia consciencia cae por debajo de 200 la persona comienza a perder poder y por tanto se debilita y es más propensa a ser manipulada por lo que la rodea. Actualmente, sin embargo, la consciencia humana está en ascenso; y a medida que lo hace posee la capacidad de afectar –o infectar– otras mentes. Como indica Hawkins:

El poder de unos pocos individuos en la cúspide compensa la debilidad de las masas:

1 individuo al nivel 300 compensa 90,000 individuos por debajo de 200

1 individuo al nivel 400 compensa 400,000 por debajo de 200

1 individuo al nivel 500 compensa 750.000 por debajo de 200

1 individuo al nivel 600 compensa 10 millones por debajo de 200

1 individuo al nivel 700 compensa 70 millones por debajo de 200.[57]

Esto nos indica que a medida que la consciencia humana se eleva tiene una capacidad exponencial para afectar a otros a su alrededor, como una onda de energía expansiva. Lo que significa que los individuos poseen la capacidad de producir un cambio *infeccioso* mediante la transmisión a los demás de su estado del ser. Es decir, el cambio energético llegará *merced a nuestras formas sociales y culturales*, y no mediante su evitación. El cambio para el desarrollo a gran escala puede ocurrir creando un cambio consciente dentro de nuestras vidas cotidianas y nuestros sistemas sociales, y no fuera de ellos. Simplemente caminando en este planeta, manteniendo el enfoque y la

---

[57] D. Hawkins, *Power vs. Force: The Hidden Determinants of Human Behaviour* (Arizona: Veritas Publishing, 1995)

intención, generamos una energía increíble: energía que se comparte. Creamos cambio simplemente estando vivos. Esta es la razón por la que vivir sin miedo es tan importante. No tenemos que imaginar en nuestras cabezas una película en blanco y negro cuando en realidad estamos creando color. Podemos usar las herramientas que ya están disponibles para nosotros y en nuestro interior.

En la actualidad somos una masa exponencialmente creciente de personas que estamos despertando nuestra consciencia empática. Recientes acontecimientos desestabilizadores en nuestros ámbitos financieros y políticos han atraído el foco de atención de la gente hacia la disfunción de muchos de los sistemas en los que hasta ahora confiábamos. Incluso el foco mediático en el extremismo religioso ha llamado la atención no solo acerca del déficit de valores espirituales de nuestras religiones mayoritarias sino también sobre la utilización de la religión como herramienta para aumentar el control social, político y emocional. Este enganche de nuestra consciencia colectiva parecido a un estado de trance se está desmontado actualmente a medida que la gente despierta al conocimiento de que hay muchísimo más en nuestras existencias que un estilo de vida materialista y basado en el consumo. Pero no os sintáis frustrados si las cosas no ocurren mañana, confiad en que los cambios y las transformaciones están sucediendo con el transcurso del tiempo. La necesidad de conocimiento interno, intuición, autoconfianza e integridad es ahora crítica. Y recordemos que los humanos tienden hacia la compasión y la empatía. El despertar de nuestra mente empática es nuestra herencia natural.

<u>La celda</u>

El discípulo quería un sabio consejo...

—Ve, siéntate en tu celda, y ella te enseñará la sabiduría —le dijo el Maestro.

—Pero si yo no tengo ninguna celda... Si no soy monje...

—Naturalmente que tienes una celda. Mira dentro de ti.

30. DESPERTAR A NUESTRA MENTE EMPÁTICA (PARTE 2)

Los acelerados cambios que están ocurriendo en estos momentos por todo el planeta no tendrán otra alternativa que forzar un cambio mental a nivel global e individual. A pesar de lo que los principales medios de comunicación nos han estado diciendo y mostrando, nos estamos agrupando como especie global como nunca hasta ahora. Tenemos que contemplar este hecho con una visión tanto inmediata como de conjunto. Debido a la relativa brevedad de la vida humana casi nunca reflexionamos más allá de una o dos generaciones. Hemos evolucionado como una especie que reacciona a las preocupaciones inmediatas. Esto nos resultaba útil en el pasado cuando teníamos necesidades de supervivencia en un mundo restringido de horizontes limitados. Pero ahora necesitamos una perspectiva global como mínimo: ¡y posiblemente incluso más allá!

Si observamos el panorama más amplio veremos cómo durante los últimos 150 años, es decir, desde los albores de la Segunda Revolución Industrial, ha ido emergiendo un tipo diferente de consciencia. Las nacientes tecnologías de dicha revolución —teléfono, radar, cine, automóvil y avión— exigían una nueva reorientación de la perspectiva humana. Una percepción inédita de las dimensiones espacio-temporales comenzaba a alumbrar una nueva consciencia psicológica que quería mirar más allá de los límites y los horizontes de las fronteras físicas. La Tercera Revolución Industrial, que está emergiendo en estos momentos, supondrá la confluencia de las comunicaciones digitales con una generación joven más consciente a nivel global. Este hecho posee el potencial de catalizar en nuestro planeta el surgimiento de una consciencia empática integral. Al mismo tiempo, dichas comunicaciones globales alentarán nuevas relaciones en nuestra conectividad ampliada. Es decir, es presumible que el incremento de múltiples relaciones estimule una consciencia conectada y colaborativa, en lugar de una de conflicto y control. Está emergiendo una ciudadanía planetaria que mostrará mayor empatía y que, quizá en el plazo de dos generaciones, creará una sociedad universal diferente. La humanidad ya contiene las semillas de esas capacidades trascendentales.

Durante los años que se avecinan, gracias al compromiso y la innovación creativa de individuos y colectividades, surgirán por todo el mundo muchas modificaciones sociales: un cambio catalizado en los corazones, espíritus y mentes de la gente. Externamente puede que parezcamos una inmensa, alejada y aislada colección de individuos, pero en verdad la familia humana es una especie estrecha e íntimamente entrelazada que abarca diversas culturas. Muchos de los individuos de la generación más joven ya están despertando a esta realidad. Los jóvenes de todo el mundo están creciendo acostumbrados a tener redes de cientos, quizá incluso miles, de amigos por todo el planeta; compartiendo intimidad y empatizando fácilmente con un grupo social internacional de espíritus mentalmente afines. Esta generación joven pone de manifiesto, sea o no consciente de ello, unas relaciones humanas a nivel no local. La conectividad expandida está influyendo y afectando a nuestra psicología y nuestra consciencia. En la actualidad nos vemos impulsados a coexistir de modo que los demás también puedan vivir. Así mismo nos vemos impelidos a discurrir por caminos que respeten las vidas de los otros y el derecho al desarrollo cultural y económico de todo el mundo; y a buscar la realización personal en armonía con la integridad de la naturaleza. Estos rasgos pueden fundar lo que denomino consciencia integral-ecológica: una persona que actúa y se comporta a la vez como individuo y como parte de un todo mayor engranado. Tales relaciones múltiples crean una vida más variada, rica y compleja; también proporcionan una gama más amplia de impactos y oportunidades para desarrollar el yo. Al igual que ofrecen desafíos para perfeccionar nuevas habilidades y aprendizajes, nuestras variadas redes permiten establecer nuevas amistades y añadir un sentido extra a nuestras vidas.

Hoy en día, mucha gente joven se siente cómoda comunicándose con desconocidos; exploran y expresan online sus pensamientos, sentimientos, emociones e ideas íntimas a cientos de personas extrañas, de diversas procedencias culturales. Cada vez más las interacciones cotidianas son empáticas cuando reaccionamos y compartimos noticias, historias e impactos emocionales procedentes de fuentes de todo el mundo.

La empatía es uno de los valores básicos mediante el cual creamos y sostenemos la vida social. La exposición a impactos procedentes de fuera de nuestros propios entornos locales y restrictivos nos ayuda a aprender tolerancia y a vivir experiencias más ricas y complejas, llenas de ambigüedades y múltiples perspectivas. Es un modo de conectarse que permite que gentes diversas de todo el mundo construyan una nueva forma de capital social planetario. Disponemos de los recursos para co-crear una sociedad humana planetaria en la que el foco esté de nuevo en el beneficio social más que en el lucro. En la actualidad podemos ver múltiples ejemplos de ello, tales como las herramientas colaborativas online y los proyectos tanto locales como globales. La comunidad global online es un modelo del nuevo paradigma que ilustra cómo el hecho de compartir puede funcionar más allá de la motivación individual de ganancia. Puede que los valores y la ética de la compartición comunitaria le parezcan extraños o fuera de lugar a la vieja mentalidad capitalista-consumista, pero son precisamente los que irán creciendo en las generaciones venideras.

El incremento espectacular de las tecnologías globales de comunicación (Internet y móviles, etcétera) refleja una nueva forma de consciencia de participación, especialmente entre la gente más joven. Se trata de un nuevo modelo compartido; en otras palabras, conecta a la gente mediante redes en lugar de a través de estructuras jerárquicas. También representa una energía más femenina que busca nexos, nutrir y colaborar en lugar de competir y conquistar. Esta energía femenina emergente es la que subyace al aumento de la empatía global. También, puesto que las personas se conectan entre ellas por medio de múltiples relaciones, eso les impulsa a comprometerse activamente. Para aquellos individuos educados en la vieja generación de las tecnologías de comunicación (radio, televisión, teléfonos fijos), la interacción era de dos direcciones o, en su mayor parte, de una sola. En esa época la gente era receptora pasiva, blanco de una información con la que no podía comprometerse. Eso ha cambiado, de manera que el receptor de la comunicación es tanto *usuario* como *productor*.

Merced a las redes sociales online, los mensajes telefónicos, los canales de video (por ejemplo YouTube) y otros medios de difusión variados hemos aprendido a democratizar nuestro compromiso y a activar la elección. La generación más joven está despertando rápidamente y aprendiendo cómo crear estaciones de radio (podcasts) baratas o gratuitas, sitios web caseros, boletines informativos (newsletters), etcétera, y gestionando sus propias formas de autoexpresión. Este nuevo modelo está cambiando nuestros patrones de pensamiento y conducta. Nos estamos acostumbrando a enfrentarnos con conexiones múltiples en lugar de individuales; y a sumergirnos en relaciones variadas y no simplemente en diálogos de uno a uno. También estamos expuestos a miríadas de puntos de vista, creencias, identidades y experiencias. Dentro de estas nuevas disposiciones se nos pide que respondamos y nos comprometamos con el mundo exterior, no con miedo o ansiedad sino con energías saludables, creativas y positivas.

A medida que una nueva generación entre en un mundo en el que la colaboración y la conexión sean lo normal, es previsible que también veamos una consciencia diferente que responda a tal ambiente. De ese modo, el cambio llegará como respuesta a nuevos patrones y potencialidades. Con paciencia, tolerancia, empatía, compasión y comunicación consciente veremos un conjunto diferente de valores catalizando el cambio por todas las culturas del mundo.

El demonio

Un demonio se encontró con otro demonio rodando por el suelo, chillando y llorando, como si estuviese poseído por un dolor incomparable.

—¿Qué te pasa? —preguntó perplejo el primer demonio.

—Tengo dentro de mí un ángel que me atormenta —gritó el otro demonio entre grandes gemidos.

31. DESPERTAR A NUESTRA MENTE EMPÁTICA (PARTE 3)

Vamos a ser testigos de una generación de gente joven que mostrará un anhelo de mejoramiento humano que dará fruto gracias a una acción intensificada destinada al cambio social, político y ecológico. Cada vez más jóvenes crecen experimentando relaciones sociales que trascienden tanto el espacio y el tiempo como las culturas, las fronteras nacionales y las ideologías locales. Esto podría explicar el aumento en los países desarrollados del número de jóvenes implicados en proyectos comunitarios y sociales y ONGs; como, por ejemplo, pasar un año cooperando en una cultura extranjera con el fin de aprender, experimentar y ofrecer ayuda. A pesar de que pueda parecer lo contrario, el voluntariado entre los jóvenes está aumentando. Incluso se ponen en peligro —en zonas de conflicto— para defender valores de paz, justicia, igualdad y derechos humanos. Mentes jóvenes de todo el mundo exigen que todos los pueblos dispongan de un acceso justo y equitativo que les permita participar en una comunicación abierta y con libertad de expresión. Y parece que, a medida que nuestras generaciones actuales vayan «despertando» progresivamente, muchas más mentalidades creativas se irán uniendo a la conversación global.

En 2012 la población planetaria era de alrededor de 7.000 millones y el porcentaje de usuarios registrados en internet del 33%, un incremento de más del 500% respecto a la década previa. Para el 2020 se estima que la población mundial rondará los 7.800 millones y de ellos el 66 % serán usuarios de internet: es decir, algo menos de 3000 millones de personas se unirán por primera vez a la conversación global por todo el mundo. En otras palabras, cerca de 3.000 millones de nuevas mentalidades estarán conectadas al flujo de información, lo que supone muchos millones de personas jóvenes creativas, solucionadoras de problemas, innovadoras y visionarias. Aún más, la mayoría de esas mentes se conectará online desde Asia, Oriente Medio y los así llamados países en vías de desarrollo. Serán, en gran medida, mentalidades jóvenes; mentes con necesidades y con afán de mejoramiento social. ¿Podemos siquiera imaginar el potencial colectivo de estas nuevas mentes creativas, muchas de ellas pensando al margen de lo establecido y fuera de los viejos modelos?

Resulta significativo que en tiempos de relativa estabilidad social, la consciencia humana juegue un papel menor en el comportamiento social. Sin embargo, cuando una sociedad alcanza los límites de su estabilidad los sistemas socioculturales son sensibles y responden incluso a mínimas fluctuaciones en la consciencia de sus ciudadanos. En esas épocas, los cambios de valores, conjuntos de creencias, percepciones, etcétera, tienen una gran influencia sobre el rumbo ulterior de la situación social. En tiempos de inestabilidad social, la consciencia humana se convierte en un estímulo y un catalizador significativo de cambio. Esta es la razón por la que resulta imperativo que la humanidad, en lugar de verse coaccionada o condicionada hacia una seguridad basada en el miedo que se opone al cambio, se enfoque colectivamente hacia un desarrollo positivo, un mejoramiento. No deberíamos subestimar la capacidad de la mente humana para adaptarse y evolucionar de acuerdo con los impactos e influencias sociales y ambientales.

Nuestro sentido actual de autoconsciencia ha evolucionado claramente para enraizarnos en un mundo colectivo de relaciones y redes sociales ampliadas. Podría decirse que la humanidad está biológicamente «cableada» para acceder a conexiones y redes de comunicación extendidas. También estamos «cableados» para adaptarnos físicamente en respuesta a la experiencia: con esfuerzo intencional, consciencia y diferentes patrones de concentración pueden aflorar en nuestros cerebros nuevos desarrollos neurológicos. A esta capacidad para crear, a partir de la experiencia, nuevas conexiones neuronales y con ellas nuevos conjuntos de habilidades mentales se le ha denominado neuroplasticidad. El cerebro humano actual tiene que responder al aumento increíble de energía e información que está fluyendo a través de nuestros entornos e integrándose en nuestras experiencias culturales. Siendo conscientes de nuestras experiencias y de los impactos e influencias ambientales podemos comprender mejor cómo nuestro cerebro y nuestro pensamiento transforman sus patrones.

Así que el modo en que enfocamos nuestra atención y nuestra consciencia moldea en gran medida la estructura de nuestros cerebros. Más aún, la capacidad de desarrollar nuevas conexiones neuronales permanece disponible a lo largo de nuestra vida y no sólo durante los años de formación juvenil. Este conocimiento nos anima a cultivar nuestra atención plena (*mindfulness*), nuestra autoconsciencia y nuestra relación empática con los demás. La neuroplasticidad también nos estimula a ser más reflexivos acerca de nuestras redes humanas y a desarrollar aquellas habilidades sociales que subyacen a la empatía y la compasión. Precisamente estas nuevas «conexiones cableadas» son las que se están activando a medida que cada vez más individuos «despiertan» a lo que está pasando en nuestras sociedades, nuestras comunidades y nuestro planeta. Tales conexiones compartidas abren brecha en las fronteras culturales y nacionales y nos fuerzan a reflexionar sobre nuestra identidad, nuestros valores y nuestra ética.

En estos momentos disfrutamos de una oportunidad de cambio y mejora como nunca antes en nuestra historia reciente, lo que también significa que tenemos la responsabilidad; y puede que ambos factores no vuelvan a estar presentes exactamente en el instante preciso en el que son tan necesarios. Durante estos años la especie humana puede ser testigo de un aumento de la intuición y la empatía, de una mayor conectividad con el mundo y con sus gentes, y de una sensación de «saber» qué cambios son necesarios. Más aún, dentro de cada persona hay una sensación creciente de un todo cósmico mayor: la comprensión de que la humanidad existe y evoluciona dentro de un universo de gran inteligencia y significado, lo que sirve para dotar a la humanidad de un impulso espiritual más profundo. A medida que emerja una nueva mente empática global, la gente de todo el mundo crecerá con nuevas manifestaciones de atención plena (*mindfulness*), más solidarias, relacionales y compasivas. Es probable que el siglo XXI sea la época que alumbre y nutra esa consciencia evolutiva.

Por todo el mundo, muchos de los más jóvenes no aceptan el condicionamiento social de enfado, miedo e inseguridad de sus generaciones pasadas. Quieren tender la mano al cambio y al mejoramiento. Por todas partes hay ejemplos de jóvenes que rechazan la mentalidad de las generaciones de sus mayores. Especialmente en zonas de conflicto, en las que las mentes juveniles se ven restringidas a odiar incondicionalmente a enemigos permanentes, se da una fuerte oposición contra esa vieja programación. Los más jóvenes están tendiendo la mano allende las fronteras artificiales para comprometerse con el así llamado «enemigo» e iniciar un nuevo diálogo de paz y reconciliación: son conscientes de que la mentalidad de conflicto no tiene futuro y se dejará atrás si no logra aceptar el cambio. Mientras muchas de las viejas mentes programadas pensaban que el futuro significaba instalar fronteras y mirar a los «otros» con ojos de sospecha, muchos jóvenes lo ven de forma diferente. Podemos observarlo en los movimientos juveniles de todo el mundo a medida que por todas partes surge un cambio en su mentalidad. Esto es especialmente cierto en los territorios de Oriente Medio donde los regímenes restrictivos se están encontrando con una demografía juvenil creciente que no acepta las viejas mentalidades y los métodos de antaño. Todos los jóvenes quieren lo que todo el mundo: paz, justicia, igualdad, libertad, etcétera. Hay una nueva primavera en el planteamiento de jóvenes, tecno-expertos, con mentalidades energéticas que eluden los viejos modelos. En los años venideros –al menos durante las dos próximas décadas– veremos cada vez más los signos de cambio de la vieja guardia (¡los dinosaurios!). Y en esta ocasión no serán reemplazados por quienes tienen la misma consciencia. Con el cambio generacional veremos la transición gradual a una época de individuos que piensan, sienten y se conectan de forma diferente, y que querrán trabajar por un mundo distinto.

Está surgiendo una nueva narrativa en la que cada persona está integrada en una visión de conjunto: el trayecto de cada uno forma parte del camino de la totalidad. Este nuevo relato nos advierte que existe la posibilidad de que la humanidad se comprometa en la creación consciente de su camino hacia delante, con armonía, equilibrio y respeto a todos. Esta nueva narrativa es parte de la mente empática de la humanidad en evolución, una mentalidad que nos impulsará a buscar mayor conectividad y sentido en nuestras vidas. La historia humana más reciente es aquella en la que somos *nosotros* quienes creamos la historia del futuro.

Átomos

Una vez dos átomos se cruzaron por la calle. Uno le dijo al otro:

—Hola ¿cómo te va?

—Bueno... acabo de perder un electrón.

—¿Estarás preocupado?— dijo el otro.

—¡No que va...! Me siento completamente positivo.

32. LA GENERACIÓN FÉNIX (PARTE 1): UNA NUEVA ERA DE CONEXIÓN, COMPASIÓN Y CONSCIENCIA

En los años venideros vamos a ser testigos de grandes y radicales cambios en las diversas sociedades humanas. Algunos podrían decir que estamos a mitad de una 3ª Revolución Industrial. Pero en lugar de referirme a esta transición como «industrial», considero este profundo cambio como una Revolución del Ser Humano, o más bien como una *Revolución del Devenir Humano*. Hemos entrado en una fase en la que existirán nuevas formas, acuerdos, estructuras y perspectivas, y nuevos estados emergentes del *ser*.

Estamos cambiando, literalmente, de un conjunto de valores C: **Competición ~ Conflicto ~ Control ~ Censura,** a otro nuevo: **Conexión ~ Comunicación ~ Consciencia ~ Compasión**. El mundo se está reorganizando para reunirse de innumerables maneras, con cambios innovadores en nuestra comunicación y nuestros usos de la tecnología, mediante la percepción consciente y la acción centrada en las personas, y mucho más. Son semillas de la próxima cosecha que forman parte de un nuevo despertar, una reordenación y un reequilibrio en este planeta. Las generaciones actuales, a medida que se vean forzadas a abandonar los sistemas y los estados tanto externos como internos que han dejado de ser beneficiosos para nuestro futuro desarrollo, serán las que tendrán que afrontar la responsabilidad mental y emocional del cambio. Esta es la razón por la que he denominado a nuestra generación actual «Generación Puente» ya que se nos exigirá combinar ambos mundos. Mucha gente de la Generación Puente sentirá internamente el despertar de una «llamada»; una sensación de activar algo –cierto propósito o sentido– dentro de sí misma. Algunos pueden sentirse atraídos por libros o escritos, por acontecimientos, reuniones u otros significantes. Otras maneras de activar una llamada personal –o estado *actualizado*– pueden llegar mediante el *hacer*; o a través del *ser*. El cambio en este planeta llegará a través nuestro, de la gente; y de las actitudes, consciencia, compasión, sinceridad, etcétera, que encarnemos y pongamos de manifiesto. Esta es la verdadera estabilidad que se puede transmitir a nuestro derredor: nuestra familia, amigos, comunidades, redes sociales y demás. A medida que energías equilibradas, sutiles, inspiradoras se manifiesten en más y más personas, el cambio en nuestros ambientes externos se hará cada vez más evidente. Una vez más, esto no sucederá de un día para otro. Ya existen innumerables ejemplos de cómo esta onda de cambio está ocurriendo por todo el planeta, incluyendo cómo interactúa la gente con las nuevas tecnologías; los impactos de los medios sociales de comunicación; grupos emergentes de gente joven; y el surgimiento de una mentalidad global empática. El poder de individuos conectados energéticamente está alimentando el sentimiento de «Nosotros» y reuniendo a los desencantados para desarrollar sus redes. Esos nuevos sistemas muestran que está surgiendo un nuevo tipo de consciencia que marcará las generaciones venideras. Esas generaciones que llegan tras nosotros nacerán *como cambio* más que *en el cambio,* lo que supone una ligera pero muy significativa diferencia.

La Generación Fénix

A lo que me refiero como *Generación Fénix* es a la de los niños que están naciendo actualmente y que serán adultos jóvenes hacia el año 2030. Sugiero que será esta generación en concreto la que ayudará a la transición hacia la formación de una sociedad planetaria: una transformación más radical que el cambio de la vida agraria a la urbana sucedido durante la primera Revolución Industrial. Es una transición revolucionaria de una consciencia cultural nacional a una comprensión y consciencia planetarias. Lo que implica no sólo un cambio estructural sino también cualitativo; es decir, un cambio de nuestros valores, psicología y consciencia. Mi visión es que los miembros de la Generación Fénix nacerán con una inteligencia instintiva incrementada y un grado mayor de sabiduría heredada.

A medida que la Generación Fénix crezca, se integre y participe en sus respectivas sociedades, se producirán cambios de forma natural en muy diversas áreas de la vida social, tales como la salud, la política, los medios de comunicación, el uso de la tecnología, la innovación y la práctica espiritual. Surgirá una nueva comprensión de la espiritualidad en la que los viejos dogmas institucionales serán reemplazados por una creciente gnosis individual. Nos estamos moviendo hacia el empoderamiento del individuo —de cada ser humano— y esto es aterrador para las estructuras de autoridad controladoras. La Generación Fénix será probablemente la que liberará a la humanidad del dominio de ideas erróneas: ideas que forjaron la guerra, crearon pobreza y hambre y sustentaron la enfermedad. Estamos dando a luz a una generación que tendrá éxito en la tarea de eliminar estas ilusiones del campo de la consciencia humana.

Quienes pertenecen a la Generación Fénix marcarán el inicio de un periodo en el que las energías femeninas y masculinas del mundo se reequilibrarán. Los valores humanos de amor, compasión, comprensión, paciencia, tolerancia y empatía se expresarán más abiertamente, formarán parte de un mundo activo y no serán considerados como valores predominantemente «femeninos». La división que separa las energías masculinas y femeninas se remplazará gradualmente por una nueva energía de unidad, de reunión. De igual modo, el estigma artificial acerca de los papeles «masculino» y «femenino» en el mundo cambiará gracias a la remodelación de las expectativas del rol de los hombres y mujeres «fénix» más jóvenes. Se valorará y se buscará la colaboración de las mujeres que participarán con mayor intensidad en grandes áreas, tales como las políticas globales, la economía y los negocios. Una energía intuitiva versátil será la señal de las próximas décadas y encontrará su expresión mediante la ocupación por parte de las mujeres jóvenes de la Generación Fénix de posiciones clave como agentes de cambio. Nos estamos moviendo hacia una era de la evolución humana en la que las energías integrales –de coherencia y armonía– se consolidarán como principio básico.

La Generación Fénix renovará este planeta con arreglo a las tendencias evolutivas generacionales, dando lugar a una nueva forma de consciencia. Esta nueva ola de consciencia impregnará gradualmente el núcleo de todas nuestras sociedades futuras. Nuestra responsabilidad actual es comprometernos por entero y formar parte del *devenir* humano que realmente deseamos ver en el mundo. Esto requiere que encabecemos la transición en cuestión y mostremos, mediante nuestro comportamiento, los nuevos modelos para el cambio. Tenemos la oportunidad y la capacidad de hacerlo por nosotros mismos y, aún más importante, para quienes han de llegar: éste será nuestro verdadero legado.

Durante cincuenta años

Érase una vez un hombre que había trabajado toda su vida como conserje en un hospital. Lo había hecho durante más de cincuenta años y por fin llegó el momento de retirarse. Los médicos y enfermeras del hospital le organizaron una fiesta de despedida y todos se reunieron, incluyendo muchos de los pacientes. Cuando le llegó el momento de hablar, el viejo conserje se volvió hacia quien le iba a reemplazar y dijo:

—Aquí, en este hospital, todos son buenas personas y excelentes profesionales. Los médicos están bien entrenados y son especialistas en sus campos; las enfermeras también son muy dedicadas y cariñosas. Pero lo que no entiendo es por qué entonces durante cincuenta años todos me han estado repitiendo una y otra vez su lema perpetuo: «Ten cuidado con los microbios, presta atención a la limpieza y a la higiene». ¡Pero la verdad es que nunca he visto unos de esos microbios!

33. LA GENERACIÓN FÉNIX (PARTE 2): ABRIR LAS PUERTAS A UNA ERA DE CAMBIO

Una generación de gente joven está llegando a un mundo que cuenta con más asistencia tecnológica que en toda la historia de nuestra especie. Y llegarán con mentes que verán las cosas de forma diferente a cómo las vemos actualmente. Es decir, sus patrones de pensamiento no aceptarán automáticamente muchas de nuestras creencias, ideologías o sistemas socioculturales. En especial, por ejemplo, discreparán de nuestros sistemas ortodoxos de educación y salud. En términos educacionales reclamarán –o más bien, exigirán– una plataforma tecnológicamente asistida sin parecido alguno con lo visto hasta ahora, porque aún no la hemos creado. Y por lo que se refiere a la salud, los miembros de la Generación Fénix reaccionarán contra la aceptación automática del paradigma médico dominante. Se resistirán a que se les atiborre con pensamientos de viejo cuño, ideas inválidas y nociones anticuadas. Echemos en primer lugar un vistazo a una nueva fase en la educación.

Una nueva fase en la educación y el aprendizaje

La estructura, el contenido y la conectividad de esta nueva plataforma educacional ya están emergiendo, y supondrán una nueva etapa en el aprendizaje colaborativo. En otras palabras, el aula se está haciendo global. Nuestros anticuados sistemas educativos, respondiendo a las crecientes necesidades y actitudes de los estudiantes, tendrán que adaptarse y pasar por un replanteamiento y una revisión radicales. He aquí lo que preveo:

1) Las aulas no seguirán encerradas entre cuatro paredes: los espacios de aprendizaje serán más interactivos, incorporarán muchas características de interacción online y participación grupal. Algunas de ellas implicarán interactuar y trabajar online con otros estudiantes de todo el mundo; aprender mediante juegos de puzle virtuales y presentaciones multimedia online; conectarse con ambientes de aprendizaje que hagan uso de diversas plataformas. El entorno de enseñanza de los estudiantes se convertirá en un espacio abierto de colaboración que conecte con otros lugares de aprendizaje, tanto físicos como virtuales, de todo el planeta. Es decir, cursos online masivos y abiertos (MOOC)[58] que expandirán el repertorio de la enseñanza y el aprendizaje entre iguales.

2) Los estudiantes no sólo tendrán acceso a un variado abanico de profesores sino que también aprenderán de colegas alrededor de todo el mundo. O sea, la enseñanza no se limitará al modelo de «una persona liderando la clase»; sino que, más bien, gente mayor, personas jubiladas, voluntarios de todo el mundo, etcétera, estarán disponibles en plataformas online especialmente diseñadas para ofrecer sus servicios para preguntas y fórums de estudio. Invitados de diversas profesiones –líderes de empresas, científicos, artistas creativos, consultores, etcétera– participarán online, con regularidad, en fórums de estudio para interactuar gustosamente con los estudiantes y hacerles llegar su propio aprendizaje y conocimiento.

3) También se desarrollarán plataformas online, tipo «Mundo virtual»[59], como experiencias de aprendizaje por inmersión. Algunos institutos de estudio perfeccionarán campus virtuales totalmente operativos (una extensión de los campus online) donde los estudiantes puedan inscribirse como avatares y asistir a clases virtuales concurridas por estudiantes de todas

---

[58] https://es.wikipedia.org/wiki/Mooc
[59] https://es.wikipedia.org/wiki/Mundo_virtual

partes del mundo. El proceso de aprendizaje cambiará desde un modelo lineal bidireccional (profesor-estudiante) a un proceso de múltiples fases que incorpore una variedad de posibilidades de enseñanza con colaboradores de niveles heterogéneos. Estos ambientes heterogéneos –que ya no se llamarán aulas– reunirán estudiantes de edades y habilidades variadas. De esta manera alumnos mayores, más doctos, también podrán ayudar en el proceso de aprendizaje a los alumnos de menor nivel. Es decir, el ambiente educativo no seguirá dependiendo del lugar ya que muchas plataformas de aprendizaje-enseñanza utilizarán un conjunto de espacios de colaboración virtual online.

4) El proceso de aprender se hará más divertido. Permitirá un amplio repertorio de creatividad y «tiempo libre» para lluvias de ideas (lluvias de corazones). La interacción entre los estudiantes y sus diversos profesores será mutua y no de una sola dirección. Los estudiantes usarán una amplia gama de juegos virtuales y actividades online de resolución de puzles para ejercitar su creatividad. Las plataformas de múltiples jugadores permitirán también que muchos estudiantes trabajen juntos y colaboren en la resolución de enigmas y búsquedas: al igual que en los videojuegos pero con objetivos y resultados constructivos.

5) Los módulos de estudio se harán más personalizados. Los estudiantes tendrán más influencia en la gestión de sus procesos de aprendizaje de acuerdo con sus necesidades, deseos y motivaciones. El currículo de viejo cuño que consiste en preparar a los estudiantes para una mano de obra industrial ya no será aplicable. El mundo habrá cambiado de tal manera que hará obsoletas muchas necesidades añejas. Además, los estudiantes de la Generación Fénix tendrán una mayor comprensión instintiva de lo que cada individuo siente que necesita para aprender. La norma «un modelo que se ajusta a todos» no seguirá siendo aplicable e irá desapareciendo

gradualmente. Lo que es más importante, el sistema de recompensa de «la zanahoria y el palo» seguirá también el camino de los dinosaurios. El viejo sistema de exámenes será reemplazado por una diversidad de retroalimentaciones (*feedback*) de comprensión y capacidad procedentes de profesores y compañeros. El conocimiento se evaluará por la comprensión y la capacidad individualizadas, no por calificaciones estandarizadas. El estrés y las dudas sobre uno mismo serán remplazados por el disfrute y la autoconfianza.

Resumiendo, el sistema educativo que requiere la Generación Fénix festejará el conocimiento en lugar de encasillarlo o categorizarlo en sentido estricto. Aún se seguirán ofreciendo las materias tradicionales de «conocimiento» – matemáticas, ciencia, historia, etcétera– pero irán acompañadas de una variedad de módulos más apropiados a las necesidades prácticas y creativas de la nueva era. Parecerá como si para el estudiante existiese una diversidad de tópicos con los que conectarse. La variedad de temas creativos, combinada con una gama de ambientes colaborativos online, llevará la educación a un nuevo nivel. Esos nuevos entornos de aprendizaje permitirán que los estudiantes sean selectores activos de contenidos, en lugar de consumidores pasivos y obligados. La educación dejará de ser redundante y ayudará a los estudiantes a convertirse en co-creadores de su mundo.

Vayamos ahora a examinar, brevemente, lo que puede pasar cuando los miembros de las Generación Fénix ya no acepten ser un receptáculo de dogmas médicos marchitos.

La salud en la era de la Generación Fénix

A nivel instintivo la gente joven sabrá mejor lo que funciona y lo que no. Durante los primeros años de la Generación Fénix preveo los siguientes cambios en el área de salud:

1) Habrá un rechazo dramático de la creencia y la confianza en la industria actual de la salud y en el comercio global que *industrializa la enfermedad* y transforma el bienestar humano en bien de consumo. El crecimiento de las «grandes farmacéuticas», como se las ha denominado, constituye un conglomerado farmacéutico de agentes mundiales que ejercen una influencia política inmensa. Su agenda apoya un modelo de enfermedad-por-lucro a expensas de las prácticas naturales de conocimiento y bienestar orgánicos. La premisa básica del viejo paradigma de la «industria de la enfermedad» es que los beneficios van antes que los pacientes. Según muchos investigadores, el lucro también se antepone a los ensayos de investigación transparentes y objetivos. El grupo de presión farmacéutico (también conocido como *drug lobby*) muestra su malsana influencia sobre los representantes de la política y los medios de comunicación. El resultado ya se ve como una pérdida de confianza en la industria farmacéutica, especialmente en el terreno de las vacunas.

2) La gente de la Generación Fénix «escuchará» más a sus cuerpos; será más cuidadosa con lo que ingiere (comida y medicinas); y sentirá instintivamente lo que su cuerpo necesita. Reconocerá la inteligencia innata de su cuerpo. En consecuencia los diagnósticos de salud dependerán menos de la valoración clínica y confiarán más en el propio instinto. Un aumento de la intuición acerca de la propia salud guiará a la gente a escoger qué cambios necesita hacer para sí misma. Llegará a ser más común que la gente exprese la sensación y la intención de estar en comunicación con su cuerpo y sus necesidades. Esto sucederá de forma paralela a una pérdida de la «imagen

pública» y la reputación de las grandes compañías farmacéuticas a medida que surjan revelaciones que hagan pública la deshonestidad de la industrialización forzada de la enfermedad. La industria corporativa de la salud será uno de los grandes y antiguos sistemas paradigmáticos que se resentirá como consecuencia del cambio revolucionario.

3) Habrá un aumento de la confianza y el apoyo hacia lo que ahora se consideran prácticas de salud «alternativas». Esto surgirá mientras nuestras ciencias continúan validando los principios y propiedades de los campos de energía cuántica. El concepto de intercambio de energía, y medicina vibracional, en la sanación llegará a ser más común y cada vez más demandado. Lo cual incluye el uso de la consciencia humana en la sanación a distancia. Según el doctor Larry Dossey, a menudo nos referimos a ella y a otros atributos similares de la mente no local como «intencionalidad a distancia». Un cambio radical, durante los años de la Generación Fénix, será el reconocimiento de que la enfermedad no es sólo un asunto individual sino algo que afecta a quienes nos rodean. El surgimiento y reconocimiento de la sanación no local será un elemento clave en la manera de visualizar y entender la salud en los años posteriores a las grandes farmacéuticas. Al principio los médicos de más edad tendrán dificultades para aceptar esta transición. Sin embargo, a medida que los miembros de la Generación Fénix vayan asumiendo sus posiciones como doctores abrirán las puertas a este nuevo periodo de la salud humana.

4) La salud y la enfermedad se considerarán estados transicionales —incluso la muerte se reconocerá como un momento transicional— y entonces la empatía, la compasión y el amor jugarán un papel mucho mayor en el proceso de sanación. Ya surgen por todo el mundo los primeros signos de este cambio en médicos y pacientes de mentalidad abierta, y en muchos

otros acontecimientos escasamente publicados. Se está reconociendo que el bienestar humano guarda relación con lo transpersonal y no local. Los años venideros marcarán el inicio de más educación y un nuevo entendimiento de la salud, la biología y la naturaleza de las dolencias y enfermedades.

5) El surgimiento de nuevos conocimientos científicos ayudará a los humanos a vivir más tiempo. La extensión de la vida irá de la mano de sorprendentes hallazgos científicos sobre la naturaleza del ADN humano. Cuando nuestro estado/frecuencia esté listo para ello, descubriremos que el ADN actúa activando energías específicas en nuestro interior; es decir, aviva en el ser humano funciones latentes concretas de acuerdo con la necesidad evolutiva. Finalmente se acabará por aceptar el ADN como un proceso en despliegue, en lugar de como un estático 3% que gobierna un conjunto de reacciones químicas para construir proteínas. Dicho proceso en despliegue ocurre de una manera cuántica, no lineal; y se entenderá de forma intuitiva, ayudando a la gente a tener una percepción más natural de su bienestar. El desarrollo de la salud y el bienestar personal, con vidas alargadas, no conducirá a un incremento de la población sino más bien a su decrecimiento. Y esto será así porque habrá una disminución de la necesidad de «familias de supervivencia» más numerosas, como sucede a menudo en las actuales naciones en vías de desarrollo. El instinto cambiará hacia familias más pequeñas que puedan proporcionar crianza y cuidados cercanos. Las parejas modernas de la Generación Fénix que vivan en regiones superpobladas puede que incluso opten por no tener hijos. Es probable que hacia el año 2030 los estados modernos empiecen a experimentar un declive en lugar de un incremento de la población.

En los años de la Generación Fénix las nueves mentes jóvenes simplemente escogerán hacer las cosas de otra manera: los viejos patrones cambiarán.

Finalmente, nuestra sociedad planetaria estabilizará el crecimiento de su población de acuerdo con límites sostenibles. Vivir dentro de dichos límites formará parte de una nueva comprensión que regirá la salud y el bienestar humanos.

Renuncia

Alcanzada la vejez, y tras una vida familiar de muchas alegrías y sufrimientos, un marido y su mujer decidieron renunciar a la vida mundana y consagrar el resto de sus días a la meditación y el peregrinaje a los más sagrados santuarios.

Una vez, camino de un templo en el Himalaya, el marido vio en el sendero frente a él un fabuloso diamante. Rápidamente, puso un pie sobre la joya para esconderla, pensando que si su mujer la veía quizá surgiese en ella un sentimiento de codicia que podía contaminar su mente y retrasar su evolución mística. Pero la mujer, al descubrir la estratagema de su marido, le dijo con voz ecuánime y apacible:

—Querido, me gustaría saber cómo has renunciado al mundo si aún sigues distinguiendo entre diamante y polvo.

34. LA GENERACIÓN FÉNIX – CAMBIOS EN LA ELECCIÓN DE ESTILOS DE VIDA (PARTE 3)

Aquellos que alcanzarán la mayoría de edad en las dos próximas décadas, a quienes me refiero como la Generación Fénix, mostrarán notables diferencias en el consumo y la producción de medios de comunicación: no serán sólo consumidores sino «*prosumidores*» (productores y consumidores) activos de sus contenidos. Se implicarán activamente en la información y, si sienten que los medios a los que están expuestos no representan la verdad, buscarán generarla por sí mismos. Esa participación creativa también supondrá un impacto en sus elecciones de estilo de vida.

Medios de comunicación y estilo de vida

A continuación se describen una serie de aspectos clave que presiento caracterizarán los cambios en los medios de comunicación y en las elecciones de estilo de vida de los miembros de la Generación Fénix:

1. Las mentes jóvenes se sentirán cansadas de unos medios que siembran y patrocinan el miedo. A medida que la inteligencia instintiva sea más evidente, caerán las falsas fachadas y será más difícil marginar a la gente con distracciones controladas mediante entretenimientos banales. La vieja programación que ha dominado los principales medios de comunicación durante las pasadas décadas sólo ofrece contenidos vulgares y crueles que se deleitan en dramas estresantes de alta tensión: conflictos, asesinatos y espionaje sexual. Dicha programación dejará de inspirar a la nueva generación de los más jóvenes.

2. Habrá un cambio en los contenidos abordados por los medios que tenderán a elevar a la persona en lugar de apagarla. Esa transformación la provocará la creciente demanda popular de una programación más informativa. Las mentes y los corazones jóvenes de la Generación Fénix rechazarán progresivamente las noticias y las influencias negativas, y de manera natural se alejarán de tales energías. Los principales medios de comunicación se verán forzados –por las cifras de audiencia y en consecuencia por los ingresos por publicidad– a emitir programas más inspiradores y edificantes.

3. Dichos medios se verán considerablemente afectados por el rápido aumento de medios comunitarios. Las grandes corporaciones continuarán surgiendo y consolidándose y al mismo tiempo encontrarán difícil existir en un entorno de consumo cada vez más centrado en personas que rechazan su estilo de difusión. Conforme la gente busque historias locales que les inspiren e interesen, los que ahora se llaman «medios alternativos» se harán más populares. De manera que no sólo los medios comunitarios experimentarán un resurgimiento –gracias en gran parte a la tecnología apropiada– sino que también los auto-editados se irán convirtiendo progresivamente en la norma. Los miembros de la Generación Fénix serán productores de contenidos, creando, produciendo y distribuyendo medios inspirados en sus propios intereses. La era de los medios corporativos controlados de arriba-abajo, que dejarán de ser la fuerza dominante, habrá pasado.

4. Los jóvenes se convertirán en sus propios periodistas, creando, produciendo y externalizando sus servicios. Serán individuos que no sólo participarán con sus historias y noticias en los medios tradicionales sino que crearán sus propias plataformas mediáticas. Muchas voces nóveles llegarán a ser reconocidas y confirmadas como

fuentes creíbles de información. Jóvenes activistas mediáticos de todo el mundo podrán proporcionar información con más rapidez que los periodistas convencionales. También informarán desde áreas donde los medios tradicionales no puedan o no quieran ir, como por ejemplo territorios con conflictos violentos locales o comunidades selectivas. A medida que la gente prefiera producir y compartir sus propias noticias, historias y eventos la programación entre iguales se hará más popular.

5. Según los medios tradicionales y los gobiernos establezcan vínculos cada vez más estrechos la transparencia se convertirá en la nueva consigna. Al estar los contenidos online cada vez más controlados por los gobiernos y manipulados por los conglomerados mediáticos, la transparencia y la integridad se convertirán en un tema decisivo. Las generaciones de jóvenes darán la espalda a los intentos de controlar y gestionar el flujo de información. Conforme el poder de la imagen pase de las manos de unos pocos a las huellas dactilares digitales de la mayoría el panorama mediático no volverá a ser el mismo.

6. Los cambios en las actitudes mediáticas también reflejarán cambios en la elección de los estilos de vida. La gente reivindicará aquellas experiencias e impactos que sean positivos y que aporten a la vida armonía en lugar de desorden. Se buscarán estilos de vida con determinadas características deseables que incluirán reconciliación, armonía, coherencia, ausencia de juicios, perdón, comunicación consciente, amor, comprensión, transparencia, honestidad, integridad y, por supuesto, humor. Habrá un mayor reconocimiento del papel y el lugar de la meditación en las vidas de la gente. Durante estos años más y más gente irá cambiando sus prioridades vitales, buscando sentido y bienestar en lugar de estatus profesional y dinero. Con el

paso del tiempo esto se pondrá de manifiesto en muchas personas que dejarán sus empleos tradicionales y buscarán maneras nuevas y alternativas de sustentarse que propicien el desarrollo interno y el bienestar.

7. Conforme la gente joven vaya buscando entornos más nutricios donde vivir se producirá un cambio en la elección de hábitats. Esto puede dar lugar a que mucha gente joven abandone las áreas urbanas abarrotadas o los tristes barrios suburbanos y como alternativa desee rejuvenecer sus vecindarios transformándolos en distritos vibrantes. Es probable que ello resulte en una revitalización de las comunidades locales que enfatice la sostenibilidad. Las mentes creativas de la Generación Fénix se esforzarán en construir nuevos modelos y maneras de hacer las cosas que sean más armoniosos con el medio ambiente y los sistemas ecológicos. A medida que la gente busque bienestar y sentido personal emergerán con rapidez nuevos estilos de vida sostenibles que concuerden con los límites y los recursos físicos. Nuevas comunidades, ciudades, pueblos y regiones se adaptarán a hacer las cosas de modo diferente en consonancia con la creciente autoridad interna de las jóvenes generaciones.

La Generación Fénix y las tecnologías emergentes

Durante las próximas décadas del siglo XXI el ritmo de expansión exponencial de los descubrimientos será extraordinario. Los miembros de la Generación Fénix nacerán en un mundo donde las nuevas tecnologías de comunicación y colaboración mejorarán la conexión con el mundo que les rodea. Tendrán un estilo de vida apoyado en la tecnología como nunca hasta ahora. Crecerán acostumbrados a interactuar con ella de formas que aún están por ver. Las nuevas mentes jóvenes tendrán una relación sin precedentes con la tecnología y sus implicaciones. Lo que sigue es un breve esbozo de los cambios que probablemente veamos:

1. Los temores acerca de la privacidad, la recopilación de datos y la sociedad de vigilancia darán paso a tecnologías que mejoren la transparencia, la conexión y la colaboración. Al principio, el viejo paradigma de uso de la tecnología, que jugó un papel en la globalización neoliberal y la gobernanza autoritaria, combatirá el aumento de las redes sociales no gobernadas. Estas luchas pueden predominar durante los estadios iniciales, hasta que el nuevo pensamiento sea capaz de alinear las tecnologías con modelos de transparencia y cooperación abierta. Entonces se desarrollarán tecnologías que creen el marco para una sociedad planetaria basada en una ética de compartición y apertura ligada al respeto a la privacidad. Las tecnologías de comunicación y conexión continuarán fomentando entre las gentes de todo el mundo un sentido de solidaridad. A medida que la generación más joven vaya colaborando para desarrollar y compartir la innovación y el progreso tecnológicos, la cultura de código abierto llegará a ser dominante.

2. La nube online se convertirá en el ámbito predominante de almacenamiento, transmisión e interacción de la información. Esto contribuirá aún más a la sensación de moverse en un entorno «sin fisuras» donde las tecnologías irán integrándose progresivamente en nuestro mundo cotidiano, lo que reforzará la sensación de vivir en una era «cuántica» en la que la conectividad y la compartición instantáneas se convertirán para las mentes más jóvenes en su segunda naturaleza. Progresivamente se hará más evidente que las

tecnologías humanas, *externas* a nosotros mismos, sólo manifiestan una realidad que existe *dentro* de nosotros.

3. La comunicación simultánea e instantánea a través del espacio y el tiempo robustecerá en la Generación Fénix una sensación de vivir en una sociedad planetaria. Se sentirán en contacto permanente con personas de todo el mundo con ideas afines. A medida que la gente experimente una sensación innata de estar conectada con los demás, esta conectividad física ayudará a estimular y catalizar una empatía colectiva. La inteligencia instintiva, especialmente presente en las jóvenes generaciones, será compartida casi al instante por todo el mundo. Esta promoción de la colaboración conducirá a una aceleración de invenciones y nuevos descubrimientos.

4. La informática cuántica será un motor principal del desarrollo de una nueva generación de tecnologías que surgirá junto a las nuevas ciencias que proporcionarán evidencia cuantificable y comprensión aplicada de la energía cuántica (es decir, capacidad científica para entenderla y medirla). Esto allanará el camino a una reescritura del conocimiento científico humano. La informática y la ciencia cuánticas se ocuparán de establecer los fundamentos de una era que, en su núcleo, cambiará radicalmente la manera en que los seres humanos se comunican e interactúan con su entorno y con el universo viviente. Es probable que durante ese tiempo se desarrolle una forma de *comunicación cuántica* que permita a la humanidad intentar contactar con otras inteligencias de la galaxia. Esta tecnología física coexistirá con nuestras «tecnologías internas» que también se abrirán a formas superiores de contacto (incluyendo el telepático). Durante los años ulteriores de descubrimientos científicos se hará evidente que la humanidad no está sola en el cosmos. La próxima evolución de las tecnologías cuánticas será el paso adelante que hemos estado

esperando en nuestro afán por hacer verificable el contacto con otras inteligencias del universo.

5. La Generación Fénix también formará parte de una nueva generación de la biotecnología. El viejo modelo de pensamiento biotecnológico se centraba en modificar la función y el comportamiento de los microbios y de los organismos vivientes para optimizar su rendimiento, desde mejorar el cuerpo humano –tecnologías de recombinación genética y terapias inmunológicas– hasta la bioingeniería. Sin embargo, el futuro de la tecnología no se centrará en la mejora de las capacidades actuales sino en su convergencia transversal. Toda la plétora de tecnologías emergentes – nano/biotecnología; biología sintética y cuántica, informática cuántica, etcétera– se combinarán cada vez más de manera que se cuestionará la propia definición de «¿qué es la vida?». La nueva era de innovación y progreso tecnológico será el comienzo del proceso de dar «vida» a la tecnología. A medida que el ADN se fusione cada vez más con la informática y la biología sintética, seremos testigos de los estadios iniciales de una nueva fase de creación biotecnológica que señalará el nacimiento de una era inédita de *tecnología viviente*. Tras ello, la principal característica de las modernas tecnologías de la civilización humana será el hecho de que formarán parte del ecosistema viviente de la Tierra.

En los años venideros será difícil subestimar el papel y el potencial de la tecnología. El desarrollo tecnológico no sólo será el rasgo distintivo de la era de la Generación Fénix, sino que también definirá la evolución futura de la humanidad.

Un hombre, su caballo y su perro

Un hombre, su caballo y su perro caminaban por una calle. Después de mucho andar el hombre se dio cuenta que los tres habían muerto en un accidente. Hay veces que los muertos tardan un tiempo en percatarse de su nueva condición. La caminata era muy larga, cuesta arriba, el sol pegaba fuerte y los tres estaban empapados en sudor y con mucha sed. Necesitaban desesperadamente agua. En una curva del camino, avistaron un portón magnífico, todo de mármol, que conducía a una plaza calzada con bloques de oro, en el centro de la cual había una fuente de la que brotaba agua cristalina. El caminante se dirigió a un hombre que desde una garita cuidaba la entrada:

—Buen día— dijo el hombre.

—Buen día— respondió el guardián.

—¿Qué lugar es éste, tan hermoso?— preguntó el caminante.

—Esto es el cielo— fue la respuesta.

—Qué bien que hemos llegado al cielo, tenemos mucha sed— dijo el hombre.

—Usted puede entrar a beber agua a voluntad.

—Mi caballo y mi perro también tienen sed.

—Lo lamento mucho —dijo el guardián— aquí no se permite la entrada de animales.

El hombre se sintió muy decepcionado porque su sed era grande. Mas él no bebería dejando a sus amigos con sed. Siguió su camino. Después de mucho tiempo cuesta arriba, con la sed y el cansancio multiplicados, llegaron a un sitio cuya entrada estaba marcada por un portón viejo semiabierto que daba a un camino de tierra, con árboles a ambos lados que le hacían sombra. Debajo de uno de los árboles había un hombre recostado, con la cabeza cubierta por un sombrero, que parecía dormir.

—Buen día— dijo el caminante.

—Buen día— dijo el hombre.

—Mi caballo, mi perro y yo tenemos mucha sed

—Hay una fuente en aquellas piedras —dijo el hombre indicando el lugar—, pueden beber a voluntad.

El hombre, el caballo y el perro fueron hasta la fuente y saciaron su sed.

—Muchas gracias— dijo el caminante al salir.

—Vuelvan cuando quieran— respondió el hombre.

—A propósito —dijo el caminante— ¿cuál es el nombre de este lugar?

—Cielo— respondió el hombre.

—¿Cielo? ¡Pero si el guardián del portón de mármol me dijo que allí era el cielo!

—Aquello no es el cielo, es el infierno—. El caminante quedó perplejo.

—Entonces —dijo el caminante—, esa información falsa debe causar grandes confusiones.
—De ninguna manera —respondió el hombre—. En verdad nos hacen un gran favor porque allí se quedan aquellos que son capaces de abandonar a sus mejores amigos.

35. ECONOMÍA Y POLÍTICA EN LA ERA DE LA GENERACIÓN FÉNIX (PARTE 4)

En los años y décadas por venir surgirán cambios innovadores que ofrecerán soluciones creativas a los sistemas económicos y políticos actuales. Es probable que esas soluciones emerjan en la periferia a partir de lo que se conoce como «tecnologías disruptivas». Es decir, es presumible que las alternativas creativas aparezcan como anomalías pero que se desarrollen gradualmente hasta convertirse en nuevos modelos formales. Esos procedimientos financieros y políticos alternativos emergentes se irán desarrollando a lo largo de los próximos años, pero puede que no aparezcan de un día para otro.

En lo que se refiere a la economía los nuevos modelos pueden incluir lo siguiente:

- Surgirá una mezcla de sistemas económicos locales y globales que funcionarán al unísono. Los modelos locales se basarán en formas alternativas de intercambio (monedas locales; sistemas de trueque; pagos digitales) que respaldarán los negocios y proyectos regionales. En comunidades de todo el mundo surgirán diversos tipos similares de micro-monedas. Es probable que los sistemas globales, en lugar de estar vinculados a una divisa concreta que favorezca a determinadas naciones, se basen en unas cuantas divisas (o créditos) sobre las que la comunidad internacional establezca un acuerdo, así como que las monedas digitales lleguen a ser los principales agentes mundiales para las transacciones locales, globales y online.

- Los gobiernos asimilarán que una nueva forma de economía no debe basarse en el crecimiento perpetuo sino en límites sostenibles y en el bienestar doméstico. Quedará sobradamente claro que, para mantener un marco económico coherente y estable, el paradigma del siglo XX de crecimiento perpetuo de la economía ya no es una opción viable. La nueva economía estará conectada de manera más tangible al valor y el mérito, en lugar de al acaparamiento virtual y la especulación insostenible. Siguiendo los pasos del Índice de Felicidad Nacional Bruta de Bhutan[60], diferentes regiones tendrán en cuenta que su riqueza se basa en el bienestar de sus gentes. Las economías regionales e internacionales darán valor a la gente y a sus contribuciones singulares. La verdadera riqueza de una región se medirá por sus recursos y servicios locales. En un mundo en el que mentes nuevas están buscando crear un futuro sostenible a largo plazo para el planeta, el mencionado índice de felicidad llegará a ser más significativo.

- La deuda no seguirá siendo el principal motor económico, lo que liberará a la gente de su servidumbre así como de otros tipos de contrato social forzoso. La economía será considerada de nuevo como una fuerza para la creatividad, la innovación y el desarrollo en lugar de como una mercancía que sobrecarga y limita a la gente, y también como un medio y una energía de circulación de bienes que incluirá una nueva gama de opciones innovadoras de financiación que surgirán para ayudar por todo el planeta a pequeños proyectos y necesidades locales.

- Personas de todo el mundo contribuirán a financiar los proyectos con los que se relacionen y estén de acuerdo. En un sistema desarrollado a partir del modelo previo de *crowdfunding*[61], la gente actuará por todas partes como accionista, compartiendo los beneficios comunes. A

---

[60] https://es.wikipedia.org/wiki/Felicidad_nacional_bruta
[61] https://es.wikipedia.org/wiki/Micromecenazgo

medida que se desarrolle un modelo descentralizado fuerte y fiable, la economía global no seguirá necesitando depender de una financiación jerárquica de arriba-abajo. Esto no supondrá un abandono de la función de las grandes corporaciones ya que las mentes innovadoras más jóvenes irán asumiendo progresivamente un mayor papel en los negocios del futuro. Para sobrevivir a la transición hacia la nueva era muchas corporaciones y negocios deberán experimentar una reestructuración considerable. Eso asegurará que respondan mejor a las necesidades de la gente, así como a la exigencia de invertir en un nuevo modo de pensar para un futuro viable.

- La extraterritorialidad y los paraísos fiscales serán supervisados y, en la mayoría de los casos, desmantelados. Se creará un nuevo sistema de crédito financiero internacional basado en transacciones transparentes en lugar de en cuentas opacas extraterritoriales dirigidas por individuos y organizaciones privadas. Dejará de existir el sistema económico internacional corrupto de los inicios del siglo XXI.

- La nueva economía se desprenderá de la vieja imagen de fuente de desigualdad y causa principal de injusticia. Las finanzas se reorganizarán como medio para implementar un cambio sólido y positivo en el mundo, adoptarán la cultura conectada y descentralizada, y comenzarán a circular con mayor libertad entre la gente, de manera que no se limiten únicamente al intercambio financiero. También prevalecerá entre las nuevas generaciones una economía de prosperidad y bienestar basada en el intercambio de servicios y asistencia: el altruismo reemplazará a la austeridad.

Preveo que hacia el año 2030 los nuevos modelos financieros se basarán en un futuro cada vez más descentralizado y cooperativo. Más aún, nuevos paradigmas de planes de negocios catalizarán formas creativas de liderazgo y modelos de referencia inspiradores. Esto también afectará a los sistemas políticos actuales.

La política en la era de la Generación Fénix

Hasta ahora la democracia ha demostrado estar expuesta a la corrupción, la manipulación y la ineficiencia. En otras palabras, no ha cumplido sus promesas. Más bien, la política democrática, a pesar de la naturaleza relativamente progresista de los sistemas políticos occidentales, es solo una forma nominal de «democracia». Todavía no ha llegado a ser para la gente un proceso verdaderamente representativo: especialmente cuando las opciones de voto son tan limitadas. Se asemeja a decidir en el mostrador de una tienda entre dos variedades de un producto (¡sólo para encontrarse después con que ambas son propiedad de la misma compañía multinacional!). Por todo el mundo los procesos políticos se quedan cortos en sus ofertas y todavía tienen que representar un proceso verdaderamente incluyente y transparente. Por esta razón, el proceso político está obligado a cambiar. Sugiero lo siguiente:

- Los así llamados «partidos políticos» no serán exclusivamente de y para los políticos. El ámbito de la política se diversificará e incluirá personas de todas las áreas de la vida que representarán a las regiones locales, nacionales e internacionales. Los gobiernos, y los procesos políticos, no pertenecerán exclusivamente al entorno de los políticos de carrera: estarán formados por representantes de todos los sectores de la sociedad, que incluirán, pero no se limitarán, a la sociedad civil; representantes de la comunidad; representantes del mundo de los negocios; científicos; pensadores e intelectuales reconocidos; arquitectos y diseñadores; creativos culturales y artistas. Lo que es más, cada persona (votante) podrá incluirse en las diversas fases del proceso político mediante formas digitales de participación.

- Los nuevos votantes jóvenes de la Generación Fénix no aceptarán las disputas e injurias en las que, en general, ha consistido la «política», ni las viejas energías divisivas de la era previa. Las mentes nuevas querrán integridad, honestidad y transparencia en el proceso político, independientemente de la geografía y la cultura. Ya no habrá espacio para los viejos debates: la política deberá abandonar las discusiones toscas, a menudo simplistas y manufacturadas de izquierda vs. derecha; capitalismo vs. anti-capitalismo; demócratas vs. republicanos, y todo lo demás. La vieja mentalidad paradigmática querrá seguir luchando por estas distinciones deterioradas y anticuadas; pero los partidarios del nuevo modelo ya no aceptarán sus tácticas rudimentarias y divisivas. La creciente consciencia humana y la inteligencia instintiva conseguirán que nos demos cuenta de la teatral charada bidimensional que antaño se usó para influir en las masas. Los miembros de la Generación Fénix sabrán instintivamente que la resolución más destructiva que un individuo puede tomar es ceder su propia autoridad y su poder para tomar decisiones. Esta nueva era de cambio anunciará el ascenso de la política participativa.

- Surgirán tecnologías para una democracia más inclusiva y participativa que beneficie a la gente. Los procesos políticos que sobrevivan a los años de transición de las dos próximas décadas serán aquellos que representen el espíritu de participación de la gente. La supervivencia de la política tal y como la conocemos, dependerá de la capacidad de los personajes y los procesos para re-calibrarse y alinearse con el número creciente de personas que están «despertando». Nuestras tecnologías digitales garantizarán que la política participativa sea una realidad práctica. Las generaciones por venir se asegurarán de que la realidad práctica llegue a ser genuina.

- Aparecerá una oleada de líderes conscientes que no desentonarán vendiéndose con promesas superficiales a corto plazo. Seguirá habiendo líderes en el campo de la política al igual que en otros ámbitos; sin embargo, los nuevos líderes que surgirán de entre los miembros de la Generación Fénix estarán totalmente implicados en la política participativa y sabrán que tienen la responsabilidad de escuchar la opinión de los demás. Los nuevos líderes entenderán de forma instintiva que pertenecen a una sociedad planetaria que requiere una visión de futuro a largo plazo. Esta perspectiva política a largo plazo adoptará instintivamente un punto de vista planetario en el que las personas, las naciones, los asuntos y las necesidades estén entrelazadas en una visión del mundo perspicaz y de interrelación. La política participativa reconoce de forma inherente que cualesquiera que sean los problemas o asuntos regionales también son globales y por tanto compartidos. Los jóvenes líderes de la Generación Fénix encaminarán la nueva energía a las regiones conflictivas, como Oriente Medio y África. La nueva ola que brotará en la política no quedará confinada a las así llamadas naciones «industrializadas» sino que, y eso es importante, surgirá y se desarrollará en aquellas áreas que más lo necesiten.

- La responsabilidad política se considerará crucial. El objetivo de la política participativa que surgirá tendrá como prioridades la paz y la responsabilidad política transparente. La perspectiva de paz y unidad en un planeta diverso será uno de los giros radicales que represente un cambio de dirección para nuestra especie planetaria. No sucederá de un día para otro y necesitará tiempo y esfuerzo.

Puede que el proceso político sea uno de los sistemas institucionalizados al que más le cueste adaptarse y cambiar. Pero lo hará, a tiempo, sobre todo debido a la entrada en sus filas de gente joven con una visión y unos objetivos renovados.

Enseñar

Para exhibir su deseo de enseñar a otros la Verdad, un solícito discípulo le pregunto al maestro su opinión al respecto. Y el maestro le dijo:

—Espera.

Un año tras otro, el discípulo volvía con la misma pregunta, y una y otra vez el maestro le daba la misma respuesta:

—Espera.

Al fin, un día le dijo al Maestro:

—¿Cuándo estaré en condiciones de enseñar?

Y el Maestro le respondió:

—Cuando tu impaciencia por enseñar haya desaparecido.

36. BIENVENIDOS A LA «NUEVA NORMALIDAD»

Nos hemos adentrado en un periodo al que denomino *Nueva Normalidad* y tenemos que entender que las cosas nunca volverán a ser iguales; debemos acostumbrarnos a hacerlas de otra manera: porque esas «cosas diferentes» pronto llegarán a ser habituales. Este cambio desde los viejos patrones y estructuras que durante un tiempo nos resultaron útiles hacia un periodo en el cual algunas cosas ya no nos sirvan, puede ser inquietante y perturbador. No perdamos el tiempo con los viejos patrones energéticos que ya no funcionan. Puede que nos sintamos frustrados por no saber qué hacer, pero es sólo el principio. En términos de una escala temporal más larga aún nos queda mucho camino por recorrer, porque realizar este cambio nos llevará mucho tiempo.

Puede que ahora las cosas cambien con más rapidez que nunca: vivimos en una realidad en movimiento. Es probable que muchos de nosotros ya lo hayamos experimentado: una sensación de rapidez e incertidumbre distinta de la del pasado reciente. No es inevitable que esta sensación de «terreno movedizo» cause ansiedad. El cambio no significa algo negativo: la gente sólo se asusta de lo que no conoce. La parte fácil de todo esto es aceptar la necesidad de una «nueva normalidad»; la más difícil, participar activamente en el cambio de una manera equilibrada, estable y que no resulte ajena. Formar parte de la «nueva normalidad» también significa reajustarse: ya no necesitamos mantenernos distantes; es decir usar la «diferencia» como parte de nuestra personalidad e identidad. Uno no puede expresar todo su potencial cuando está desequilibrado. La «nueva normalidad» no está aquí para alienarnos a nosotros mismos ni a los demás: no alienta las energías divisivas.

A veces el cambio precisa coraje, valor para aceptarlo como la nueva normalidad. Algunas personas están más acostumbradas y se adaptan mejor al cambio que otras; cada uno debe encontrar lo que le resulte correcto y cómodo. No obstante, no partimos de cero: haber llegado hasta donde nos encontramos también forma parte del cambio.

De hecho, lo que es una ilusión es la estabilidad, porque todo está fluyendo. La vida, por así decirlo, es un motor de flujo integral y el cuerpo humano está equipado para el cambio constante. Cuando el cuerpo se desequilibra, trata de recuperar el equilibrio: física, emocional, y energéticamente. Lo reconocemos de forma instintiva, y sabemos cómo practicarlo. Es una fuerza dinámica en nuestras vidas: readaptándonos al cambio y al flujo nos propulsamos hacia delante. El nuevo reequilibrio no consiste en volver atrás, a lo viejo: se trata de encontrar nuevas posiciones y definiciones. Debemos redefinir lo que es para nosotros la *nueva normalidad*.

Hemos de aprender cómo manejar los nuevos utensilios que tenemos, y cuáles se espera que utilicemos. Por ejemplo, la creencia religiosa y la fe incuestionable son herramientas viejas; en la actualidad necesitamos averiguar cuáles son las nuevas de las que disponemos, y cómo usarlas. Y durante este periodo de nuevo aprendizaje puede que también precisemos realizar alguna «limpieza» personal para poner en orden nuestra propia casa.

Así que seamos claros: la *nueva normalidad* es cambio constante y puede renovarse a diario. ¿Es difícil de aceptar y comprender? Al parecer mucha gente joven puede funcionar con esto; no les resulta difícil entender la esencialidad del cambio: para muchos jóvenes resulta obvio que es una parte sustancial, y necesaria, de la vida. Sólo nosotros, atrincherados en nuestros años de estabilidad condicionada, tememos ese flujo y esa corriente.

Si quienquiera que lea esto nota una conexión con ello es porque también siente la necesidad de cambiar en su propia vida. Siente que es correcto –que en su interior hay cierto impulso que le dice que algo debe cambiar–, tiene intención de saber más. No hay mejor momento que éste para volver a comprometerse: para reflexionar sobre la pregunta «¿qué es la "vida" para mí? y ¿cómo puedo participar?».

Los siguientes son algunos de los aspectos básicos del cambio:

1. **Liberarse del condicionamiento del miedo**
2. **Re-calibrar las definiciones de lo que es «normal»**
3. **Observar las emociones, las respuestas a las mismas y las necesidades.**
4. **Acostumbrarse al cambio: es la única *normalidad* que existe.**
5. **Sentirse alegre con el cambio y la modificación de hábitos y patrones: aprender a amarlo.**
6. **No tratar de volver a la vieja «normalidad»: la adaptación no es un regreso, es un movimiento hacia delante.**
7. **Esperar lo «viejo» no es una opción.**
8. **El cambio funciona mejor cuando se es proactivo: así que activa tu compromiso/participación. ¡Implícate en tus propios cambios!**
9. **Confía en tu intuición y tus sensaciones instintivas**

¡Intentar acostumbrarse a algo que siempre está en movimiento puede resultar inquietante al principio! Es como una emisora de radio que cambiase constantemente de frecuencia de transmisión y tuviésemos que re-sintonizar nuestro receptor a diario para encontrar la nueva. Pero este cambio constante es también una manera de encontrar sentido y significado en nuestras vidas. Puede que descubramos que muchos de los cambios que escojamos activar o hacer tendrán una influencia directa sobre nuestra necesidad de encontrar un sentido renovado en la vida. Otra forma de considerar estos cambios es verlos como formando parte del desplazamiento desde el modo supervivencia al modo creativo: engendrando una nueva manera de existir más ajustada a cómo deseamos vivir la vida de formas más creativas y significativas.

A medida que cambiemos gradualmente (¿o incluso súbitamente?) hacia la era de la nueva normalidad podemos descubrir que entramos dentro de una de las siguientes categorías:

1. **Manifestadores**
2. **Facilitadores**
3. **Alimentadores**

Cada papel tiene idéntica importancia, y al mismo tiempo es diferente en la manera de relacionarse y comprometerse en la vida con el resto. La nueva normalidad va a tener una gran influencia sobre los valores de conectividad, comunicación, consciencia y compasión.

Nuestras redes sociales, locales y globales serán más importantes que nunca para nosotros. Ya sea que manifestemos cosas en la vida, las facilitemos para otros o las nutramos: cada caso implica una participación consciente. Esta es la esencia de la nueva normalidad: la participación consciente, equilibrada y estable en el descubrimiento del sentido para nosotros mismos y para los demás; y el ser creativos y activos en la búsqueda de un futuro positivo para todos.

Un pastor

Al atardecer, un pastor se disponía a conducir su rebaño al establo. Entonces contó sus ovejas y muy alarmado se dio cuenta de que faltaba una de ellas. Angustiado, comenzó a buscarla durante horas, hasta que se hizo muy avanzada la noche. No podía hallarla y empezó a llorar desesperado. Entonces, un hombre que salía de la taberna y que pasó junto a él, lo miró y le dijo:

—Oye, ¿por qué llevas una oveja sobre los hombros?

37. CONSCIENCIA EN LA ERA DEL STREAMING[62]: SPOTIFICA[63] TU MENTE.

Mucha gente que lea este artículo probablemente entenderá, y aceptará, mi afirmación de que en estos momentos todos estamos «enchufados» (*plugged-in*) a una fuente creativa de «transmisión de flujo continuo» (*streaming*). ¿Pero por qué es así? ¿Será porque estamos de acuerdo con este concepto? La idea de estar conectados a la creatividad y a la comprensión nos ha rondado desde siempre: los griegos, y cualquier poeta desde entonces, consideraban que era el resultado del trabajo de las *musas*, esas diosas de la inspiración. Sin duda, lo que está cambiando es el lenguaje y la *configuración* de estos conceptos. La frase inicial utiliza básicamente las imágenes de *plugged-in* y *streaming*. Son términos modernos que se relacionan con nuestras tecnologías: aparatos eléctricos y plataformas digitales, respectivamente. En el mundo actual el siguiente extracto posiblemente no nos parezca fuera de lugar:

La innovación no emerge en el vacío. Surge a partir de un gran océano colectivo de pensamiento al que todos estamos enchufados. De esta manera, lo que se crea es una expresión de nuestras corrientes de consciencia.

Y aún así es totalmente actual: un mito moderno, podría decirse. Tanto nuestras experiencias culturales, como nuestras tecnologías y nuestro

---

[62] https://es.wikipedia.org/wiki/Streaming

[63] N.T.: Neologismo que corresponde a un término intraducible que hace referencia a un servicio online que transmite una amplia variedad de música a los ordenadores personales y los teléfonos móviles.

vocabulario se desarrollan relacionándose entre sí para influir no sólo en cómo vemos el mundo, sino también en cómo respondemos frente a él. ¿Qué pasaría si todo lo anterior —nuestra visión del mundo, nuestras experiencias culturales, nuestros lenguajes y tecnologías— fuesen una expresión de cómo entendemos realmente la naturaleza de la consciencia humana? A quien esto escribe le parece que el mundo que nos rodea es un reflejo constante de cómo desarrollamos nuestra comprensión de la consciencia humana: ¡se diría que actualmente estamos siendo *spotificados*! Permítanme tratar de explicar lo que quiero decir con esto.

Las tecnologías humanas, diseñadas para mejorar —o al menos amplificar— nuestra relación con el mundo, tienen una conexión esencial, que a menudo se ignora, con el estado de la consciencia humana. A veces esta relación innata está desequilibrada, es asimétrica e incongruente, y se traduce en tecnologías de destrucción. Otras, está más alineada y da lugar a innovaciones creativas que apuntan hacia el mejoramiento de la vida humana sobre el planeta. Nuestra ola creciente de progreso tecnológico puede remontarse a la revolución industrial que surgió en el mundo occidental en la última parte del siglo XVIII. Pero fue la Segunda Revolución Industrial, un siglo más tarde, la que produjo la electrificación y dio lugar a las grandes tecnologías de comunicación (transporte, radio, teléfono, televisión, radar, etcétera). Estas tecnologías industriales encarnaron la mentalidad de progreso y mejoramiento material. La literatura de la época estaba llena de metáforas eléctricas ya que dichas tecnologías también desataron la imaginación creativa. La historia de las comunicaciones, con su creciente capacidad para establecer conexión y comunicación entre las gentes a distancias cada vez mayores, exigió una nueva reorientación de la perspectiva humana. Una nueva percepción de las dimensiones de espacio y tiempo empezó a dar origen a una consciencia psicológica que quería mirar más allá de los límites y los horizontes de las fronteras físicas. La constricción física del tiempo y el espacio reflejaba la exploración interna que surgió a lo largo del siglo XX. Durante la primera parte del siglo pasado el «inconsciente colectivo» se fue convirtiendo en una parte consciente de la mente colectiva. Las teorías de Freud, Jung, Reich y otros psicoanalistas fueron modificando la manera de considerar el comportamiento y los parámetros del pensamiento humanos. Estos desarrollos coincidieron con el surgimiento de las películas —una manera de proyectar ideas internas en una pantalla externa— como fenómeno cultural.

Por tanto, el siglo XX se convirtió en una época de preguntas y respuestas tales como: ¿Qué subyace más allá de la vida? ¿Qué hay detrás de la materia? ¿Qué hay tras nuestros pensamientos conscientes? ¿Qué hay detrás de toda vida biológica? Este impulso en busca de significado humano, tanto en la esfera externa como en la interna, alcanzó un *zeitgeist*[64] en la segunda mitad del siglo XX cuando Oriente vino a encontrase con Occidente. Gracias a la popularización de enseñanzas orientales (budismo, taoísmo, sufismo, etcétera) y a la experimentación lúdica de procesos de alteración mental, surgió una nueva contracultura occidental. La gente fue explorando cada vez más sus sentimientos, la auto-reflexión y la mirada interior. Timothy Leary tenía razón al sugerir que la nueva era había cambiado hacia «da política del sistema nervioso». En los años noventa el poeta más popular en Estados Unidos era el sufí persa Jalalludin Rumi; la holografía y el universo holográfico eran un nuevo paradigma popular; el funcionamiento izquierdo-derecho de los hemisferios cerebrales era un tema muy conocido; Internet estaba revolucionando las comunicaciones; y nociones tales como la noosfera, el cerebro global, y las consciencia colectiva eran casi lugares comunes. El crecimiento espectacular de las tecnologías globales de

---

[64] https://es.wikipedia.org/wiki/Zeitgeist

comunicación (dispositivos con acceso a Internet, plataformas digitales, redes sociales, etcétera) reflejaba, especialmente entre los más jóvenes, una nueva forma de consciencia participativa que no existía previamente.

El modo de pensar previo —en ocasiones denominado «mentalidad industrial»— consideraba la materialidad de la vida como la consciencia dominante. Era una consciencia de adquisición, posesión, propiedad y, en definitiva, control. Todo consistía en quién poseía el hardware, y en el poder de controlar el hardware de los demás. Fue una época en la que florecieron las patentes y los derechos de autor, la restricción y la centralización. Todo era muy tangible y sólido, y podía verse, sentirse y conocerse. Se trataba de comunicaciones por cable (que podía cortarse): todo estaba unido y por tanto contenido en la malla, en la matriz física. Entonces las tecnologías empezaron a cambiar: en primer lugar los cables comenzaron a ocultarse bajo la tierra (o el mar), y más adelante a desaparecer por completo a medida que los sistemas inalámbricos y los satélites se convirtieron en los principales canales comerciales y civiles. Los cables entre el teclado, el ratón y el monitor también se desvanecieron. Las cosas empezaron a conectarse de formas no visibles; y también se hicieron más pequeñas. Entonces, en lugar de un simple ordenador dispusimos de múltiples dispositivos para conectarnos con la web etérea («dónde-está-exactamente»). Y a renglón seguido, a medida que el trabajo en red se convertía en el paradigma y la manera de operar dominantes, nuestras tecnologías se fueron haciendo cada vez más repartidas y descentralizadas. Todo lo que era sólido se fue disolviendo en el aire.

El visionario Buckminster Fuller ya lo señaló décadas antes cuando escribió sobre la «efemerilización»[65], al decir que existía una tendencia tecnológica

---

[65] https://es.wikipedia.org/wiki/Efemeralización

que iba pasando de los cables pesados y las torres/mástiles a la fibra óptica y luego a los satélites espaciales (desgraciadamente no estuvo por aquí para ver el wi-fi). Mostraba cómo una civilización se estaba transformando de una materialidad más pesada a formas más ligeras, más sutiles, de conectividad y funcionalidad. De forma similar, el historiador británico Arnold Toynbee a partir de su extenso estudio meta-histórico sobre el auge y la caída de las civilizaciones acuñó su «Ley de la Simplificación Progresiva». Con ella indicaba que el esplendor de una civilización no se medía tanto por sus recursos materiales cuanto por su capacidad para transferir cantidades crecientes de energía y atención —cultura, educación, actividades artísticas, colectividad, bienestar, etcétera— hacia el crecimiento no material. Toynbee también acuñó el término «eterealización»[66] para describir el proceso histórico mediante el cual una sociedad aprende a lograr lo mismo, o más, usando menos tiempo y energía. Podríamos decir que la cima actual de esa «efemeril/etereal-ización» está en el *streaming* digital.

Las tecnologías humanas están confluyendo rápidamente con nuestro entorno ambiental —con el vasto océano— de manera que se hacen cada vez más etéreas y fluidas. Las tecnologías tenderán progresivamente a fluir en nuestro medio ambiente y en nuestra vida diaria: a amalgamarse y facilitar una era de acceso. Esto refuerza y facilita nuestro desplazamiento desde una cultura y una mentalidad de adquisición hacia otra de participación, en la cual el mayor poder no reside en el control de la propiedad (el antiguo paradigma mental), sino en el camino de la participación colectiva y en «compartir el *streaming*». El futuro tiende hacia un acceso distributivo y en red en lugar de hacia la propiedad de las cosas. Podemos verlo en la manera en la que la tecnología está facilitando nuevos medios de acceso para el uso

---

[66] https://es.wikipedia.org/wiki/Estudio_de_la_Historia_(Arnold_J._Toynbee)

compartido del automóvil (*ride-sharing*)[67], la colaboración abierta distribuida (*crowd-sourcing*)[68], el código abierto (*open-sourcing*)[69]: desde Netflix hasta Spotify (y el resto). Nos hemos trasladado desde la tierra (*hardware/hard drive*[70]) hasta las nubes (*software/cloud computing*[71]): ¡nunca mejor dicho! Y además esto también refleja oportunamente (o casualmente) una nueva comprensión de la consciencia humana.

Hasta hace poco la teoría dominante sobre la consciencia humana era que se trataba únicamente de un subproducto de actividad cerebral localizada. Es decir, el resultado de una estructura y una actividad cerebrales suficientemente complejas. Al igual que un generador crea electricidad, el cerebro produce consciencia: tan simple como eso, o así se pensaba. Pero últimamente esta teoría se ha encontrado con demasiadas anomalías como para conservar su validez[72]. Otra hipótesis es aquella que usa la terminología informática y la metáfora de la *informática en la nube*[73], y considera la consciencia como algo *almacenado* externo al cerebro. De esa manera, la consciencia se conservaría más allá del cerebro como un fenómeno no local. Siguiendo con la analogía informática, esto es similar a cómo se guarda la información en las plataformas digitales a las que se accede mediante redes informáticas u otros dispositivos habilitados para acceder a la «nube». Asimismo, usando esta analogía, la teoría dominante de la consciencia sería similar a un ordenador anticuado sin memoria interna que perdería todos

---

[67] https://es.wikipedia.org/wiki/Vehículo_compartido
[68] https://es.wikipedia.org/wiki/Crowdsourcing
[69] https://es.wikipedia.org/wiki/Código_abierto
[70] https://es.wikipedia.org/wiki/Unidad_de_disco_duro
[71] https://es.wikipedia.org/wiki/Computación_en_la_nube

[72] El objetivo, o el alcance, de este artículo no es discutir todas las anomalías o debates sobre la consciencia humana: ya existe suficiente literatura para el investigador ávido.

[73] https://es.wikipedia.org/wiki/Computación_en_la_nube

sus datos al ser apagado. En este sentido, la teoría de la nube plantea la consciencia como no local, en lugar de localizada dentro del cerebro. Aún más, esta teoría permite que no sólo se almacene, y se recupere, la consciencia individual sino múltiples consciencias. Esta perspectiva de acceso a múltiples consciencias, más allá de la individual, evoca la consciencia colectiva de Jung y parecería respaldar las observaciones de psiquiatras e investigadores de la consciencia que han inducido estados alterados de consciencia en sus clientes. Cuando se encuentran en dichos estados la gran mayoría tiene la capacidad de recordar prácticamente todo lo que les ha sucedido. Más aún, su recuerdo no se limita exclusivamente a su propia experiencia sino que puede incluir también las experiencias de otros[74]. Por tanto, la teoría de la nube sugiere algo semejante a un campo colectivo de consciencia que hace disponible información completa correspondiente al modo de acceso. Esta perspectiva comparte similitudes con la investigación científica del Campo Akásico[75] y la Resonancia Mórfica[76].

Que la consciencia es un fenómeno no local al cual accede el cerebro (y hasta cierto punto el sistema nervioso humano) es también el punto de vista de este autor. En otras palabras, la consciencia no es un subproducto del cerebro, sino que más bien el cerebro *recibe* e *interpreta* la consciencia que se infunde por todo el cosmos, pero no la *produce*. No somos los *propietarios* de nuestros pensamientos; en lugar de ello somos los *intérpretes* de las corrientes

---

[74] Por ejemplo, véase Stanislav Grof – http://www.stanislavgrof.com/

[75] «*Science and the Akashic Field: An Integral Theory of Everything*» de Ervin Laszlo

[76] «*Morphic Resonance: The Nature of Formative Causation*» de Rupert Sheldrake

de consciencia que recibimos. El pensamiento consciente es más una cuestión de acceso que de adquisición. ¿Suena familiar?

No somos propietarios de nuestros pensamientos, como no lo somos de las canciones que escuchamos en Spotify: simplemente tenemos acceso a ellos y personalizamos su disposición. Individualizamos la información consciente y la categorizamos en lo que nos gusta o nos disgusta de acuerdo con nuestra experiencia (condicionamiento social). Al igual que obtenemos nuestra música desde la web y creamos nuestras propias listas personalizadas de reproducción. El *streaming* de música digital –la *spotificación* de la música– es probable que sea una característica permanente del futuro, precisamente porque modela el funcionamiento de la consciencia humana. Como hemos expuesto, también nuestras tecnologías se están desplazando desde la «posesión» hacia el «acceso»: desde ser propietario de un objeto físico (una música o un pensamiento) a recibir el flujo (*stream*) de música o pensamiento.

Como frutos de la modernidad hemos gozado del embellecimiento de los detalles: el diseño de la cubierta de un disco, la funda desplegable de un CD, etcétera; que han llegado a convertirse en una parte entrañable de nuestra experiencia táctil. De manera similar, tenemos a mucha honra (y, a menudo, ego) atesorar los pensamientos que asumimos como propios. Durante un tiempo increíblemente largo hemos estado inmersos dentro de un medio ambiente tangiblemente sólido, orientado hacia los objetos. La música era el álbum en nuestras manos; sentíamos la necesidad –y necesitábamos la sensación– de celebrar su presencia física: el arte como objeto y el objeto como arte. Hemos estado rindiendo tributo a las islas de lo visible ancladas en las aguas de lo invisible sin darnos cuenta de que todo está «en» y es «parte de» este vasto océano único. Las tecnologías de la era industrial erosionaban la esfera de lo invisible con el fin de sostener el plano visible. En lo que ahora parece ser una tendencia inversa, el plano visible está retrocediendo progresivamente de la primera línea para respaldar la expansión de lo invisible en medio de nuestras vidas. A medida que nuestras tecnologías tangibles comienzan a caminar hacia su fusión integrada en nuestro entorno, manteniéndose fuera de vista como si se diluyeran en la nube, estamos siendo *spotificados*. Actualmente, nuestro acceso se produce cada vez más mediante la *recepción* de información desde la nube digital «etérea» que está saturando el entorno en que vivimos. El medio ambiente, con nuestras tecnologías embebidas, nos está transmitiendo en flujo continuo (*streaming*) la información. Mientras que aquellos de nosotros que pertenecemos a las generaciones pre-digitales nos vamos acostumbrando a ello, los más jóvenes nacidos en un mundo totalmente digital lo entienden como algo completamente natural. ¿Por qué? Porque es así como la información/energía opera en el universo: toda ella está ya a nuestro alrededor, y además la transmisión fluye sin interrupción (*streams*) desde un campo no local a cada parte localizada.

La consciencia humana está recibiendo continuamente las transmisiones (*streaming*) desde la *música de las esferas*[77] (el cosmos). Tomamos ese pensamiento-música y lo organizamos de acuerdo con nuestros gustos y afectos personales; y a continuación lo manifestamos en el mundo. La consciencia no es un subproducto que elaboramos a partir de lo que llevamos con nosotros en nuestras cabezas. El objeto (la pieza musical) llegará a ser menos lo que llevemos en las manos y más aquello a lo que podamos *acceder*. Nuestras tecnologías nos están orientando hacia una nueva forma de experiencia táctil, en la que participamos personalizando y adaptando la información que fluye sin interrupción (*streaming*) para

---

[77] https://es.wikipedia.org/wiki/Armonía_de_las_esferas

adaptarla mejor a nuestras vidas personales. Es una forma de participación en la información para expresar e informar mejor nuestras vidas. La participación en el flujo y el *streaming* de información simboliza la era hacia la que nos trasladamos, a medida que lo tangible se disuelve en lo intangible, el plano visible diluye sus objetos tecnológicos en la esfera de lo invisible. Nuestras identidades, rastros, redes y vidas digitales llegan a fundirse con nuestras huellas físicas. El mundo se hace carne mediante el *streaming*, al igual que nos auto-realizamos y nos despertamos a medida que nos abrimos más a recibir el *streaming* de consciencia. *Spotifiquemos* nuestras mentes recibiendo la música de la sabiduría, y manifestemos estas verdades en nuestras experiencias vividas.

En definitiva, de todas formas nadie posee nada permanentemente: cuando nos vamos no podemos llevarnos nada con nosotros: «Llévense sólo lo que puedan rescatar del barco que naufraga», grita el capitán. En estos momentos cruciales sabemos, y sólo deseamos, salvarnos a nosotros mismos. Y aún así, siempre, durante todo el trayecto, hemos estado almacenados de forma segura en la gran nube...

Dragones

Se cuenta que un tal Zhu Pingman fue a ver a un célebre maestro para aprender a matar dragones. Se pasó tres años trabajando duro y consagró toda su fortuna a adquirir el arte de matar dragones.

Por desgracia, en lo que le quedó de vida, jamás encontró un dragón.

38. CONSCIENCIA, COSMOS, PROPÓSITO

Parte I - Implicaciones de una Visión No-local de la Consciencia Humana

Durante siglos, filósofos, artistas y científicos han estado debatiendo las cuestiones acerca de la consciencia humana: qué es y cómo surge. Este asunto también ha estado en el núcleo de muchas enseñanzas místicas, aunque en este caso ha tendido a basarse en la revelación en lugar de en la investigación y el debate. En el trascurso de numerosas y variadas indagaciones, las discusiones se han dividido entre visiones del mundo materiales y otras que, en líneas generales, podrían denominarse espirituales-materiales. En décadas recientes, gracias en gran medida al avance de tecnologías y métodos científicos sofisticados, los investigadores han sido capaces de mapear y estudiar el cerebro humano, incluyendo esquemas neuronales, desordenes cerebrales y rutas del pensamiento. Esto ha llevado a muchos científicos a una certidumbre cada vez mayor de una visión material de la consciencia humana. En otras palabras, la consciencia es un subproducto del cerebro físico y como tal no puede existir sin función cerebral. Este es el paradigma dominante entre los científicos y los pensadores materialistas. En los últimos años, con ulteriores investigaciones sobre los fenómenos no-locales y las teorías sobre la realidad como constructo holográfico, diversos científicos han reexaminado la comprensión aceptada de la consciencia humana. A partir de estas perspectivas renovadas, se ha ido produciendo una revisión de la naturaleza de la consciencia. En este artículo que he dividido en tres partes analizo, en particular, los puntos de vista del filósofo científico Ervin Laszlo y cómo el hecho de adoptar una visión espiritual-material del mundo, en lugar de una simplemente materialista, puede conducir a nuevas ideas acerca de la naturaleza de la consciencia humana. Además, una comprensión no-local de la consciencia puede proporcionar repercusiones vanguardistas para una sociedad humana cada vez más interconectada. La investigación que se presenta en este artículo implica asimismo que, en gran medida, el futuro de la evolución humana en este planeta también tiene que ver con la evolución de la consciencia – específicamente, la evolución consciente. Paso ahora a examinar algunas de las nuevas perspectivas o 'conceptos' acerca de la consciencia humana.

En su trilogía *Consciousness in the Cosmos*[78] Ervin Laszlo propone lo que denomina 'Tercer Concepto de Consciencia.' En resumen, el Dr. Laszlo describe diversas anomalías en las actuales teorías científicas ortodoxas sobre la consciencia. En su exposición Laszlo clarifica por qué es improbable que la consciencia sea producida por el cerebro como una especie de subproducto – lo que él llama 'teoría de la turbina.' En dicha teoría, que es el actual modelo dominante, el conjunto de experiencias que definimos como consciencia se genera por el cerebro vivo. Esto es similar a cómo funciona una turbina produciendo una corriente de electrones (de ahí la denominación de Laszlo). Por lo tanto, al igual que la electricidad es un subproducto de la turbina, así también la consciencia humana lo es del funcionamiento del cerebro humano. Esta teoría postula que la consciencia humana es local puesto que se produce *a partir de* algo tangible. Asimismo, cuando el productor deja de funcionar – es decir, cuando el cerebro deja de estar vivo – la consciencia y las secuencias de experiencia relacionadas cesan igualmente. La ciencia médica, mediante reiteradas investigaciones sobre cómo el funcionamiento deteriorado del cerebro produce una consciencia distorsionada, ha recorrido un gran trecho para validar la 'teoría de la turbina' de la consciencia.

---

[78] Tal como apareció en la revista *Watkins Mind Body Spirit*, vols. 39/40/41

La premisa básica de esta comprensión es que las redes neuronales del cerebro humano han evolucionado hasta tal nivel de complejidad que producen un nivel de auto-consciencia superior al de cualquier otro animal del planeta (excepto quizá delfines y marsopas). Por tanto, la 'teoría de la turbina' no se limita sólo a los seres humanos sino que es aplicable a la extensa gama de seres vivos del planeta. Además, en esta teoría, el nivel de complejidad en la evolución biológica se relaciona con el grado de consciencia producido por cada criatura viviente específica.

Incluso aunque en los últimos años han aparecido voces innovadoras acerca de las bases neurológicas de la consciencia, tales teorías pioneras aún mantienen una posición ortodoxa. Por ejemplo, el neurocientífico Christof Koch, director científico del Allen Institute for Brain Science, ha afirmado públicamente que 'la consciencia surge dentro de cualquier sistema procesador de información suficientemente complejo. Todos los animales, desde los humanos hasta las lombrices, son conscientes...Esta es simplemente la manera de funcionar del universo.'[79] Para Koch, la consciencia es un subproducto de la complejidad; por tanto, los sistemas complejos producen diversos niveles de consciencia, y 'la cantidad depende de cuántos enlaces tienen y de cómo están conectados.'[80] Otra así llamada 'teoría científica de vanguardia' es la "reducción objetiva orquestada" ('Orch OR'), propuesta por primera vez a mitad de los años 90 por el eminente físico y matemático Sir Roger Penrose y el destacado anestesiólogo Stuart Hameroff.[81] Esta teoría argumenta que la consciencia procede de un nivel más profundo, de actividades a una escala más fina dentro de las neuronas cerebrales. Aunque controvertida en su momento, en la actualidad ha

---

[79] Ver http://www.wired.com/2013/11/christof-koch-panpsychism-consciousness/all/
[80] Ver http://www.wired.com/2013/11/christof-koch-panpsychism-consciousness/all/
[81] Ver http://www.sciencedaily.com/releases/2014/01/140116085105.htm

ganado mayor credibilidad a partir del reciente descubrimiento dentro de dichas células de vibraciones cuánticas en "microtúbulos", lo que parece corroborar esa teoría. Pero a pesar de estos ejemplos recientes de nuevas teorías científicas radicales sobre la consciencia, éstas todavía se aferran a las bases de un viejo paradigma: la 'teoría de la turbina'. En otras palabras, que la consciencia es un fenómeno secundario resultante de una actividad primaria localizada en el cerebro humano.

A pesar del aparente fortalecimiento de la visión dominante de la consciencia, y debido a una serie de experiencias que parecen sembrar dudas sobre su validez, esta perspectiva está siendo sometida a reparos críticos crecientes. Los desafíos a la 'teoría de la turbina' de la consciencia proceden de la evidencia gradual de experiencias conscientes 'después de la muerte.' Según el punto de vista ortodoxo, la consciencia cesa cuando el cerebro muere – es decir, sin generador no hay corriente. Para la mayoría de nosotros esto puede parecer una deducción obvia. No obstante, en la actualidad existe evidencia antagónica que contradice esta teoría. En muchos casos se está comprobando que la consciencia humana se mantiene incluso aun cuando una persona haya sido diagnosticada técnicamente de muerte cerebral. Un número suficientemente grande de personas diagnosticadas de muerte-cerebral ha informado de 'experiencias cercanas a la muerte' (conocidas como ECMs – en inglés NDEs: *near-death experiences*). En cerca de un 25 por ciento de casos seguidos de personas con muerte cerebral se ha informado de experiencias conscientes. El fenómeno ECM ha sido descrito y debatido ampliamente por muchas fuentes dignas de confianza.[82] Además,

---

[82] Ejemplos notables incluyen: *Science and the Near-Death Experience; How Consciousness Survives Death* de Chris Carter; *Dying to Be Me: My Journey from Cancer, to Near Death, to True Healing* de Anita Moorjani; *Proof of Heaven: A Neurosurgeon's Journey into the Afterlife* de Eben Alexander; *The Immortal Mind: Science and the Continuity of Consciousness Beyond the Brain* de Ervin Laszlo & Anthony Peake; *Return from Death: An Exploration of the Near-death Experience* de Margot Grey; y *Whole in One: The near-death experience and the ethic of interconnectedness* de David Lorimer.

este fenómeno no es nuevo y existen informes de ECMs sucedidos en tiempos medievales.[83] En ausencia de función cerebral, la existencia de consciencia - un subproducto de la actividad cerebral - no puede explicarse por la teoría dominante de la turbina. También hay numerosos indicios de que en casos de muerte permanente existe consciencia humana. Es decir, muchos años después de que una persona haya muerto su consciencia permanece accesible al contacto y la comunicación mediante canalización o formas de percepción extrasensorial. No obstante, en estos casos, la propia persona es incapaz de volver a la vida para corroborar personalmente la experiencia. Aún así, en la actualidad hay suficiente evidencia creíble como para poner en duda la teoría dominante de que la consciencia es únicamente un subproducto de actividad cerebral localizada.

Partiendo de esta posición de incertidumbre crítica, Lazslo dio el siguiente paso sugiriendo que una manera de dar cuenta de tales anomalías es asumir que la consciencia se conserva en cierto modo más allá del cerebro; es decir, como un fenómeno no-local. Laszlo, utilizando la terminología informática, postuló la 'teoría de la nube'. En esta hipótesis, la consciencia es algo *almacenado* externamente al cerebro. En términos de la 'teoría computacional' de la consciencia de Laszlo, esto sería similar a cómo se conserva la información en plataformas digitales accesibles a las redes informáticas u otros dispositivos de computación en la nube. De igual modo, usando esta analogía, la teoría dominante de la consciencia sería similar a un ordenador anticuado sin memoria interna que perdería todos sus datos al apagarse. Al respecto, la teoría de la nube plantea la consciencia como no-local, en lugar de cómo localizada dentro del cerebro. Además permite que el

---

[83] *Otherworld Journeys: Accounts of Near-Death Experience in Medieval and Modern Times* de Carol G. Zaleski

almacenamiento y la memoria, de la consciencia no sean solo individuales sino múltiples. Esta perspectiva de acceso a múltiples consciencias, más allá de la individual, recuerda la consciencia colectiva de Jung. Esta teoría parecería dar apoyo a las observaciones de psiquiatras e investigadores que han inducido estados alterados de consciencia en sus clientes. Cuando se encuentra en dichos estados, la gran mayoría de la gente tiene la capacidad de recordar prácticamente todo lo que le ha sucedido. Más aún, su recuerdo no se limita únicamente a su propia experiencia sino que también puede incluir las experiencias de otras personas.[84] Esta teoría de la nube sugiere por tanto algo parecido a un campo colectivo de consciencia que hace disponible una información completa relativa al modo de acceso. Esta perspectiva comparte semejanzas con la investigación científica del Campo Akásico[85] y la Resonancia Mórfica[86]. Pero también parece que a pesar de lo apropiado de la teoría de la nube, ésta tampoco tiene en cuenta todas las observaciones.

En varios informes registrados de estados alterados de consciencia parece que ese contacto/acceso no solo se realiza con vestigios de la consciencia no-local de cada uno sino también con una inteligencia consciente característica diferenciada. Es decir, con una consciencia activa que no es la de una persona viva. Tales experiencias, en un tiempo perteneciente al campo de las tradiciones indígenas o chamánicas, han entrado progresivamente en las culturas dominantes. Con anterioridad, tales 'encuentros' se etiquetaron como *místicos* o fueron simplemente ignorados como una anomalía extravagante. Sin embargo, a medida que la ciencia occidental ha desarrollado su exploración de los ámbitos internos (como en

---

[84] Por ejemplo, véase el trabajo de Stanislav Grof - http://www.stanislavgrof.com/
[85] *Science and the Akashic Field: An Integral Theory of Everything* de Ervin Laszlo
[86] *Morphic Resonance: The Nature of Formative Causation* de Rupert Sheldrake

la psicología transpersonal y en prácticas similares), tales experiencias se han generalizado y por tanto deben tenerse en cuenta. De esta evidencia surge una conclusión notable: que la consciencia humana puede conectarse y a menudo comunicarse con entidades conscientes que no solo ponen de manifiesto un sentido del yo, sino que también acarrean información y recuerdos diferentes. Esta experiencia no puede explicarse por la teoría dominante de la turbina ni por la más radical de la nube. Según Ervin Laszlo, la explicación más probable es un 'tercer concepto' – que la consciencia es un fenómeno cósmico de cualidades holográficas (la 'teoría holográfica').

Para Lazlo, la teoría holográfica plantea que la consciencia puede manifestarse *en* el espacio-tiempo pero que es una fuente que existe en una esfera más allá del mismo. En otras palabras, la consciencia tiene su origen en una dimensión más profunda (en una 'matriz cósmica unitaria'), y aún así se manifiesta en nuestra realidad cuantificable como una proyección holográfica. Esto, dice Laszlo, sugiere que todas las formas de consciencia localizada son manifestaciones de una consciencia integral que está allende el espacio-tiempo. Las implicaciones de esta comprensión son que la consciencia no está *en* el cerebro, no es *producida* por el cerebro ni *almacenada* más allá del mismo, sino que es un aspecto localizado de una inteligencia consciente que impregna el cosmos y que tiene su origen más allá del espacio-tiempo. Tal comprensión nos conduce más allá del pensamiento lineal en el que la consciencia es vista como un subproducto del cerebro, hacia un pensamiento integral que dice que el cerebro *recibe* e *interpreta* la consciencia infundida en el cosmos, pero no la *produce*. Esta comprensión, apoyada por los hallazgos científicos más recientes, apunta hacia una matriz cósmica unificada (a la que también se ha aludido previamente como punto-cero, pleno cósmico o vacío) generadora de lo que percibimos como espacio-tiempo. La materialidad del espacio-tiempo es por tanto una proyección holográfica, codificada a partir de una matriz cósmica subyacente, que es la fuente de la inteligencia consciente. Todas las cosas que emergen en nuestra realidad son proyecciones holográficas procedentes de una dimensión más profunda.

La comprensión de que la consciencia pertenece a una dimensión más profunda de la realidad ha pertenecido al ámbito de una extensa tradición perenne aceptada por muchos personajes espirituales y artistas célebres, e incluso por un puñado de científicos intuitivos. En la actualidad está emergiendo como el nuevo paradigma científico de nuestra era. Y la evidencia de ello, al parecer, radica en la increíble coherencia del cosmos.

Zorro y conejo

Érase una vez un zorro que se encontró a un joven conejo en el bosque. El conejo preguntó:

—¿Qué eres tú?

El zorro respondió:

—Soy un zorro y podría comerte si quisiera.

—¿Cómo puedes probar que eres un zorro? —preguntó el conejo.

El zorro no sabía qué contestar, porque en el pasado los conejos siempre habían huido de él sin plantearle cuestiones de este tipo. El conejo dijo:

—Si me puedes mostrar una prueba escrita de que eres un zorro, te creeré.

Así pues, el zorro acudió al león, que le dio un certificado de que era realmente un zorro. Cuando volvió, el conejo estaba esperando y el zorro empezó a leer el documento. Habiendo captado lo esencial del mensaje, el conejo se metió rápidamente en su madriguera y nunca se le volvió a ver.

El zorro regresó a la guarida del león, donde vio a un ciervo conversando con él. El ciervo estaba diciendo:

—Quiero ver una prueba escrita de que eres un león...

El león le dijo:

—Cuando no tengo hambre, no necesito molestarme. Cuando tengo hambre, no necesitas nada por escrito.

El zorro le dijo al león:

—¿Por qué, cuando te pedí un certificado para el conejo, no me dijiste esto?

—Mi querido amigo —replicó el león— debías haberme dicho que te lo pedía un conejo. Pensé que era para un engreído ser humano, del que algunos de estos estúpidos animales han aprendido ese pasatiempo.

39. CONSCIENCIA, COSMOS, PROPÓSITO

Parte II - Coherencia en el Cosmos

Si el universo que observamos es en efecto una proyección – 'está informado' – a partir de una matriz consciente subyacente (tal como sugiere la teoría holográfica), entonces uno esperaría que el universo manifestase un grado destacado de orden. Es decir, existiría evidencia de que el universo que habitamos no es el resultado final de un ensamblaje aleatorio de fuerzas. De hecho, la ciencia de vanguardia ha mostrado actualmente que nuestro universo es extraordinariamente coherente. Dicha coherencia, que estadísticamente está mucho más allá de la aleatoriedad[87], revela que en el universo la coherencia es el eje impulsor dominante (*atractor*)[88]. Desde el comportamiento cuántico – las entidades observables más pequeñas – hasta los átomos, las moléculas complejas y los organismos vivos, la coherencia parece ser un propósito subyacente. De un extremo al otro del universo existen, eso parece, relaciones coherentes entre eventos. Puede que el universo no sea un sistema totalmente coherente, pero la coherencia parece ser una orientación universal innata. Esta naturaleza no aleatoria del universo sugiere un orden de rango superior al azar. Actualmente dicho orden se ha medido científicamente de dos formas principales: los parámetros numéricos del universo y el alineamiento (o sintonización fina) de sus constantes físicas.

Por lo que respecta a los parámetros numéricos del universo existen varias 'coincidencias.' Una de las primeras en descubrirse (por Arthur Eddington y Paul Dirac en los años 30 del siglo pasado) era el cociente entre la fuerza eléctrica y la fuerza gravitacional, que es aproximadamente 10^{40}. Asimismo,

---

[87] Ver 'Consciousness in the Cosmos: Part II – The Evidence of Consciousness in the Cosmos', *Watkins Mind Body Spirit* magazine, vol. 40
[88] https://es.wikipedia.org/wiki/Atractor

el cociente entre el tamaño observable del universo y el de las partículas elementales es igualmente de alrededor de 10^{40}. También existen otros alineamientos numéricos, tal como el cociente entre las partículas elementales y la longitud de Plank (que es 10^{20}) y el número de nucleones en el universo[89].

De igual modo, los procesos físicos que subyacen en nuestro universo parecen estar sutilmente sintonizados de manera increíble. Dentro del ámbito de este artículo no es posible enumerar todas las constantes universales asombrosamente precisas que 'simplemente sucedió' que ocurrieron para que la vida tal y como la conocemos surgiese en el universo. Un ejemplo concierne a la tasa de expansión del universo inicial. Si dicha tasa hubiese sido una milmillonésima parte menor de lo que fue, en tal caso el universo se habría vuelto a colapsar casi de inmediato. De igual modo, si la tasa de expansión hubiese sido una milmillonésima parte mayor, se habría separado tan rápido que no se habría podido formar la materia. Existe otra sintonización sutil precisa entre la fuerza del campo electromagnético y el campo gravitacional. Si la diferencia hubiese sido otra de la que es las estrellas estables, como nuestro propio sol, no se hubiesen formado. Por consiguiente, en función de las leyes conocidas la evolución de la vida en los planetas no habría sido posible. Aún más, otro ejemplo es la diferencia entre las masas del neutrón y el protón. Si la masa del neutrón no fuese exactamente el doble de la del electrón no se podrían producir reacciones químicas sustanciales. En términos de materia, nuestro universo posee una configuración estable, precisamente porque las cargas eléctricas de electrones y protones tienen un equilibrio exacto. En otras palabras, de manera asombrosa nuestro universo está finamente sintonizado más allá de

---

[89] Para más alineamientos numéricos ver 'Consciousness in the Cosmos: Part II – The Evidence of Consciousness in the Cosmos', *Watkins Mind Body Spirit* magazine, vol. 40

cualquier posibilidad de azar. Podría decirse que existimos en un universo 'simplemente perfecto'. Según los cálculos del físico matemático Roger Penrose, la probabilidad de encontrarnos por selección aleatoria con tal universo, sutilmente ajustado a la vida, es de 1 sobre $10^{10^{123}}$. El físico Bernard Haisch ha destacado con sarcasmo que ¡existe una probabilidad mayor que esa de que nuestro universo rebose de vida inteligente! No hay otras palabras para expresarlo – más allá de nuestra comprensión nuestro universo es espectacularmente coherente. Y ese impulso hacia una coherencia emergente también impregna nuestra evolución biológica. Según Laszlo, esta tendencia se refleja a través de toda la vida en el planeta Tierra.

Todos los intrincados elementos y procesos que conforman lo que llamamos vida exhiben formas de entrelazamiento que, según la ciencia cuántica, muestran una extraordinaria coherencia. Lo físicos Eric Cornell, Wolfgang Ketterle y Carl E. Wieman demostraron que las moléculas complejas, las células e incluso los organismos vivientes exhiben procesos de tipo cuántico (en 1995 recibieron el Premio Nobel por su descubrimiento). Lo que esto nos dice es que los organismos complejos podrían no haber evolucionado en este planeta sin alguna forma de coherencia cuántica. El cuerpo humano es un ejemplo, donde cada célula produce 10,000 reacciones bio-electro-químicas por segundo, y existe un flujo constante de inter-reacciones y procesos que conectan moléculas, células, órganos y fluidos por todo el cerebro, el cuerpo y el sistema nervioso. Hallazgos recientes en biofísica han demostrado que dentro de los sistemas biológicos vivientes opera una forma de coherencia cuántica mediante lo que se conoce como excitaciones biológicas y emisión de biofotones. Lo que esto quiere decir es que la energía metabólica se almacena como un tipo de excitaciones electromecánicas y electromagnéticas. Más aún, existe en los organismos una correlación a nivel cuántico que no se limita a ellos mismos sino que también funciona entre diversos organismos. Es decir, en este planeta existe una compleja ecología de organismos 'sintonizada' mediante campos coherentes que establecen una biosfera interactiva y participativa. La vida en este planeta es una *danza de coherencia* entre organismos y su medio ambiente.

La coherencia física, química y biológica conducen finalmente a un grado de percepción/comprensión (Laszlo utiliza el término *prehensión*, que toma prestado de Alfred North Whitehead) respecto a los tipos de relaciones y la inter-conectividad. Lo que esto implica es un elemento de inter-conectividad consciente entre las diversas sub-partes de cualquier sistema. Es decir, a medida que las partes de un sistema determinado se hacen más complejas e interdependientes, surge un mayor grado de 'percepción emergente' respecto a las relaciones de inter-conectividad. En otras palabras, la coherencia deviene un propósito consciente. Como la coherencia es el *impulsor/atractor* dominante en el desarrollo físico, químico y biológico (especies), así mismo puede ser una expresión del desarrollo social. Por lo tanto, una sociedad puede exhibir un comportamiento caótico, aleatorio y perturbador y aún así estar gobernada a un nivel innato y esencial por una extraordinaria coherencia. De hecho, esto puede ser una necesidad y un prerrequisito no sólo para sostener la vida, sino para su futuro desarrollo. Las implicaciones de ello son que los desequilibrios sociales y culturales (incluyendo perturbaciones, sucesos caóticos y anomalías) pueden funcionar en el contexto social como 'ajustes de sintonización' necesarios para potencialidades de desarrollo. Esta perspectiva coloca las perturbaciones sociales (*disruptores caóticos*) como mecanismos para ajustar las potencialidades de modo que permitan mayores grados de coherencia. Dicho claramente, las perturbaciones sociales y los sucesos caóticos se podrían considerar como acontecimientos físicos que ayudan en el ámbito social al impulso hacia una mayor coherencia.

Existe una tendencia generalizada hacia la coherencia tanto en el universo físico - en sus leyes y procesos (químicos y físicos) – como entre los organismos vivientes (la esfera biológica). Parece que dicha tendencia se dirige hacia una coherencia más sensitiva y estable, y asimismo es un impulso hacia una inter-conectividad consciente emergente. Se ha hipotetizado que detrás de este fenómeno existe una matriz cósmica de inteligencia consciente. El orden social a escala planetaria - una civilización planetaria - bien podría ser la manifestación física definitiva de coherencia. ¿Podría ser éste el ámbito donde el orden universal inmanente se encuentre con una consciencia trascendental emergente?

Coherencia Social a Escala Planetaria

Una visión panorámica de la historia mostrará el auge y la caída de innumerables civilizaciones, imperios y manifestaciones culturales. Desde otro punto de vista también revelará un cambio notorio en los rasgos perceptivos de la consciencia humana. Nuestra manera de *ver* el mundo y el lugar que ocupamos en él ha influido en cómo participamos en el orbe que nos rodea. Y hasta muy recientemente el consenso ha sido ver el mundo como externo a nosotros – separado y fragmentado. Los imperios previos buscaban conquistar y controlar, y crear, hasta donde resultaba posible, su idea de un mundo unipolar. Pero jamás ningún imperio triunfó verdaderamente en este empeño. Las ciudades-estado, sociedades, civilizaciones e imperios anteriores han representado el surgimiento de agrupaciones (*sistemas*) que buscaban mayor estabilidad y alcance – en una palabra, coherencia. Esa necesidad básica de coherencia y estabilidad que acompañaba a las agrupaciones complejas a menudo se centraba crucialmente en los recursos. La superación de una sociedad/sistema social, enfrentada a la disminución de recursos, se traducía a menudo en un derrumbe repentino.[90] Como en los ejemplos físicos, químicos y biológicos mencionados con anterioridad, el atractor dominante es la coherencia. El impulso hacia la consecución de mayores niveles de coherencia – especialmente entre los sistemas cada vez más complejos – parece ser una tendencia universal. De acuerdo con esta hipótesis, si aplicamos el atractor coherente a los sistemas sociales el engrandecimiento definitivo en este planeta sería una civilización planetaria. ¿Estamos actualmente en la antesala de un impulso de desarrollo hacia una civilización planetaria? ¿Es éste el propósito/impulso detrás del orden coherente que subyace a la existencia en nuestro espacio-tiempo?

Hemos entrado en un periodo en el que ya no es posible un mundo unipolar – la era de los imperios ha terminado. Nuestro mundo multipolar actual refleja un nivel de profunda inter-conectividad entre las naciones, los estados y los bloques regionales dominantes y no dominantes. Sin embargo, paradójicamente, esta fase inicial de inter-conectividad e interdependencia global está creando conflictos entre los principales participantes - exactamente lo contrario de lo que esperaríamos ver en un impulso hacia la coherencia. De modo que ¿dónde radica la coherencia subyacente que está detrás de este despliegue de perturbación social?

En los últimos años hemos sido testigos del aumento de una consciencia empática entre los diversos pueblos del mundo[91]. Un catalizador primordial de esta aparición han sido nuestras tecnologías globales de comunicación. Como se señaló anteriormente, el grado de desarrollo de la *percepción* de la

---

[90] Ver *The Collapse of Complex Societies* de Joespeh Tainter

[91] http://www.kingsleydennis.com/awakening-to-our-empathic-mind-pt-1/

interconexión entre las partes de un todo sirve tanto como una expresión de coherencia como un impulso hacia un aumento de la misma. La Web Mundial – nuestro Internet global – representa una forma externa de esa necesidad subyacente de manifestación de la inter-conectividad. Interpretaciones previas sobre el aumento de la inter-conectividad global hablaban en términos de un "Cerebro Global".[92] Sabemos por la neurociencia reciente que la mente opera a través del cuerpo, y se centra en gran medida en el corazón humano. El concepto del cerebro humano y de su funcionamiento es lo que se conoce cada vez más como *mente extendida*. Nuestras tecnologías de conexión y comunicación sirven como expresión tangible de la mente extendida de nuestra especie, y como tal funcionan como canales para nuestra comunicación consciente. El mundo post-industrial está estableciendo un entorno global en el que, a través de redes distribuidas (e inalambricas), flujos de información sin precedentes están permitiendo nuevos niveles de conexión, colaboración, consciencia y compasión.

Nos hemos ido haciendo cada vez más conscientes de nuestra inherente inter-conectividad a nivel social/físico, así como virtual/digital y no local. Por otra parte, a medida que los antiguos límites y fronteras (reales e inventados) que nos separan en este planeta se siguen disolviendo, nos encontramos con que dentro de nuestra diversidad existe una unidad mayor de lo que creíamos – y nuestros miedos sociales también se disuelven. Y cómo *vemos* el mundo también influye en cómo interpretamos nuestra consciencia *recibida*. Es probable que el impulso actual hacia la coherencia social en el planeta Tierra surja en primer lugar a través de nuestras consciencias individuales. De Internet a los smartphones (teléfonos

---

[92] En particular *Awakening Earth - The Global Brain* de Peter Russell

inteligentes), de los medios de comunicación social a la compartición de videos, del *blogging*[93] al *vlogging*[94] – estamos conectados, apasionados (y compasivos) y nos esforzamos por colaborar como nunca antes en la historia de nuestra especie. Y gran parte de este cambio tiene lugar bajo el radar del status quo convencional. El impulso básico universal hacia una mayor coherencia bien puede ser que se esté manifestando a través de un cambio pronunciado en la consciencia humana que actúa cada vez más en un ámbito global.

Angustia

Había una vez en un país muy lejano dos príncipes que se enfrentaron en un duelo. Como era costumbre en aquel lugar, el vencedor disponía de la vida del vencido y debía ejecutarlo.

El príncipe vencido fue llevado al palacio del vencedor y en vez de recluirlo en una mazmorra, se le instaló en una de las mejores estancias de palacio. Todos los días era atendido con gran solemnidad, como correspondía a su linaje, y se le ofrecían grandes fiestas y comidas exquisitas. Pero el príncipe vencido sabía que tarde o temprano sería ejecutado y cada día que pasaba su angustia iba creciendo. Un día logró mandar un mensaje al príncipe vencedor pidiéndole, por caridad, que acabara con su sufrimiento y le quitara la vida. El príncipe atendió a su súplica y dispuso todo para que la ejecución se llevara a cabo al día siguiente.

Aquella mañana, con motivo de la ejecución, se convocó a toda la corte a la fiesta más grande que se pueda imaginar. Había música y danzarines, en las enormes mesas resplandecían las mejores comidas y bebidas dispuestas para semejante acontecimiento. Todo era fastuoso, pero el príncipe vencido sabía que llegaba el momento de su ejecución y su angustia iba creciendo por momentos. La fiesta seguía y un grupo de danzarines bailaba en el centro de la gran estancia con enormes espadas curvas en sus manos. Y para asombro

---

[93] https://es.wikipedia.org/wiki/Blog
[94] https://en.wikipedia.org/wiki/Video_blog

de la audiencia, con su danza y sus evoluciones daba la sensación de que volaban.

El príncipe no soportaba más la angustia y gritó al anfitrión:

—¡Por favor, ordena mi ejecución, no soporto más esta angustia!

—Amigo, ya has sido ejecutado. Mueve tus hombros, verás como tu cabeza cae al suelo —dijo el príncipe vencedor.

40. CONSCIENCIA, COSMOS, PROPÓSITO

Parte III - Consciencia Planetaria Emergente y lo que significa para nosotros

El filósofo Karl Jaspers se refería al periodo entre los años 800 y 200 AC como la Era Axial. Fue un tiempo en el que, según Jaspers, en Persia, India, China y el mundo Occidental aparecieron nuevas y similares formas de pensar. Él mismo también señalaba que la Era Axial representaba un periodo de transición, en el que las viejas certezas habían perdido su validez y las nuevas aún estaban por surgir. Las nuevas religiones que surgieron en esa época – Hinduismo, Budismo, Confucionismo, Taoismo, y monoteísmo – influyeron en una nueva forma de pensar en términos de individualidad, identidad y condición humana. Estas nuevas religiones emergentes[95] ayudaron a catalizar nuevas formas de pensamiento y expresión de la consciencia humana. Pero, con el tiempo, hemos visto cómo no lograron triunfar plenamente en el desarrollo de coherencia en un contexto social. El autor y educador Duane Elgin se ha referido a nuestro momento actual como la 2.ª Era Axial[96] en la que las religiones de separación están siendo reemplazadas por un nuevo espíritu de comunión. En otras palabras, dice Elgin, el mundo se mueve hacia una comunión espiritual y una conexión empática con un universo viviente. Cuando el universo ya existe en nuestro interior, nos dice Elgin, no hay otro lugar adónde ir. Una característica importante de esta consciencia empática emergente es que busca activamente la participación consciente. Más aún, exhibe una percepción directa-intuitiva, en lugar de lineal-racional. Cuantas más consciencias individuales se conecten a través de todo el planeta mayor será

---

[95] La etimología de religión procede probablemente del Latín *re-ligare*, re-ligar, reconectar

[96] 'The Buddha Awakening, Integral Expanding, and a Second Axial Age for Humanity', Journal of Integral Theory and Practice, 2014, 9(1), 145-154.

la percepción (*prehensión*) de esta inter-conectividad, que a su vez cataliza el impulso básico innato hacia la búsqueda de mayor coherencia. Esta comprensión de nuestra comunión *de* consciencias inicia a su vez la *recepción* de una consciencia que busca manifestar coherencia como un orden universal natural.

Todo esto es especulativo, y aún así el propósito de la vida humana sentiente sobre este planeta bien pudiera ser el impulso hacia la manifestación de una consciencia planetaria coherente; en otras palabras, en nuestro caso, sobre la Tierra, la *incorporación* del campo de consciencia (fuera del espacio-tiempo) a una mayor manifestación espaciotemporal. Aquí encontramos una correlación con el concepto de Aurobindo de Supermente, en la medida en que una consciencia más elevada puede hacerse inmanente en el plano material. Esto requeriría la preparación de la consciencia humana con el fin de actualizarla — una forma de *trascendencia* de la consciencia. Es decir, de elevar aspectos localizados de la consciencia (percepciones individuales y concientización) para incrementar la coherencia de la consciencia en la totalidad. Y esto puede hacerse tangible mediante actores locales conscientes — cada uno de nosotros — que tomen conciencia y participen a través de sus actos cotidianos correctos de pensamiento, actitud y ser.

Ya no somos individuos aislados ni una masa inarticulada — somos consciencias localizadas que actúan a través de individuos que se dan cuenta y buscan conectarse, colaborar y preocuparse conscientemente del futuro. Cada uno de nosotros — como consciencias localizadas — es un reflejo de una consciencia no-local; y de esa manera también somos un reflejo frente a cada uno de los otros. Esta analogía fue bellamente expresada con el concepto de Red de Indra[97] en el que cada joya de la red refleja el resto de las joyas – es una metáfora simple de la inter-conectividad de nuestra realidad. En la actualidad esta realidad energética, validada por la ciencia cuántica, se está manifestando cada vez más en nuestro entorno espaciotemporal localizado. Ahora – gracias a nuestras tecnologías - disponemos de los medios para interconectarnos no-localmente, del mismo modo que lo hacemos mediante nuestras redes físicas (facilitadas por una movilidad social incrementada). Son los signos de una civilización planetaria emergente que respeta tanto la diversidad como la coherencia unitaria. Y cuando conectemos y compartamos nuestras consciencias – nuestros pensamientos, ideas, visiones, etc. – estaremos ayudando a fortalecer la señal – la *recepción* – de consciencia y por tanto la *incorporación* de una consciencia cósmica coherente. Una consciencia planetaria sobre la Tierra, tal y como se expresa a través de una humanidad individualizada sentiente, puede que no sea sólo una posibilidad real – bien podría ser un propósito cósmico básico perfectamente viable.

Consciencia humana y Propósito

En este artículo se ha sugerido que una matriz cósmica subyacente que está más allá del espacio-tiempo codifica nuestro universo conocido, que se comporta de una manera consistente mediante lo que conocemos como proyección holográfica. En otras palabras, el universo es *in-formado* desde una consciencia profunda más allá de él. Por lo tanto el universo actúa como un campo integral de consciencia no-local, en el cual la vida sentiente interviene a modo de manifestaciones localizadas. A partir de diversas religiones y textos sagrados se ha inferido que el universo (realidad material) fue creado como una manera de que su Fuente 'se conociese a sí misma' – "*Yo era un tesoro escondido y quería ser conocido*". Esto recuerda el "*Conócete a ti*

---

[97] http://es.wikipedia.org/wiki/Red_de_Indra

mismo", la famosa máxima del oráculo de Delfos. La auto-consciencia se adscribe a aquellas criaturas en la cúspide, o mayor realización, de la consciencia. La auto-reflexión es uno de los preciados atributos de la auto-consciencia – pero ¿cómo puede el todo reflexionar sobre sí mismo? La auto-realización es algo que atribuimos a cada consciencia individual lograda. Como especulación, me pregunto ¿cómo sería la auto-realización a mayor escala? ¿La auto-realización como una consciencia planetaria? … ¿como una consciencia galáctica? … y por último ¿como una consciencia cósmica plenamente realizada y auto-consciente a través de todas sus manifestaciones localizadas? Asombroso principio.

La consciencia humana es una fracción de un todo más grande. Como seres sentientes recibimos parte de la consciencia que impregna el espacio-tiempo, y por tanto nos afecta – nos *anima* – así como repercute sobre la totalidad. Nuestra expresión individual de consciencia en el espacio-tiempo manifestado también se refleja de vuelta en el campo mayor de consciencia no-local. Cuanto mayores sean nuestras percepciones individuales y nuestra realización consciente, más grande será el reflejo total del holograma consciente en su integridad – al igual que el mayor pulimiento de cada joya de la Red de Indra influirá en el resplandor global de toda la red. Por tanto, la matriz cósmica de consciencia es in-formada mediante el conocimiento consciente emergente de sus sub-partes. A medida que cada uno de nosotros despierte, la red cósmica resplandecerá un poco más brillante. Si sobre este planeta se despertase suficiente consciencia delimitada podríamos favorecer que un campo planetario localizado se desarrollase hacia un conocimiento consciente – una red planetaria suficientemente preparada (pulida) como para *incorporar* la consciencia más grande que impregna el cosmos: la inmanencia de la Supermente, por utilizar la terminología de Aurobindo. En tal caso, cada uno de nosotros es un agente consciente de realización e inmanencia cósmicas. Durante nuestra existencia en este planeta, cada uno tiene una obligación de elevar sus expresiones individuales localizadas de consciencia. Haciéndolo, contagiamos e inspiramos a otros con nuestras vidas para elevar las suyas, así como devolvemos el reflejo de nuestra contribución consciente a la fuente QUE ES. El tesoro escondido que yace en el núcleo mismo de nuestra existencia desea ser conocido – conocido por **nosotros** – por medio de nuestros caminos individuales de auto-realización, y "*traer todo de vuelta a casa*"[98] (parafraseando a Bob Dylan).

Tras la auto-consciencia individual llega la consciencia colectiva y planetaria. Las tecnologías emergentes y los movimientos sociales en este planeta pueden ser parte de este proceso, in-formando una mente extendida y un abrazo empático a lo largo de la faz de la tierra. Puede que un día seamos testigos de un gran despertar, sin precedentes en este planeta, que bien podría ser el propósito de la vida sentiente como agente consciente de un despliegue evolutivo. Es probable que esto sea más realidad que fantasía. No estamos solos – un gran futuro planetario nos espera: como un gran tesoro que desease ser conocido.

En resumen

Los puntos de vista de investigadores como Ervin Laszlo y el autor de este artículo representan la reciente aparición de pensadores que están intentando ampliar la discusión sobre la naturaleza de la consciencia humana. Básicamente, adoptando una visión espiritual-material del mundo basada en la investigación vanguardista sobre física cuántica e investigaciones sobre la naturaleza – y la construcción – de la realidad material, podemos proponer nuevas perspectivas sobre una de las cuestiones

---

[98] https://es.wikipedia.org/wiki/Bringing_It_All_Back_Home

más importantes de nuestro tiempo: ¿qué es la consciencia humana. En la actualidad estamos en la antesala de grandes progresos en el conocimiento, especialmente en lo que concierne a la naturaleza de la cognición y la percepción humanas.

Hoy día la vieja división entre ciencia y espiritualidad está encontrando cada vez más ámbitos de convergencia y coincidencia. Al mismo tiempo, para los investigadores convencionales se está haciendo gradualmente más aceptable una visión espiritual del mundo. Revisando nuestros constructos de conocimiento sobre este tema también resulta posible volver a entablar cuestiones sobre el futuro potencial de la evolución humana en este planeta. Ahora que nuestra especie se mueve cada vez más cerca de la realidad de una civilización planetaria, nunca ha existido una época más oportuna que la actual.

Bibliografía

Alexander, Eben (2012) *Proof of Heaven: A Neurosurgeon's Journey into the Afterlife*. Oxford: Piatkus

Carter, Chris (2010) *Science and the Near-Death Experience; How Consciousness Survives Death*. Rochester: Inner Traditions

Elgin, Duane (2014) 'The Buddha Awakening, Integral Expanding, and a Second Axial Age for Humanity', Journal of Integral Theory and Practice, 2014, 9(1), 145-154.

Grey, Margot (1986) *Return from Death: An Exploration of the Near-death Experience*. London: Arkana

Laszlo, Ervin (2004) *Science and the Akashic Field: An Integral Theory of Everything*. Rochester: Inner Traditions

Laszlo, Ervin; Peake, Anthony (2014) *Immortal Mind: Science and the Continuity of Consciousness Beyond the Brain.* Rochester: Inner Traditions

Lorimer, David (1990) *Whole in One: The near-death experience and the ethic of interconnectedness.* London: Arkana

Moorjani, Anita (2012) *Dying to Be Me: My Journey from Cancer, to Near Death, to True Healing.* New York: Hay House

Russell, Peter (1988) *Awakening Earth - The Global Brain.* London: Arkana

Sheldrake, Rupert (2009) *Morphic Resonance: The Nature of Formative Causation.* Rochester: Park Street Press

Tainter, Joseph (1990) *The Collapse of Complex Societies.* Cambridge: Cambridge University Press

Zaleski, Carol G. (1988) *Otherworld Journeys: Accounts of Near-Death Experience in Medieval and Modern Times.* Oxford: Oxford University Press

Indigente

Un mono dijo una vez a un hombre:

—¿No adviertes cuán indigente soy? No tengo casa, ni ropa, ni comida excelente como tú, ni ahorros, ni muebles, ni tierras, ni objetos de adorno; nada en absoluto. Tú, en cambio, posees todas esas cosas y muchas más. Además, eres rico.

El hombre avergonzado, entregó al mono todo cuanto tenía, convirtiéndose en un mendigo. Una vez que el mono hubo tomado posesión legal de todos los bienes, el hombre le preguntó:

—¿Y ahora, que piensas hacer con todo eso?

El mono contestó:

—¿Por qué habría de hablar yo con un tonto indigente como tú?

41. ACCEDER A LA INTELIGENCIA VIVIENTE

Parte I – El surgimiento de una humanidad intuitiva

Justo en estos momentos se está produciendo por todo el planeta un rápido cambio social y cultural, y parece que fuese a acelerarse aún más. Mucha gente está experimentando una amplia gama de impactos personales, perturbaciones y reestructuraciones en sus vidas. Al mismo tiempo estamos viendo como nuestras infraestructuras sociales y nuestros modos de comunicación y conectividad se están modificando y ajustando a esos cambios. Durante los últimos 150 años hemos sido testigos de un proceso asombrosamente rápido de transición en la civilización humana, puede que incluso sin ser plenamente conscientes de ello. Desde el punto de vista del panorama más amplio, se trata de un ritmo de cambio increíblemente rápido.

El flujo y reflujo de la historia humana ha acunado el despliegue gradual del individuo y la creciente responsabilidad que ello implica. Este emergente «florecimiento del individuo» ha ocurrido al mismo tiempo que el lento declinar de la aristocracia y la élite rural, y la desaparición de la tiranía. Con la caída del feudalismo, el nacimiento de la democracia y la expansión de una humanidad global cada vez más conectada la historia humana se ha acelerado en los últimos siglos. Junto a ello también hemos presenciado una creciente aceptación y difusión de valores planetarios. Podríamos decir que la sociedad humana está experimentando las primeras contracciones del parto de una civilización planetaria.

El desarrollo consciente es un proceso psico-espiritual fomentado por impulsos e influencias socio-culturales que se han entretejido a lo largo de nuestra historia. Más recientemente, los fuertes impulsos de los años 60 y finales de los 80 han ayudado a catalizar la percepción consciente de mucha gente por todo el mundo. Se plantaron muchas semillas que habrían de dar fruto con el paso del tiempo. Los estados psíquicos con los cuales se experimentó en los años 60 mostraron que existían dimensiones alternativas de la consciencia, y brindaron un paladeo de las mismas a un ávido público joven. Cuando muchos pensaban que era casi imposible, la caída del muro de Berlín en 1989 y el final de diversas instituciones políticas arcaicas, ofrecieron una demostración del poder para cambiar.

Desde hace mucho tiempo, impulsos de renovación y regeneración han participado en el proceso continuo de desarrollo humano, cultural y psico-espiritual. Las verdaderas revoluciones no se basan en la violencia física sino en cambios radicales en las percepciones, el conocimiento y, en definitiva, el ser individual. La presencia creciente de la consciencia humana se ha hecho evidente a lo largo del tiempo gracias a la expansión de la inteligencia, la concienciación psicológica, el humanitarismo, la empatía y la innovación creativa. La eclosión del ser humano intuitivo se ha puesto de manifiesto en los campos de juego: estadios, terrenos y calles de todo el mundo. La naturaleza colaborativa del deporte, con su trabajo de equipo, sus reglas y su juego compartido, es un ejemplo que ha surgido para ayudar a cambiar el espíritu humano.

Lo que estoy sugiriendo es que a medida que esta tendencia se despliegue es muy probable que asistamos a la aparición en el mundo de nuevas generaciones de individuos que más que *nacer* en el cambio *serán* el cambio. Y estas nuevas llegadas, por el hecho mismo de que actuarán más por instinto e intuición, desafiarán todavía más nuestros sistemas sociales y nuestras grandes instituciones. La era del guruismo, el elitismo espiritual y la profusión de métodos comerciales de «enseñanza» va a ser reemplazada por una mayor gnosis en la humanidad. Los sistemas externos de creencias, de los que a menudo dependemos, serán desafiados, y gradualmente reemplazados, por el reconocimiento de una inteligencia viviente: una inteligencia que siempre ha existido en la raza humana. Cuando se conoce instintivamente ya no se necesita la preservación cultural: cúpulas, pináculos, instituciones o enseñanzas. El conocimiento viviente es más fluido y existe en todo momento, por todas partes y para todos. Sólo necesitamos los medios para *acceder* a él. Estos métodos de acceso forman parte de un proceso que, mientras continúa extendiéndose por la humanidad-planeta-cosmos, se irá poniendo cada vez más de manifiesto en forma de impulsos de desarrollo.

A lo largo de los próximos años de este siglo, a medida que se fortalezca la conexión con una inteligencia viviente omnipresente, la humanidad irá adquiriendo progresivamente un mayor acceso a la consciencia interna elevada (gnosis). Los viejos roles de jerarquías centralizadas están disminuyendo; las sociedades humanas están formando redes descentralizadas de conexión y comunicación por todo el orbe, de manera muy similar a nuestras redes bacterianas ancestrales. Nuestro medio social está imitando cada vez más la manera en la que la biología se ha ido auto-organizando desde siempre. Esta nueva disposición facilita la activación en el planeta de una *forma* diferente de energía. Una energía que sustenta una manera distinta tanto de hacer las cosas como de que éstas sucedan. Los días de un Mesías singular hablando a las muchedumbres se han terminado. Ahora nos estamos adentrando en una era en la que serán las multitudes quienes amplificarán y difundirán la nueva comprensión.

Nuestros niños pequeños están naciendo en un mundo en el cual, en cada momento de cada día, los patrones humanos de pensamiento y consciencia fluyen a través de millones y millones de ordenadores, redes y dispositivos conectados que forman un campo no local de información e inteligencia viviente. Pero eso no sólo sucede en los espacios digitales sino también merced a medios culturales tales como películas, libros, canciones, videos, etcétera, que forman un campo de conectividad que trasciende nuestras viejas fronteras temporales y espaciales. Actualmente, nuestras tecnologías de información externa están imitando, o superponiéndose, progresivamente al campo viviente de inteligencia que subyace a nuestra realidad. Esa matriz/construcción física es el reflejo externo de nuestra conectividad inherente no visible. También es presumible que estos impactos (o superposiciones) catalicen la liberación de cierta forma de energía de transformación. No existe un modelo externo de comunicación y conectividad que no tenga su realidad correspondiente en la consciencia.

Los niños y los adultos jóvenes actuales están empezando a romper los viejos patrones y a convertirse en la primera oleada de pioneros y agentes de cambio del sistema. Muestran una notable comprensión intuitiva de nuestras modernas tecnologías. Están tendiendo la mano y conectándose, formando redes, apoyando prácticas ecológicas y metodologías alternativas de salud, formando proyectos comunitarios, buscando una alimentación saludable, priorizando el bienestar sobre los roles profesionales, redinamizando un sentido de lo sagrado y rechazando las barreras para un nueva forma de pensar. No está ocurriendo por todas partes o en toda la gente. Todavía existe demasiada confusión y angustia emocional en nuestras generaciones más jóvenes. No obstante, un ser humano más intuitivo se está abriendo paso.

Al final el emperador no tiene ropa

En comunidades y sociedades de todo el mundo están emergiendo actualmente nuevos patrones de pensamiento y expresiones de consciencia que ya no toleran las estructuras del viejo paradigma de separatismo, egoísmo y conflicto. En lugar de una revolución frontal integral contra los sistemas impuestos está surgiendo una onda más sutil de cambio reformista que contribuye a una transición social constructiva. Parte de este cambio reformista consistirá en el aumento de la transparencia en nuestros sistemas sociales. Ya está sucediendo: cada vez vemos más ejemplos de corrupción (política, financiera, personal, etcétera) que afloran y salen a la luz. Cuando sale el sol, se dice, al principio las sombras se hacen más definidas y visibles. A medida que los patrones de una consciencia diferente empiecen a mostrarse en la gente, las deficiencias de muchos de nuestros sistemas quedarán progresivamente en evidencia. Cuando una nueva concienciación de la gente exija integridad y un cambio de valores, las instituciones, prácticas y sociedades construidas sobre el miedo y los falsos valores decaerán. Con el tiempo, cuando una inteligencia intuitiva se exprese a través de la consciencia humana, los viejos patrones de pensamiento – especialmente los perturbadores – se irán haciendo cada vez más obsoletos. Pronto, incluso nuestros niños más pequeños señalarán boquiabiertos: «¡Pero, mira, si no lleva ropa!» En ese momento, estructuras y tradiciones se verán forzadas a desintegrarse o recalibrarse de acuerdo con los nuevos patrones.

El barniz protector de la apariencia y el estatus social, que en otro tiempo daban santuario a ciertas personas, dejará de funcionar. La fachada de mucha gente: famosos, políticos, élites acaudaladas, personalidades religiosas, personalidades públicas antes respetadas, etcétera, se desmoronará y la oleada de transparencia hará visibles sus delitos. Cuando una generación de mentes y corazones jóvenes guiados intuitivamente desee sanar el planeta para traer la reforma, habrá que lavar en público gran cantidad de ropa sucia. Los estremecimientos iniciales de inseguridad juvenil (manifestados en forma de estallidos violentos e inestabilidad psicológica) llegarán a ser reemplazados por mayores expresiones de intuición humana, confianza y equilibrio internos. Muchos ya nos estamos convirtiendo, por todo el mundo, en alumnos de nuestros niños y jóvenes adultos. Estamos presenciando cómo nuestra hasta ahora incuestionable fe en fuentes externas de información, opiniones y autoridad está siendo cuestionada por esas mentes juveniles. Jóvenes de todo el mundo se alejan de las estructuras dogmáticas de creencia ya que consideran que, en lo que concierne a su autorrealización, les limitan y les arrebatan la responsabilidad individual.

Surgirá una nueva forma de sentido común – que ahora no es *común* ni tiene *sentido* para nosotros – que tendrá su origen en un estado de consciencia diferente. Para una especie que experimente conscientemente la interconexión de toda vida, la conducta humana que tenía sentido cuando nos imaginábamos que vivíamos en islas de individualidad ya no lo tendrá, ni será funcional. Cuanto más se transforme internamente la especie humana mayor será el cambio que presenciaremos en nuestro mundo físico: en nuestras sociedades, tecnologías, cultura, etcétera. La próxima generación no puede ser igual que la actual o que la previa. En este momento de la historia humana, dar a luz a una generación duplicada, con los mismos ideales y valores, no conduciría a una perpetuación de las sociedades humanas sino a su desaparición. Esta es la razón por la que necesitamos un cambio transformador a nivel psico-espiritual, tanto dentro de las generaciones como entre ellas. A quienes estamos ahora en el mundo, desafiar nuestras estructuras condicionantes nos ha costado un esfuerzo y una energía constantes. En el pasado también luchamos con denuedo contra los sistemas socioculturales que se oponían o no apoyaban el desarrollo interno del individuo. Ahora, sin embargo, el cambio llegará con más facilidad y a un ritmo más rápido.

Probablemente, los cambios que veamos en los años venideros serán más profundos que los que tuvieron lugar durante nuestras revoluciones industriales previas. El periodo de industrialización occidental ocurrió a lo largo de varios siglos. Ahora vamos a ser testigos de grandes cambios que se producirán en el plazo de una sola vida humana. Advertiremos que la comunicación, la transparencia y la honestidad son herramientas mucho más poderosas que el secretismo, el miedo y la confrontación. El falso traje de armadura del emperador se desintegrará frente a los ojos límpidos y honestos. Los elementos engañosos de nuestras estructuras políticas, financieras, corporativas y de comunicación saldrán en desbandada para mantener su fachada. Pero, a los ojos de una generación de mentes y corazones jóvenes, más concienciada, informada y despierta, sus acciones desesperadas se contemplarán como lo que realmente son.

Con o sin nosotros, las nuevas mentes jóvenes crearán su propia libertad para inspirar, renovar e instaurar su mundo. No sólo tendrán acceso a un inmenso mundo intuitivo sino que simultáneamente estarán conectadas a una red planetaria de información, contactos y amigos. Las atemorizadas estructuras forzosas de autoridad intentarán controlar esas redes de conexión y comunicación[99], pero finalmente fracasarán frente a la marea inevitable del gran despertar de la humanidad.

---

[99] Ver mi libro anterior '*The Struggle for Your Mind: Conscious Evolution & The Battle to Control How We Think*'

La generación más joven probablemente sea la que libere a la humanidad del dominio de las ideas erróneas: ideas que forjaron guerras, crearon pobreza y hambruna y prolongaron enfermedades. Estamos contemplando una generación que conseguirá eliminar las ilusiones de los viejos patrones de pensamiento. El nuevo ser humano intuitivo se ha estado gestando desde hace tiempo. Hoy día, pese a lo que los principales medios de comunicación puedan estar diciendo, nuestro mundo es de lejos más pacífico que en cualquier otro periodo de las épocas recientes del pasado. Esto nos indica que el modo en el que los patrones de energía fluyen sobre la Tierra está cambiando, alentando a la gente a que busque soluciones pacíficas dondequiera que sean posibles. La inteligencia viviente que es una parte del ser humano intuitivo es también una inteligencia espiritual, empática y nutriente, que ha permanecido ausente en gran parte de la civilización moderna.

Los miembros de la nueva generación marcarán el inicio de un periodo en el cual las energías masculina y femenina se reconfigurarán adquiriendo mayor equilibrio y armonía. Los valores humanos de amor, compasión, comprensión, paciencia, tolerancia y empatía se expresarán más abiertamente y formarán parte de un mundo instruido; y no serán erróneamente considerados como valores predominantemente femeninos. La división que separa las energías masculinas y femeninas seguirá disolviéndose y se reemplazará por una nueva energía de unidad: de encuentro. Asimismo, el estigma artificial que circunda los roles «masculino» y «femenino» será desafiado y forzado a cambiar gracias a que los hombre y mujeres jóvenes remodelarán activamente las expectativas de rol. Se apreciará y se buscará con mayor empeño la participación de las mujeres y su colaboración en áreas primordiales tales como la política, la economía y los negocios globales. En las próximas décadas estará más presente en el mundo una energía intuitiva que encontrará su expresión a medida que las jóvenes vayan ocupando puestos claves de influencia social. Actualmente estamos más abiertos a reconocer que la noción de dualidad – de un lado que prevalece sobre el otro, ya sea hombre o mujer – es una energía anticuada. Las nuevas energías se centrarán más en el equilibrio y el agrupamiento en un todo integral que respete la diversidad dentro de la unidad.

La humanidad está actualmente situada en el umbral de una transición para la cual se han ido preparando desde hace mucho tiempo las posibilidades de desarrollo. Se diría que el ritmo de nuestra preparación crece exponencialmente con cada año que pasa. Una nueva forma de energía que facilita un modo completamente diferente de actuación ha entrado actualmente en este planeta. Es una energía que respalda una vía de conectividad en red y descentralizada. Está operando a través de nuestras sociedades humanas para comprometerse con el cambio desde dentro. Su objetivo podría ser ayudar a formar una membrana planetaria de inteligencia humana consciente por toda la Tierra.

Esas energías, mediante campos integrados digitales y biológicos de conectividad energética, también se están extendiendo con mayor rapidez de humano a humano. Pronto, a medida que cada ciudad y cada pueblo cuente entre sus gentes con un nuevo ser humano intuitivo, ningún área quedará aislada de tal influencia: menos aún cuando las generaciones más jóvenes vayan accediendo a la Tierra y empiecen a adoptar sus roles y responsabilidades.

Algo sumamente apasionante está sucediendo en este planeta. Algo está emergiendo dentro, entre y a través de nosotros, y está penetrando en la propia urdimbre de nuestra realidad. Es una transformación sin palabras que ocurre a través de todos y cada uno de nosotros. Se diría que ciertas capacidades humanas latentes se están preparando para activarse, en alineamiento con los requerimientos evolutivos.

Sin final

Había una vez un hombre sabio tan viejo que nadie en la aldea sabía su edad. El mismo la había olvidado, entre otras razones porque había trascendido todo tipo de apego y ambición humana. Un día mientras estaba sentado bajo un enorme árbol con la mirada perdida en el horizonte, con la mente serena como un cielo sin nubes, de repente advirtió que un hombre joven se acercaba a un árbol cercano, echaba una cuerda sobre una de sus ramas principales y ataba un extremo alrededor de su cuello. El hombre sabio, dándose cuenta de la intención del muchacho, corrió rápidamente hacia él y le pidió que desistiese de su propósito, aunque sólo fuese por unos pocos minutos, para escucharle. El joven aceptó y ambos se sentaron juntos bajo el árbol. El viejo dijo suavemente:

—Haré un trato contigo, querido amigo. Escúchame sólo durante un minuto y luego no te molestaré más.

—Ahora —continuó el viejo— imagina una única tortuga que vive en un inmenso océano, y que sólo sale a la superficie una vez cada millón de años. Más aún, imagina un pequeño aro de goma flotando sobre las aguas de ese vasto océano. Ahora imagina la probabilidad de que la tortuga levante su cabeza por encima del agua y meta su cabeza dentro del aro. Imagina la dificultad de que lo consiga, pues más difícil aún es obtener la forma humana. Ahora, amigo, procede como creas conveniente.

Todavía la gente del lugar cuenta que aquel joven llegó a anciano y se hizo sabio.

42. ACCEDER A LA INTELIGENCIA VIVIENTE

Parte II – Vida en Sivainvi

SIVAINVI[100] (*sistema de vasta inteligencia viva*), novela de ciencia ficción escrita en 1981 por Philip K. Dick, se asemeja mucho en algunos aspectos a la inteligencia viviente sobre la que hablo en esta serie de ensayos.[101] Una inteligencia viviente que también sugiere una visión de la realidad como campo no local. Los hallazgos más recientes de las ciencias cuánticas (en especial la mecánica cuántica y la biofísica) sugieren que un campo inteligente sustenta la construcción de nuestro universo y, por lo tanto, la naturaleza de nuestra realidad. En el pasado, numerosas personas – místicos, psicólogos e investigadores de la consciencia – han aludido a este campo de inteligencia con nombres muy diversos: consciencia cósmica, superconsciencia, consciencia transpersonal, consciencia integral, etcétera. Todas estas descripciones comparten elementos comunes, a saber: un sentido elevado de intuición y empatía, un sentimiento de mayor conectividad con el mundo y con la gente, una sensación de «conocimiento interno» (gnosis) y la comprensión de que la humanidad existe y evoluciona dentro de un universo de inteligencia y sentido. En el mundo ya están surgiendo formas e indicios de estos nuevos patrones de consciencia, pero por ahora no forman parte de nuestro paradigma aceptado.

Como afirmaba el Dr. Richard Bucke en su trabajo *Consciencia cósmica* los signos precoces de este nuevo desarrollo evolutivo han estado apareciendo en la humanidad desde hace tiempo:

---

[100] https://es.wikipedia.org/wiki/Sivainvi
[101] Ver la parte I: *El surgimiento de una humanidad intuitiva*

«Lo cierto es que en la Tierra, durante miles de años, apareciendo a intervalos entre la gente corriente, han estado viviendo los esbozos apenas visibles de otra raza... Esta nueva raza se halla en trance de nacer entre nosotros, y en el futuro próximo ocupará y poseerá la tierra.»[102]

Entre tales signos, o mutaciones evolutivas, se incluyen, por ejemplo, visionarios, místicos, artistas, médiums y un goteo de niños superdotados. Yo afirmaría que a lo largo de la historia del mundo han ocurrido sucesos sociales y culturales que han servido para sembrar en la consciencia humana un funcionamiento más elevado. Dichos sucesos habrían adoptado la forma de movimientos artísticos, innovaciones científicas, corrientes religiosas, revoluciones socioculturales, arquitectura, fraternidades, mitos y leyendas, figuras del deporte y otras. Todos esos impactos socioculturales afectan a la consciencia humana de una manera que prepara la mente para periodos de desarrollo y cambio. Entre estos acontecimientos, aparentemente aleatorios, se encuentran los componentes que actúan como «tecnologías» para desarrollar la consciencia humana. En los últimos años hemos asistido a la rápida expansión de nuestros flujos de información y, por ende, del conocimiento humano en general.

Es más que probable que la creciente manifestación de una consciencia humana colectiva, o más bien de una colectividad de mentes accediendo a la inteligencia viviente, esté en concordancia con ciertas necesidades evolutivas. Ha sido necesario prepararla mediante una sucesión de acontecimientos, destinados a elevar la percepción psíquica de la humanidad, formando en conjunto un patrón de estímulos que se fortalecen

---

[102] Bucke, R. (1972/1901) *Cosmic Consciousness: A Study in the Evolution of the Human Mind.* London: The Olympia Press.

mutuamente, incluyendo la expansión del intelecto, la sensibilización psicológica, el desarrollo social, el humanitarismo, la empatía y la creatividad. Estos sucesos también han servido para estimular la intuición humana. En otras palabras, a lo largo de la historia humana reciente ha habido momentos que han ayudado a preparar el «terreno mental» para la siembra y el crecimiento paulatinos de nuevos patrones de consciencia. Según un reconocido comentarista de este tema:

> «El organismo del ser humano está produciendo un nuevo complejo de órganos en respuesta a esa necesidad. En esta era de trascendencia del tiempo y el espacio, ese conjunto de órganos se ocupa de dicha trascendencia. Lo que la gente corriente toma por ráfagas esporádicas y ocasionales de poder telepático o profético son... nada menos que los primeros indicios de estos mismos órganos.»[103]

De igual modo, el venerado poeta persa Jalāl ad-Dīn Rūmī exponía: «*Nuevos órganos de percepción afloran como resultado de la necesidad, por lo tanto, oh hombre, incrementa tu necesidad de manera que puedas ampliar tu percepción*».[104]

En general, las fuerzas socioculturales y materiales son lentas para reaccionar frente a los cambios en las formas de expresión de la consciencia humana. Pero esto no es nada nuevo, de hecho a lo largo de la historia han existido individuos que, sintiendo la necesidad de cambios transformativos, se han visto inmersos en estallidos socioculturales. Estos acontecimientos y esfuerzos humanos, según Gopi Krishna, indican un estímulo del impulso humano evolutivo:

---

[103] Shah, I. (1982) *The Sufis*. London: Octagon, p.54

[104] Tomado del *Mathnawi* de Rumi

«Puedo afirmar con seguridad que el progreso realizado por la humanidad en cualquier dirección, desde el nivel subhumano hasta la actualidad, ha sido mucho menos debido a los propios esfuerzos del hombre que a la actividad de las fuerzas evolutivas obrando en su interior. Cada incentivo para la invención, el descubrimiento, la estética, y el desarrollo de mejores organizaciones sociales y políticas procede invariablemente de su interior, de las profundidades de su consciencia, por gracia de... la Fuerza Evolutiva existente en los seres humanos.»[105]

Quisiera añadir que, para que se produzca un desarrollo humano continuo, hay periodos concretos en la historia en los que la humanidad necesita o está lista para la activación de determinadas facultades: nuestras potencialidades evolutivas. Durante tales periodos transicionales la humanidad adquirirá, o se verá forzada a desarrollar, nuevas capacidades para acceder a la consciencia (también conocida como inteligencia viviente). Como en todos los cambios de paradigma, las viejas energías deben dar paso inevitablemente a las nuevas.

En los años que se avecinan una nueva oleada de jóvenes pondrá de manifiesto una consciencia abierta simultáneamente tanto a impulsos espirituales como a los últimos avances de la investigación científica. Una nueva generación crecerá con el deseo de desarrollar un sentido colectivo de bienestar, conectividad, empatía y visión creativa. Aquello a lo que nos referimos como lo «no local» será para ellos igual que la interconexión integral, y lo sentirán como natural y normal. Nuevos patrones de pensamiento y un sentido más fuerte de intuición serán también signos de que se está produciendo un mayor acceso al campo de inteligencia viviente.

---

[105] Krishna, G. (1993) *Higher Consciousness and Kundalini.* Ontario, CA: F.I.N.D. Research Trust, p.166

Este acceso es lo mismo que, expresado en nuestro viejo lenguaje, una interacción directa con estados de consciencia no locales y no ordinarios.

La experiencia de una consciencia directa no local solía pertenecer al ámbito de practicantes experimentados (chamanes, místicos, médiums) que se habían sometido a un entrenamiento prolongado y riguroso. Hasta ahora, en gran parte, nuestra «consciencia cotidiana» de la visión local del universo no ha estado preparada para el campo de la realidad no ordinaria. Especialmente en la civilización occidental no se ha alentado, ni siquiera reconocido, el modo no local de percepción (experiencia subjetiva). Como tal, ha permanecido adormecido, atrofiado y, en gran medida, se ha dejado en manos de las ciencias esotéricas. El punto de vista miope, lineal y racional de la realidad ha dado lugar a los valores dominantes de competición, poder, ego y codicia. Sin embargo un sentido no local e intuitivo de la realidad sería aquel que abrazase los valores de **conexión ~ comunicación ~ colaboración ~ consciencia ~ compasión**. Mi opinión es que las nuevas generaciones de gente joven serán las primeras en encarnar esos valores de manera generalizada y, por tanto, en marcar el comienzo de una nueva época de desarrollo de la consciencia humana.

Conectado a la información viviente

Parece ser que actualmente la Tierra está recibiendo diversos tipos de impactos energéticos, especialmente electromagnéticos, que alterarán su firma energética resonante. Puesto que su campo magnético no es estático, sino más bien un tipo de onda oscilatoria, se sabe que sus fluctuaciones afectan a los sistemas que viven sobre la Tierra. Los cuerpos biológicos, al ser unidades de energía eléctrica, son sensibles a las variaciones energéticas y atmosféricas externas, aunque normalmente esas reacciones operan a nivel subconsciente. De igual modo, las variaciones magnéticas pueden producir efectos inusuales en la consciencia humana. En la actualidad, nuestras ciencias entienden cada vez más y mejor cómo la vida humana, nuestros pensamientos, emociones y conductas, se ve directamente afectada por fluctuaciones en el campo magnético terrestre.[106] Cuando, con el tiempo, la resonancia energética de la Tierra se altere, eso afectará indudablemente a cómo se autocalibra el ADN humano en el momento en el que un recién nacido llegue al mundo.

El conocimiento de que el ADN humano puede ser influenciado y modulado por frecuencias (sonido, luz, lenguaje y pensamiento) se ha utilizado a través de los siglos por diversas tradiciones espirituales. Esto puede apreciarse en una diversidad de ejercicios que utilizan concentración del pensamiento (rezo), sonidos (música, cantos, salmodias), luz (tanto natural como producida, por ejemplo, por vidrieras) y lenguaje (recitaciones específicas como mantras o *zikr*). De igual modo, diversas prácticas chamánicas han aludido a la noción de que se puede acceder al ADN mediante una intención consciente deliberada.[107] Por tanto, el ADN parece funcionar no sólo como un constructor de proteínas (su función minoritaria) sino también como un medio de almacenamiento, recepción y comunicación de información.

Si entendemos que procesamos información a nivel neurobiológico, podemos aceptar que nuestros sistemas nerviosos sean canales para la información. Puesto que sabemos que el ADN se halla presente en toda

---

[106] Ver material de investigación del HeartMath Institute: https://www.heartmath.org/research/research-library/

[107] Narby, J. (1999) *Cosmic Serpent: DNA and the Origins of knowledge.* London: Phoenix.

nuestra estructura celular, podemos estar seguros de que toda nuestra fisiología está vinculada con campos energéticos externos: electromagnéticos, ráfagas de rayos gamma y rayos solares, así como con campos de consciencia. Parece que durante nuestra vida, ejercitando diversas técnicas, como sucede con una gama de prácticas meditativas y estímulos asociados (tal como se describe más arriba), parte de la «firma energética» del ADN humano puede recalibrarse. Para mucha gente, estas son prácticas precisas que han guiado toda su vida y, de hecho, la de muchos miles de personas. Puede que en épocas pasadas se requiriese una intervención directa (enseñanzas de sabiduría, escuelas de misterio y similares) con objeto de preparar a los individuos para acceder a la inteligencia viviente, cuando el entorno existente no podía por sí mismo aportar el catalizador detonante. Esta situación, estoy especulando, puede que ahora esté cambiando. Los niños que nacen en la actualidad parecen estar ya más conectados con una forma de inteligencia intuitiva. Contactar con la propia inteligencia intuitiva es otra manera de decir que una persona manifiesta un cierto grado de gnosis. Y la verdadera gnosis es una forma de «transceptar»[108] información; es decir, de recibir y transmitir información no local. Dicha gnosis es muy probable que tenga la forma de un intercambio informativo entre el sistema nervioso humano y la inteligencia viviente que, juntos, informan el campo de consciencia corporal. Una conexión más coherente entre una persona y el campo de inteligencia viviente sugiere una mayor potencialidad y capacidad para un despertar auto-iniciado, sin necesidad de entornos externos de enseñanza. Podría ser que la humanidad simplemente hubiese estado esperando el establecimiento de un entorno energético propicio. Y puede que ese momento esté llegando.

---

[108] N.T.: neologismo que hace referencia a la función de un transceptor
https://es.wikipedia.org/wiki/Transceptor

Campos de Resonancia

En el pasado el entorno sociocultural no era propicio para el desarrollo individual a larga escala. Por esta razón muchas enseñanzas de sabiduría o corrientes de conocimiento perenne tenían que funcionar en silencio, o incluso como actividades clandestinas. Y, sin embargo, la capacidad humana para acceder conscientemente al campo de inteligencia viviente es sin duda una facultad natural innata, sólo que para la mayoría de la gente ha permanecido latente ya que, como un músculo poco ejercitado, nunca se utilizaba correctamente. Como señalaba recientemente una fuente de referencia:

> «La información que necesitas está codificada en la composición estructural de cada una de las células de tu cuerpo. El contacto está ahí».[109]

La misma fuente también indicaba que:

> «Cuando eres consciente de tu totalidad, el impulso vital te transmitirá todo lo que necesites saber en cualquier situación concreta. Su mensaje siempre llegará como tu primer impulso espontáneo. Estate atento.»[110]

Ahora sabemos que toda la información genética del cuerpo humano está contenida en cada una de los miles de billones de células del mismo. Bien podría ser, se trata de algo especulativo por el momento, que el acceso a la inteligencia viviente también funcionase a través de la conexión/comunicación con la información contenida en estos campos de energía comunicativos. Es decir que nuestra fisiología humana: ADN, estructura celular, sistema nervioso, etcétera, actúa como un dispositivo

---

[109] Carey, K. (1995/1982) *The Starseed Transmissions*. New York: Harper Collins, p.47

[110] Carey, K. (1995/1982) *The Starseed Transmissions*. New York: Harper Collins, p.41

transceptor integral coherente que filtra nuestra consciencia a partir del campo inteligente no local. El «aparato transceptor» corporal resuena con los diversos campos de energía que se originan literalmente tanto bajo nuestros pies como sobre nuestras cabezas.

Los geólogos están desarrollando su comprensión de cómo se transmiten las energías de la Tierra, tanto a lo largo de la superficie de su corteza como en el interior de su núcleo. Investigaciones recientes indican que el núcleo de la Tierra se comporta más como una estructura cristalina que como la masa fundida que muchos imaginamos. En 1936 se descubrió (por el sismólogo Inge Lehmann) que el centro de la Tierra está dividido en un núcleo interior sólido diferente de otro núcleo exterior líquido. La existencia de dicho núcleo interno sólido se dedujo al observar cómo rebotaban las ondas sísmicas generadas por los terremotos en el borde del núcleo interno. De igual modo, se descubrió que el núcleo externo era líquido, como ya se sospechaba. No obstante, observaciones más recientes han mostrado que el núcleo interno no es totalmente uniforme sino que más bien contiene estructuras de gran tamaño, como lo indica el hecho de que las ondas sísmicas atraviesan unas partes del núcleo interno más rápidamente que otras. Incluso se ha sugerido que el núcleo interno sólido está formado por cristales de hierro.

Lo que se sabe científicamente es que el núcleo interno, mediante su funcionamiento como dinamo, juega un papel significativo en la generación del campo magnético de la Tierra. De forma similar, se sabe que la corteza terrestre tiene una red de caminos energizados o «magnetizados» que recibe diversos nombres tales como líneas ley[111], red energética de la Tierra, trayectos de peregrinación, etcétera. De alguna manera parece que la Tierra

---

[111] https://es.wikipedia.org/wiki/Líneas_ley

exterioriza rutas o caminos concretos de energía incrementada sobre las que se dice se han asentado muchos templos antiguos, lugares ceremoniales y de encuentro, y similares. De hecho, hoy en día muchos edificios y lugares de reunión siguen estando situados sobre ciertos «puntos calientes» que se acepta están energizados. Los campos energéticos de la Tierra pulsan, literalmente, bajo nuestros propios pies. Además, el campo magnético terráqueo, interactuando con los rayos solares y cósmicos sobre nuestras cabezas, engloba a la humanidad en una burbuja de energía fluctuante.

Los últimos hallazgos de la ciencia nos dicen que el campo electromagnético de la Tierra es una membrana sensible que responde a la actividad del sol: ciclos de manchas solares, erupciones solares, eyecciones de masa coronal y vientos solares. También sabemos por la neurociencia que la actividad cerebral humana crea pequeñas cargas eléctricas. Más aún, actualmente se piensa que el corazón humano actúa como un generador vibrante de energía electromagnética. Recopilando lo dicho, dados un sistema nervioso y una estructura celular que se comunican como un campo cuántico coherente, existe una resonancia intrínseca entre la biología humana y nuestro entorno terrestre, solar y cósmico. Estamos viviendo literalmente en un *SIVAINVI*.

Esta comprensión nos conecta con las nociones de un campo no local de consciencia al cual, a lo largo del tiempo, se ha hecho referencia como *noosfera* (Teilhard de Chardin; Vladimir Vernadsky); *Mente Suprema* (Sri Aurobindo); y *sensorio mundial* (Oliver Reiser). Asimismo podemos considerar esta «noosfera/mente suprema», también conocida como campo de inteligencia viviente, como una forma de consciencia planetaria emergente. En tal caso, la humanidad puede servir de instrumento para facilitar el surgimiento de un organismo planetario único con una inteligencia viviente compartida (es decir, consciencia). Una civilización humana consciente alineada colectivamente podría llegar a ser un canal físico para esa inteligencia viviente. Esto sugiere que, como especie, habríamos llegado al punto en el cual, para que se produzca un desarrollo ulterior, necesitamos *interiorizar* el proceso evolutivo.

La manifestación de consciencia a través de la humanidad parece estar experimentando una mayor condensación psíquica que puede servir para sincronizar la vida en este planeta. Este proceso, de hecho, no es nada «esotérico» ya que ha formado parte de la civilización humana desde el primer día en el que nuestros ancestros comenzaron a venerar una presencia externa. La convergencia de consciencia humana y patrones de pensamiento tiene lugar en la adoración ceremonial y es esencial en la oración humana. Si observamos la práctica del *salâh* del culto ceremonial en el islam (que constituye uno de los Cinco Pilares del islam suní), vemos que esta plegaria ritual obliga al devoto a rezar cinco veces al día orientado hacia la Meca. Estos momentos designados de estados de consciencia concentrados crean por todo el globo una convergencia intensa y una corriente de energía enfocada directamente a la localización geográfica de la Meca.

Existen muchas otras formas de convergencia consciente (o sincronización mental) en este planeta, mediante miríadas de ceremonias, eventos, encuentros, etcétera, socio-cultural-religioso-espirituales. Por ejemplo, el *«Proyecto Consciencia Global»*[112], concebido por Roger Nelson en la Universidad de Princeton, ha demostrado cómo la consciencia humana se hace colectivamente coherente y se sincroniza en momentos de liberación emocional global. Sin embargo, en el pasado la sincronización intensificada del campo de consciencia humana colectiva la inducían desencadenantes

---

[112] http://noosphere.princeton.edu/

externos[113]. Se puede especular si en este planeta está en marcha un cambio que dará lugar a una mayor coherencia en el campo de la consciencia humana. Si tal es el caso, podemos suponer que facilitará un contacto más nítido entre nuestro sistema transceptor (el cuerpo humano) y el campo no local de inteligencia viviente.

Tengo la sensación de que las generaciones venideras se contarán entre las primeras que despertarán *masivamente* a una era de gnosis instintiva. Es decir, una generación de niños pequeños instintivamente conscientes que sientan inherentemente una conexión y comunión *intencional* entre su «yo» y la inteligencia viviente. Este será el principal contacto en la vida del joven, proporcionándole sentimientos confiados y orientación instintiva. Es de esperar que ello ayude a que nuestra histórica y monumental transición planetaria sea menos turbulenta y más coherente. El poeta persa del siglo XIII Jalāl ad-Dīn Rūmī, conocido en Occidente simplemente como Rumi, sugirió esta *coherencia intencional* cuando escribió con exactitud acerca de la distinción entre la inteligencia adquirida y la inteligencia instintiva:

Dos Tipos de Inteligencia

«Hay dos tipos de inteligencia: una adquirida, como la de un niño que en la escuela memoriza hechos y conceptos de los libros y de lo que dice su maestro, recopilando información sobre las ciencias tanto tradicionales como nuevas.

Con esa inteligencia se crece en el mundo. Se nos clasifica delante o detrás de los demás, de acuerdo con nuestra capacidad para retener

---

[113] Entre los ejemplos se incluyen la muerte de la Princesa Diana en el Reino Unido y el derrumbe del World Trade Center en Estados Unidos.

información. Con esta inteligencia se deambula, entrando y saliendo de los campos de conocimiento, consiguiendo siempre más calificaciones en la libreta de notas.

Existe otro tipo de libreta, una ya completada y preservada dentro de ti. Un manantial que desborda su cacera. Un frescor en el centro del pecho. Esta inteligencia no empalidece ni se estanca. Es fluida, y no se mueve de fuera a dentro a través de los conductos y tuberías del aprendizaje. Este segundo tipo de conocimiento es un manantial que brota desde dentro de ti hacia el exterior».[114]

Este «segundo conocimiento» que es nuestro «manantial» interno corresponde a la fuente de la inteligencia viviente, presente en el interior de nuestras propias células. Gracias al acceso a este contacto/comunicación es probable que nos encontremos participando activamente en un impulso de desarrollo que se está desplegando en nuestro planeta.

Prosperidad

Un hombre rico le pidió una vez a Sengai que escribiese unos versos para la prosperidad de su familia. Un símbolo que se pudiera pasar de generación en generación.

Sengai tomó una gran hoja de papel y escribió:

—El padre muere, el hijo muere, el nieto muere.

El hombre rico se enfadó muchísimo:

---

[114] Jalāl ad-Dīn Rūmī, 'Two Kinds of Intelligence', *Mathnawi* IV: 1960-1968 (Trans. Coleman Barks)

—¡Te he pedido que escribas algo para la felicidad de mi familia! ¿Por qué te ríes de mí?

—No pretendía reírme de ti —explicó Sengai—. Si antes que tú mueras lo hiciese tu hijo, esto te causaría gran dolor. Si tu nieto muriese antes que tú y tu hijo, a ambos os partiría el corazón. Si en tu familia, generación tras generación, muriesen en el orden que he escrito, seguirían el curso natural de la vida. Yo a esto lo llamo prosperidad.

43. ACCEDER A LA INTELIGENCIA VIVIENTE

Parte III – Normalizar el multiverso[115]

La consciencia humana es lo que verdaderamente cambia las reglas del juego: no sólo altera nuestras percepciones del yo sino que también transforma cómo entendemos el mundo. El conocimiento que tenemos del lugar que ocupamos en el mundo y de nuestro papel en el «panorama general» es cuestión, en última instancia, de cómo «transceptamos»[116] (transmitimos-recibimos) la consciencia. Cuando cambiamos la manera de recibir y expresar la consciencia humana, *todo* cambia. La consciencia es lo que conecta, el campo de información no local que nos une a todos. También podemos referirnos a ella como la inteligencia viviente que subyace a la matriz, al constructo, de nuestra realidad conocida. La inteligencia viviente es la consciencia profunda de la que surge toda la materialidad.

Como he comentado en el artículo previo de esta serie[117], actualmente se está reafirmando una forma diferente de energía en este planeta. Más aún, existe una interacción/inmersión, conducente a un estado de mayor resonancia entre los campos de energía de la fisiología humana y los de nuestro medio ambiente. La coherencia entre campos de información (biológico-medioambiental-cósmico) está aumentando, dando lugar a lo que, especulo, es un acceso más fuerte a la inteligencia viviente. Este contacto y comunicación más vigorosos se manifiestan en las generaciones más jóvenes

---

[115] https://es.wikipedia.org/wiki/Multiverso

[116] N.T.: neologismo que hace referencia a la función de un transceptor: https://es.wikipedia.org/wiki/Transceptor

[117] Parte II – *Vida en Sivainvi*

que, en lugar de información adquirida (condicionamiento), parecen presentar una inteligencia intuitiva incrementada. Una manera de visualizarlo es considerar la nueva calibración de energía como algo similar a la entrada de una pauta diferente de sonido o vibración que altera los viejos patrones. Veamos cómo alteran la materia las ondas de sonido o vibración: la imagen inferior muestra que, en respuesta a cambios en las vibraciones sonoras, las partículas dispersas sobre una superficie se distribuyen formando nuevas figuras geométricas ordenadas.[118]

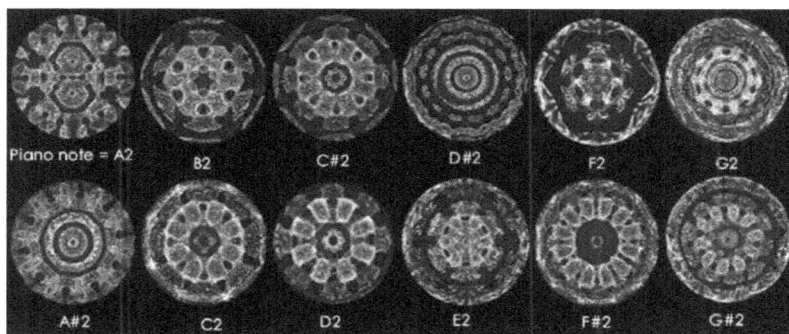

Imagen 1: diferentes patrones de partículas de arena formados en respuesta a las vibraciones de diversas notas musicales

La entrada de una nueva firma energética – «vibración sonora» – en nuestro campo colectivo no local, recalibrará la transcepción de la consciencia hacia una nueva modalidad. El cambio en el «reconocimiento de patrones» del campo de consciencia probablemente afecte a la manera de filtrar e interpretar, y por tanto percibir, los constructos de nuestra realidad. También podría abrir la transcepción humana de la consciencia a otras perspectivas dimensionales. En otras palabras, posiblemente la humanidad está en camino de recalibrar su potencial de transceptar otras modalidades de información no local. Al alterar su capacidad de recibir otras longitudes

---

[118] Esto se conoce como *Cimática*: http://es.wikipedia.org/wiki/Cimática

de onda de información, la humanidad estará ampliando su conocimiento, comprensión y conexión con un rango más vasto de realidades dimensionales. Entonces podríamos llegar a percatarnos de que nuestra percepción de la realidad y del cosmos concuerda con nuestra capacidad de acceder a la información viviente. Una vez se altere el estado de acceso, surgirán nuevas percepciones. Uno de estos nuevos estados de percepción probablemente sea el reconocimiento de que existe *vida inteligente* en una asombrosa profusión de multiversos. En ese momento nos veremos forzados a cambiar oficialmente nuestra anticuada mitología sobre lo que es la vida.

Durante mucho tiempo el consenso científico dominante ha sido que habíamos tenido la suerte de encontrarnos en un universo «perfecto»: un universo creado accidentalmente, por casualidad. Y ahora estamos luchando por la supervivencia en un pedazo de roca muerta lanzada a través del espacio «vacío» en un universo hasta el momento inánime. Sin embargo, según los cálculos del físico matemático Roger Penrose, la probabilidad aleatoria de dar con un universo como el nuestro – precisamente sintonizado para la vida – es de 1 entre $10^{10^{123}}$.[119] Dada esa increíble probabilidad sería estadísticamente más probable vivir en un universo inteligente, lo que resulta más bien irónico. En este caso se diría que un patrón de pensamiento humano sesgado no puede aceptar que existamos en un universo que tiende hacia la vida. Después de todo, la vida ha vuelto una y otra vez al planeta Tierra tras cada extinción masiva.[120] Se podría asumir

---

[119] Citado en Pfeiffer, T & Mack, J E (eds) (2007) *Mind Before Matter: Visions of a New Science of Consciousness.* Winchester: O Books, p96

[120] Las estimaciones del número de extinciones masivas en los últimos 540 millones de años oscilan entre las cinco grandes (https://es.wikipedia.org/wiki/Extinci%C3%B3n_masiva) y un total de más de veinte (https://es.wikipedia.org/wiki/Extinciones_masivas_del_C%C3%A1mbrico-Ordov%C3%ADcico#/media/File:Extinction_Intensity_ESP.png)

que semejante persistencia no sucedería en un universo aleatorio que no tendiese hacia la vida. No obstante, la mitología de vivir en un universo muerto es compatible - me arriesgaría a decir que «útil» - con la ideología dominante del consumismo que ha saturado la vida moderna. Si vivimos una vida de azar ciego en un mundo de fuerzas materialistas sin vida, tiene más sentido que la humanidad explote al máximo lo que le rodea en su propio beneficio. En este escenario la vida humana carece de mayor propósito o sentido. Sin embargo, se está produciendo un cambio en la manera en la que empezamos a entender qué queremos decir con la pregunta «¿qué es la vida?»

El científico Francis Crick, premio Nobel, codescubridor de la secuencia del ADN, no podía entender cómo era posible que surgiera por azar ni siquiera una sola proteína ensamblada. Crick estimó que la probabilidad de que esto ocurriera era de 1 entre 10^{260}, lo que es una cantidad increíble (e inconmensurable) si se tiene en cuenta que se ha calculado que el conjunto de átomos existentes en la totalidad del universo visible asciende a *sólo* 10^{80}. Tanto Francis Crick como el astrónomo Fred Hoyle creían que cuando la vida apareció por primera vez en la Tierra ya era demasiado compleja y por tanto debía haberse originado en algún otro lugar: es decir, fuera del planeta. Actualmente, Hoyle ha sido desacreditado por manifestar, de manera un tanto controvertida, que la probabilidad de que la vida compleja se haya originado por azar es la misma que la de que un huracán soplando por un patio de chatarra produzca un Boeing 747. Hoyle también apoyó la hipótesis de la panspermia natural[121] que establece que hay vida en todo el universo distribuida mediante bacterias presentes en meteoros, asteroides y planetoides que pasan y se estrellan. De igual modo, como es bien sabido, Crick afirmó que, puesto que era sumamente improbable que las bacterias

---

[121] https://es.wikipedia.org/wiki/Panspermia

complejas de la Tierra hubieran surgido por azar, era más presumible que hubiesen llegado a la Tierra por lo que se conoce como «panspermia dirigida»[122]. Es decir, que es posible que las simientes de la vida (quizá formas bacterianas primitivas de ADN) hayan sido deliberadamente propagadas por una o varias civilizaciones extraterrestres avanzadas. Los motivos pueden ser numerosos, como por ejemplo una civilización avanzada al borde de la extinción, un medio para la «terraformación»[123] de planetas, quizá para una colonización ulterior, o un proyecto para extender las semillas espirituales de la vida dentro de un universo o dimensión específicos. Crick concluyó su hipótesis afirmando que el ADN «no es de esta Tierra»[124]

Otro hallazgo reciente, inexplicable según el paradigma actual, es el descubrimiento de que en las estrellas se producen moléculas orgánicas. Lo que significa que las sustancias básicas en las que se fundamenta la vida (tal como la conocemos) ya se generan en la evolución de las estrellas. Las moléculas orgánicas necesarias para la vida se crean en los hornos insondables de la evolución estelar y a continuación se expulsan al espacio circundante. Estas moléculas pueden entonces recubrir aglomeraciones de material interestelar que después se condensan en estrellas y planetas. Comprender esto puede ofrecernos otra imagen de cómo surge la materia orgánica en un universo que es una auténtica fábrica de vida, con estrellas que bombean y eyectan las moléculas de la creación a modo de inmensos generadores desperdigados por todo el cosmos. ¡La idea de que vivimos en una roca sin vida se está convirtiendo en una idea muerta!

---

[122] https://es.wikipedia.org/wiki/Panspermia
[123] https://es.wikipedia.org/wiki/Terraformación
[124] Crick, Francis (1981) *Life Itself: Its Origin and Nature*. New York: Simon& Schuster

Una vez que aceptamos que existimos dentro de un inmenso universo rebosante de vida en potencia, el siguiente paso natural es preguntarse si hay otras consciencias inteligentes en el cosmos y si, siguiendo con las preguntas, los estados transpersonales de consciencia podrían establecer una conexión, un puente, con otras inteligencias y campos dimensionales; esto es, si un acceso más potente a la inteligencia viviente facilitaría igualmente un ámbito más amplio de comunión, conectándonos con otros seres sensibles que también estarían en comunión con el campo de inteligencia viviente no local. De hecho, esta cuestión no es algo nuevo: durante milenios ha estado en el centro de la experiencia humana. El acceso transpersonal a la consciencia se conoce en diversas tradiciones desde hace miles de años, a pesar de que nuestro paradigma científico racional, lo haya negado y rechazado en gran medida. Históricamente, las personas más competentes para acceder a esta capacidad, como chamanes, místicos, profetas, etcétera, a menudo lo han hecho en beneficio de sus comunidades. Para quienes están acostumbrados a conectarse o comunicarse con esos ámbitos, las nociones de vida inteligente, multidimensiones y multiversos son algo absolutamente natural. Más aún, prácticamente todos los seres humanos tienen capacidad para acceder a estas realidades alternativas. De hecho, mucha gente ya lo está haciendo sin darse cuenta realmente, desechándolo como si fuera coincidencia, casualidad, buena suerte o extraña anomalía. Sin embargo, en los últimos años ha habido un incremento significativo del número de personas que experimentan lo que se denomina estados «extrasensoriales». Estos acontecimientos, más que anomalías, bien pueden corresponder a la primera oleada de experiencias que forman parte de la *normalización* de la percepción humana que está llegando. En otras palabras, la «experiencia real de que existen estados extrasensoriales puede ser la base de un futuro que incluya tales estados como un atributo generalizado.»[125] Esas experiencias

---

[125] Scott, Ernest (1985) *The People of the Secret*. London: Octagon Press, pg. 237

preliminares de unos pocos en el pasado forman parte de un proceso de aclimatación del ser humano a una realidad/estado, de manera que tales realidades puedan llegar a *actualizarse* y *normalizarse*.

Nuevas Perspectivas Dimensionales

El investigador de la consciencia Dr Strassman cree que la comunicación con ámbitos transpersonales puede ayudar a la humanidad tanto en su propia evolución como con los problemas que afrontamos en la actualidad en la Tierra:

> «Establecer, con intención seria y altruista, procedimientos de contacto, fiables y ampliamente disponibles, con esos diferentes niveles de existencia puede ayudarnos a aliviar algunas cuestiones urgentes a los que nos enfrentamos en el planeta en este continuo espacio-tiempo. Incluso puede ser que la información y los recursos que recabemos en esos dominios no corpóreos sean más importantes para nuestra supervivencia, y en último término para nuestra evolución, que los que obtenemos por medio de procedimientos estrictamente físicos.»[126]

La idea de contactar con dominios «no corpóreos» tiene una función en nuestra evolución: ofrece a la vida humana una perspectiva dimensional nueva y potencialmente significativa. Durante milenios, en diversas tradiciones, se ha sabido de la existencia de dominios no corpóreos de la realidad. Al igual que la práctica de una comunicación/interacción con otras inteligencias no humanas ha sido conocida ampliamente durante siglos en todas las culturas humanas.

---

[126] Strassman, R., Wojtowicz, S., Eduardo Luna, L., Frecska, E. (2008) *Inner Paths to Outer Space: Journeys to Alien Worlds through Psychedelics and Other Spiritual Technologies.* Rochester, VT: Park Street Press, pg. 80

Lo que siento que puede estar sucediendo a través de una variedad de fenómenos y anomalías socioculturales: experimentación con drogas, estados transpersonales, tradiciones de sabiduría, prácticas para «salir del cuerpo», abducción por alienígenas y otras, es la preparación de la humanidad para su próxima fase de desarrollo evolutivo. Estas etapas iniciales utilizaban individuos como canales, o transceptores, para influir con un propósito de transformación sobre el estado energético-vibratorio colectivo de nuestra especie. Asimismo, parte de esta transformación implica la creación de nuevos órganos de percepción con los que percatarse de aspectos de una nueva realidad emergente que es multidimensional. En otras palabras, hemos estado trabajando hacia la normalización del multiverso y, por tanto, ayudando a hacerlo realidad mediante las facultades perceptivas de la especie humana. En lenguaje contemporáneo, estamos empezando a descargar el «panorama general».

Como se ha mencionado previamente, la idea de que vivimos en un universo multidimensional poblado por otras inteligencias y formas de vida no es nueva para muchas tradiciones no occidentales y no ortodoxas y para muchas poblaciones indígenas del mundo. Pero los procedimientos de acceso – la disciplina de *entrenar la mente y el cuerpo* para ser capaz de sustentar esta comunión – han estado en el pasado a disposición de relativamente pocos. Ahora es probable que todo esto esté cambiando. El próximo paso, me parece, es un gran despliegue planetario: una *masificación* del proceso evolutivo. Bien puede ser que la nueva generación de niños que está llegando a este planeta se incluya, de manera natural y orgánica, dentro de la primera oleada que se compromete más plenamente con este impulso de desarrollo.

Recalibrar la Realidad

La capacidad para acceder a estados no ordinarios de consciencia es la herencia natural de la humanidad. Pero, a nivel fisiológico, puede que necesitemos preparación para ser capaces de mantener el estado energético relacionado con las percepciones incrementadas. Esta era la intención del proyecto de Yoga Integral de Sri Aurobindo, como adaptación para recibir la inmanencia de la *Supermente*. Según el investigador de la consciencia Gopi Krishna, a la humanidad «se la pondrá en contacto con otro nivel de creación, otras inteligencias y estados del ser que impregnan el universo, un universo que ahora está totalmente excluido de nuestra visión debido a la capacidad limitada de nuestros cerebros».[127] Por consiguiente, la especie humana puede estar a punto de liberarse de su cuarentena perceptiva.

Las generaciones más jóvenes, con su inteligencia intuitiva inherente, serán la ola inicial de la transformación que está ocurriendo gracias a la consciencia recibida de la especie humana. Llegarán a reconocer, como una segunda naturaleza, que la humanidad comparte una vecindad cósmica con una profusión resplandeciente de otras inteligencias. Nunca estuvimos solos: recordaremos nuestro pensamiento anticuado y nos reiremos de nuestra miopía y nuestra falta de visión. De la misma manera que recordamos los primeros tiempos de la televisión en blanco y negro y las películas mudas, cuando sabíamos que las imágenes reales existían en color pero no teníamos los transceptores capaces de recibir el «panorama general». Gracias a las nuevas generaciones que están llegando al mundo iremos introduciendo los patrones recalibrados de consciencia en el proyecto colectivo de la especie humana.

---

[127] Krishna, Gopi (1993) *Higher Consciousness and Kundalini*. Ontario, CA: F.I.N.D. Research Trust, pg. 197

Por fin, nuestros últimos descubrimientos científicos se están poniendo al día con un cuerpo de conocimiento percibido durante siglos dentro de ciertas tradiciones de sabiduría. Por ejemplo, actualmente la biología cuántica revela que dentro del núcleo íntimo del cuerpo humano existe una energía multidimensional. Cuando cada una de los 100 billones de moléculas del cuerpo humano emite su propio campo magnético, que se solapa con el siguiente, se alcanza un estado de coherencia cuántica. Esto crea un campo energético no local que permite una comunicación instantánea a través de todo el cuerpo. Con billones de campos superpuestos de ADN, cada uno con un mini campo electromagnético, se crea un estado cuántico unificado que se ha sugerido que puede tener propiedades multidimensionales. Se sabe que en el centro de la estructura atómica existen campos magnéticos a los que los físicos se refieren como campos interdimensionales. Los físicos también están debatiendo sobre si en el centro de las galaxias existe energía interdimensional y si los centros galácticos existen en un estado cuántico. Esto se relaciona con la información aceptada por Ken Carey:

> «El sistema sensorial humano activado es algo más que un simple instrumento de comunicación interdimensional. Reproduce en miniatura el patrón estructural de su campo biogravitacional, que es el mismo que se encuentra en los campos planetarios, solares, galácticos y universales».[128]

Los viejos patrones de consciencia no contribuían lo suficiente a transceptar los aspectos multidimensionales del campo de inteligencia viviente. Sin embargo, las nuevas generaciones de humanos que están llegando al planeta se encontrarán un medio ambiente con una firma energética diferente y su ADN se recalibrará en consonancia. Este cambio, especulo, facilitará un

---

[128] Carey, Ken (1996) *The Third Millennium: Living in the Posthistoric World,* New York, Harper Collins, pg. 94

mayor acceso a la inteligencia viviente, lo que conducirá a patrones expandidos de consciencia recibida/expresada. La mayor resonancia con el campo de inteligencia viviente también conferirá un acceso parcial a la realidad de la existencia multidimensional.

Esta nueva comprensión de ser una parte de la existencia multidimensional será una herencia compartida por la humanidad y no el territorio de unos pocos. Experimentaremos la transición desde un tiempo en el que pensábamos que estábamos solos en un «universo muerto» hacia el conocimiento de que somos parte de un universo inmenso, inconcebiblemente rico: uno entre muchos multiversos rebosantes de vida inteligente. Habremos iniciado nuestro viaje para ingresar en la vecindad de la VIDA[129] cósmica, lo que marcará el comienzo de una vida en resonancia con una nueva realidad sagrada:

> «...todas las criaturas habitan y viven dentro de un único campo de consciencia compartida, todas son proyecciones de un único Ser, y todos - ángeles, humanos, animales, vegetales, microbios y minerales – somos aspectos diferenciados de un todo consciente y coherente. Reconocerlo es la piedra angular de la nueva Realidad Sagrada...»[130]

Cuando esta nueva percepción de la vida planetaria, cósmica y dimensional, se integre y normalice en la psique de la humanidad se producirá un cambio profundo y revolucionario en cada una de las esferas de la vida humana. La humanidad establecerá una conexión sagrada con todas las formas de vida y con un cosmos viviente. Reconoceremos colectivamente el impulso

---

[129] N.T.: en el texto original **L.I.F.E. (VIDA)**, acrónimo de – Living a more Integrated and Fulfilling Existence (Vivir una existencia más integrada y gratificante)

[130] Carey, Ken (1988) *Return of the Bird Tribes*. New York: HarperCollins, pg. 169

evolutivo en la humanidad y buscaremos promover el auto-desarrollo y el bienestar. Los valores humanos ya no se basarán en un paradigma de materialismo - *realismo material* - sino que promoverán la dignidad humana, la compasión, la tolerancia, la unidad y la actualización de nuestra moralidad más elevada. Finalmente, merced a esta nueva percepción y comprensión, trabajaremos como una especie colectiva en pos de la formación en la Tierra de una sociedad planetaria genuina. No sucederá de un día para otro, ni dentro de una única generación: ocurrirá a lo largo de un periodo prolongado. Es la expresión del impulso de desarrollo dentro de la consciencia creativa de la inteligencia viviente. A su debido tiempo, cuando el impulso del amor alimente nuestro espíritu colectivo y nuestra intención creativa de construir un futuro para la humanidad dentro del cosmos, se producirá una transformación en el planeta Tierra.

El faro

Había una vez un hombre que comenzó a construir un faro en medio del desierto. Todo el mundo empezó a burlarse de él y a llamarlo loco.

—¿Para qué un faro en el desierto? —se preguntaban todos.

Pero el hombre no les escuchaba y siguió haciendo su trabajo tranquilamente. Por fin, un día acabó de construir su faro. En la noche, sin luna ni estrellas en el cielo, el espléndido rayo de luz empezó a girar en la oscuridad, como si la Vía Láctea se hubiese convertido en un carrusel.

Y sucedió que, tan pronto como el faro empezó a destellar, apareció en el desierto un mar iluminado por un río de luz, con hermosos buques, barcos de vela, submarinos, ballenas, delfines danzarines, mercaderes de Venecia, el pirata Barbarroja, sirenas y muchas cosas más…

Todos estaban asombrados, excepto el constructor del faro: porque él sabía que si alguien enciende una luz en la oscuridad, de su brillo surgirán muchas maravillas.

APÉNDICE I: CONSCIENCIA CUÁNTICA: RECONCILIAR CIENCIA Y ESPIRITUALIDAD PARA NUESTRO FUTURO EVOLUTIVO

Estar siempre mirando hacia el futuro y no actuar jamás al respecto resulta vano.

John Frederick Boyes, ensayista inglés (1811 – 1879)

El ser humano debe convertirse en lo que él mismo cree ser.

Rudolf Steiner

El pensamiento humano necesita un nuevo modelo, compatible con la ciencia moderna y con las enseñanzas espirituales, que cimente el ser humano y la consciencia dentro de un universo energético. No obstante, esta necesidad no exige que descartemos lo aprendido hasta ahora. Al contrario, no sólo requiere que trabajemos con nuestro conocimiento básico actual sino también que expandamos estos recursos para que nos ayuden a impulsarnos hacia nuevos paradigmas de pensamiento en lo que concierne a la consciencia y a los procesos que operan dentro del ser humano. En el momento actual de desarrollo de las ciencias y las nuevas tecnologías contamos con la ayuda de análisis cada vez más profundos y descubrimientos emergentes que hacen evolucionar los parámetros de nuestro pensamiento. Es probable que la próxima etapa de las ciencias humanas se centre en nuestra comprensión de la consciencia; y en cómo estamos íntimamente conectados con cada uno de los demás y con nuestro medio ambiente energético más amplio.

A partir de estudios científicos recientes hemos descubierto que cada uno de nosotros transporta en sí mismo alrededor de cien mil millones de ordenadores celulares bioeléctricos que filtran, y en última instancia interpretan, lo que vemos como nuestra «realidad». La mayor parte de esas cien mil millones de neuronas, creadas mientras nuestros cuerpos se formaban en el útero a un ritmo de unas 250.000 al día, se estableció cuando nacimos. Aún así, este extraordinario «formador de realidad» ha experimentado cambios monumentales de percepción a lo largo de nuestra historia evolutiva. Sin embargo, cuando se examinan los restos esqueléticos de los seres humanos prehistóricos parece como si durante al menos 100.000 años no hubiese habido cambios observables en la anatomía humana. Por comparación, desde los albores del arte rupestre más temprano, la mente humana ha dado saltos. Esto sugiere que hemos evolucionado desde rutas biológicas hacia rutas culturales y neuroevolutivas y que seguir avanzando implica el desarrollo del sistema nervioso humano y de nuestra consciencia. En esta coyuntura significativa, de nuevo se requiere otro catalizador de cambio de consciencia. Probablemente el siguiente paso necesario para poder desplazarnos más allá de las limitaciones de nuestro atolladero evolutivo actual sea un cambio evolutivo neurogénico. En nuestro pasado histórico (y quizá también en nuestro pasado no conocido) las civilizaciones se desmoronaron a medida que evolucionaban hasta el límite de sus recursos materiales sin que hubiese un desarrollo paralelo de la consciencia humana. En tales periodos de transición vital es esencial que una «fuerza energética» consciente se introduzca en el flujo de la vida humana para catalizar el próximo acelerón de crecimiento evolutivo. Sin tal energía consciente los sistemas materiales corren el peligro de quedar fuera de control (como es el caso ahora) y de desmoronarse, lo que también puede suceder en un futuro cercano. Esa «fuerza energética» consciente tiene que servir de impulso para ayudar a catalizar la civilización humana hacia nuevos modos de autoconocimiento y comprensión, lo que a menudo se denomina, siguiendo a Maslow, como autorrealización. Tal catalizador puede aparecer, como este artículo espera mostrar, a través de descubrimientos en el campo de la biología cuántica, la física cuántica y la neurociencia.

En mi opinión, la investigación emergente en las «ciencias cuánticas» arroja nueva luz sobre el funcionamiento de la mente y el cerebro humanos, la consciencia, nuestro sistema nervioso y nuestro diseño genético: el ADN. Dicha investigación, como este artículo analiza, crea una visión más amplia en la cual emerge una coherencia entre nuestra biología, nuestra psicología, y un campo energético de consciencia. Por ello, podríamos decir que estamos al borde de una posible *evolución cuántica* de la especie humana. También sería razonable decir que ya existen nuevas generaciones de personas que, como agentes evolutivos del cambio, manifiestan síntomas de cambios transformacionales. Como en cualquier *cambio* evolutivo, antes de que el mismo se extienda con mayor amplitud, surgen en la especie los comienzos inaugurales de tal transformación. Más adelante en el artículo volveremos a estas especulaciones.

Es justo decir que nuestra civilización global se encuentra en estos momentos en una encrucijada crítica de desarrollo, tanto en términos de recursos físicos como de modos de pensamiento. Por tanto, se hace imperativo que nuestras facultades de percepción se orienten a favorecer la transformación evolutiva potencial de la consciencia humana. En la actualidad nuestras sociedades, al menos las occidentales, se han desarrollado en detrimento de la evolución consciente: una de las razones principales que subyace tras los fracasos culturales de estos tiempos decisivos. Ha habido una preparación, un análisis, y una investigación exiguos sobre cómo puede la humanidad afrontar grandes cambios, física y mentalmente, cuando se perturban los sistemas de creencias tanto científicos como religiosos. En nuestra época materialista hay una tendencia a descartar las inquietudes espirituales como reinos de fantasía; igualmente, las personas con inclinaciones espirituales a menudo descartan la ciencia como si fuera inadecuada para guiarnos hacia el futuro. Así, una enorme cantidad de nuestras energías se ha canalizado hacia la creación de un mundo inestable y radicalmente polarizado. Sin embargo, lo que se requiere es una reconciliación de los científicos con los humanistas («Las dos culturas» de C.P. Snow) y una combinación de investigación y energía para estimular una comprensión progresiva de la trayectoria evolutiva de nuestra especie. En el peor de los escenarios podríamos estar afrontando un proceso de involución; sin embargo, en mi opinión, no será así. No obstante, parte de nuestro dilema reside en nuestra ceguera acerca de cómo operan nuestras facultades mentales y de percepción.

El cerebro humano, como conjunto de células nerviosas, funciona como un receptor de frecuencias de múltiples capas. En épocas tempranas de la vida, debido a condicionamientos iniciales, cada receptor se «cablea» para percibir una determinada frecuencia de onda. Como los receptores cerebrales se sintonizan con determinados patrones de frecuencia de onda, el cerebro recibe una respuesta de «pauta de reconocimiento» que interpreta de acuerdo con las percepciones asignadas a esa frecuencia. En otras palabras, el acto de *sintonizar* implica escoger de entre el océano de frecuencias que constantemente nos rodean patrones de frecuencia que nos resultan familiares. Sintonizando una y otra vez las mismas pautas estamos reforzando un determinado escenario de realidad. Así que inconscientemente estamos sintonizando con un patrón consensuado de realidad y formando continuamente nuestras percepciones a partir de ello. Los patrones desconocidos a menudo se ignoran puesto que no son competencia de nuestro receptor. Por lo tanto, la percepción se crea dinámicamente momento a momento mientras el cerebro escanea constantemente las bandas de frecuencia que nos rodean. Sin embargo, si esta conducta de reconocimiento de patrones no evoluciona con el tiempo, el desarrollo de nuestra percepción corre el peligro de paralizarse. El resultado es que nos quedamos fijados —o atrapados— dentro de una realidad particular. Esta es la razón por la que el desarrollo humano requiere que nos desplacemos a través de diferentes cambios de paradigma[131] con el fin de que nuestros patrones colectivos de pensamiento y percepción evolucionen. En otras palabras, nuestro desarrollo reside en procesos biológicos y psíquicos simultáneos. Según el destacado investigador de la consciencia Gopi Krishna: «la maduración del sistema nervioso y del cerebro es un proceso biológico que depende de una multitud de factores psíquicos y materiales» (Krishna 1999: 56).

La vulnerabilidad de este proceso reside en que nos acostumbramos demasiado a unas pautas particulares de percepción e ignoramos otros inputs o influencias sensoriales. Como especie, también hemos sido colectivamente desinformados acerca de métodos asequibles para cambiar entre diversos patrones y bandas de frecuencia. Este conocimiento ha permanecido disponible en diversas tradiciones de sabiduría (tales como el chamanismo y las escuelas de ocultismo y misterio) pero se ha mantenido fuera del dominio público. El resultado final es que, en lo que concierne a nuestras «creencias» sensoriales, nos hacemos inamovibles y dogmáticos, y nos aferramos desesperadamente al pequeño segmento de realidad que

---

[131] Para información sobre cambios de paradigma ver «The Structure of Scientific Revolutions de Thomas Kuhn.

percibimos como la totalidad. Aún así, el cerebro humano, y el sistema nervioso, son suficientemente flexibles para cambiar entre patrones de frecuencia e interpretar «realidades» que están más allá del patrón de consenso. En las generaciones pasadas muchas escuelas de misterio consideraban la humanidad demasiado inmadura para emprender ese entrenamiento: de ahí la necesidad de rituales de iniciación y pruebas rigurosas y estrictas. El embargo de estos conocimientos y técnicas ha ayudado a fomentar el dominio de la ciencia materialista hasta el punto de que se nos enseña a descartar experiencias e impulsos subjetivos e intuitivos. Sin embargo, que nuestra dependencia predominante de logros materiales se equilibre con un incremento de la investigación sobre la consciencia que apoye el papel significativo de una «mente compartida», se ha convertido actualmente en una necesidad evolutiva. Asumo que la próxima etapa del desarrollo humano será de naturaleza neurogénica, lo que usando la terminología actual se ajusta a una forma de consciencia cuántica.

Coherencia cuántica, consciencia cuántica

El cuerpo humano es un flujo constante de miles de interacciones y procesos químico/biológicos que conectan moléculas, células, órganos y fluidos, a través del cerebro, el cuerpo y el sistema nervioso. Hasta recientemente se pensaba que todas estas incontables interacciones funcionaban como una secuencia lineal, pasando la información de manera muy parecida a como un corredor pasa el testigo al siguiente corredor. Sin embargo, los últimos hallazgos de la biología cuántica y de la biofísica han descubierto que, de hecho, existe un extraordinario grado de coherencia entre todos los sistemas vivientes. Mediante exhaustivas investigaciones científicas se ha encontrado que en los sistemas biológicos funciona una forma de *coherencia cuántica* mediante lo que se conoce como excitaciones biológicas y emisión de biofotones. Significa que la energía metabólica se almacena en forma de excitaciones electromecánicas y electromagnéticas. Estas excitaciones coherentes se consideran responsables de generar y mantener un orden a largo plazo mediante la transformación de energía y de señales electromagnéticas muy débiles. Después de cerca de veinte años de investigación experimental, Fritz-Albert Popp propuso la hipótesis de que dentro del sistema viviente se emiten biofotones a partir de un campo electrodinámico coherente (Popp y cols. 1988). En la práctica, quiere decir que cada célula viviente emite, o resuena, un campo biofotónico de energía coherente. Si cada célula emite este campo resulta que el sistema viviente completo es, en efecto, un campo de resonancia: un campo no local ubicuo. Y puesto que los sistemas vivientes se comunican por medio de biofotones, se infiere que en todo momento existe una intercomunicación prácticamente instantánea. Y esto, afirma Popp, es la base de la organización biológica coherente, a la que se refiere como coherencia cuántica. Este descubrimiento condujo a Popp a afirmar que la capacidad de evolucionar se apoya no en la lucha agresiva y en la rivalidad sino en la capacidad de comunicación y cooperación. En este sentido, la capacidad innata para la evolución de las especies no se basa en el individuo sino más bien en los sistemas vivientes vinculados dentro de un todo coherente:

«Los sistemas vivientes no son sujetos solitarios ni objetos aislados, sino objetos y sujetos dentro de un universo de sentido mutuamente comunicante… De la misma manera que las células de un organismo se encargan de diferentes tareas para la totalidad del mismo, diferentes poblaciones estructuran la información no sólo para sí mismas sino para todos los demás organismos, expandiendo la consciencia de la totalidad, al tiempo que se hacen cada vez más conscientes de esa consciencia colectiva» (Popp, Ho 1989).

El biofísico Mae Wan Ho describe cómo el organismo viviente, incluyendo el cuerpo humano, está completamente coordinado y es «coherente más allá de nuestros sueños más descabellados». Al parecer, cada parte de nuestro cuerpo está «en comunicación con todas y cada una de las demás partes a través de un medio cristalino líquido dinámico, ajustable y receptivo que se extiende por todo el cuerpo, desde los órganos y los tejidos hasta el interior de cada célula» (Ho 1998: 82).

Lo que esto significa es que el «ámbito» de nuestros cuerpos es una forma de cristal líquido, y por lo tanto un transmisor ideal de comunicación, resonancia y coherencia. Dichos progresos relativamente recientes de la biofísica han descubierto que todos los organismos biológicos están constituidos por un medio cristalino líquido. Más aún, el ADN es un cristal líquido de estructura reticular (algunos lo denominan gel líquido cristalino), gracias al cual las células del cuerpo se implican en una comunicación *holográfica* instantánea mediante la emisión de biofotones (una fuente basada en la luz). Esto implica que todos los organismos biológicos vivientes emiten continuamente radiaciones de luz que forman un campo de coherencia y comunicación. Por otra parte, los biofísicos han descubierto que los organismos vivientes están impregnados por ondas cuánticas. Ho nos informa de que:

«…el cuerpo visible resulta estar justo donde la función de onda del organismo es más densa. Ondas cuánticas invisibles se despliegan desde cada uno de nosotros e impregnan todos los demás organismos. Al mismo tiempo, cada uno de nosotros contiene entrelazadas dentro de su propia estructura las ondas de todos los otros organismos… Participamos en el drama de la creación que se está desarrollando constantemente. Tanto nosotros como los demás organismos del universo estamos co-creándonos y recreándonos permanentemente…» (Ho 1998: 116).

En realidad, esta insólita información coloca a cada ser viviente dentro de un campo cuántico no local formado por interferencias de onda (donde se encuentran los cuerpos). La estructura líquida cristalina que está dentro de los sistemas vivientes es también responsable del campo electrodinámico de corriente continua (CC) que impregna la totalidad del cuerpo de todos los animales. También se ha constatado que el campo de CC tiene una modalidad de semiconducción que es muchísimo más rápida que la del sistema nervioso (Becker 1998). Si los sistemas biológicos vivientes están funcionando dentro de un campo no local entretejido de energía resonante, quizá sea posible que eso se ponga de manifiesto en su comportamiento físico.

Mae-Wan Ho describe cómo en los sistemas vivientes las excitaciones coherentes funcionan de una manera muy parecida a una regata, en la que los remeros deben remar rítmicamente de manera que se cree una «transición de fase». Esto indica que en la naturaleza, y en los seres vivientes, hay una tendencia inherente a resonar juntos «en sincronía», como procedimiento para mantener orden y coherencia. Este tipo de comportamiento sirve para fortalecer las relaciones entre el individuo y la colectividad que previamente se habían considerado como aleatorias. El descubrimiento es importante porque otorga validez al paradigma emergente del «cerebro global» y el crecimiento de la empatía planetaria. El filósofo de sistemas Ervin Laszlo define el cerebro global como la «red de procesamiento de energía —e información— cuasi-neural creada por seis mil quinientos millones de seres humanos en el planeta, que interactúan de muchas maneras, tanto privadas como públicas, y a muchos niveles, tanto locales como globales» (Laszlo 2008: *intro*). En este nivel físico existe ya un gran intercambio de información que ocurre cada vez a mayor velocidad. Las redes sociales emergentes (como Facebook y MySpace) también están desarrollando empatía a distancia entre los usuarios de todo el mundo. En este contexto en el mundo ya está en marcha una transformación de las relaciones entre un número significativo de personas. Ahora la «ciencia-dura» se plantea incluso que la gente esté incrementando no sólo sus relaciones empáticas con los demás sino también su *entrelazamiento*[132]. Tal punto de vista ha sido corroborado por la neurociencia con el hallazgo de las «neuronas espejo».

Una «neurona espejo» es una neurona cerebral que se activa («dispara») cuando un ser vivo (como el ser humano y otros animales como primates y mamíferos) ve la acción de otro. En otras palabras, en un individuo que ve a otra persona comiendo una manzana se dispararán exactamente las mismas neuronas cerebrales que lo harían si fuese él mismo quien estuviera ejecutando esa acción. En humanos se ha encontrado que esta conducta neuronal tiene lugar en el cortex premotor y en el cortex parietal inferior. El fenómeno de las «neuronas espejo» fue descubierto por primera vez en Italia en los años 90 por un equipo de investigación que estudiaba la actividad neuronal de los macacos. Este descubrimiento ha llevado a muchos destacados neurocientíficos a manifestar que las neuronas espejo son importantes para los procesos de aprendizaje (imitación) así como de adquisición del lenguaje. En términos generales más modernos también podríamos decir que esta capacidad es la que, merced a la simpatía y la empatía, vincula a una persona con la situación de otra. También podría explicar por qué la gente se apega tanto emocionalmente a sucesos que ve en la televisión e incluso llora cuando ve en la pantalla a otra persona llorando. De esta manera estamos emocionalmente *entrelazados* mediante el disparo de las neuronas espejo cerebrales. De igual modo, si consideramos que nuestros cuerpos están *entrelazados* mediante un campo cuántico de resonancia eléctrica de biofotones, se explica cómo somos afectados y afectamos a otros a través de interferencias onda/campo. Esta información resulta relevante cuando pensamos en un cambio hacia una empatía incrementada entre las personas, tanto cercanas como distantes (vía comunicación digital),

---

[132] https://es.wikipedia.org/wiki/Entrelazamiento_cuántico

así como en la posibilidad de catalizar futuras capacidades para la comunicación telepática entre individuos.

En la actualidad la neurociencia, la biología cuántica y la física cuántica empiezan a converger para revelar que nuestros cuerpos no son sólo sistemas bioquímicos sino también sofisticados sistemas cuánticos resonantes. Esto nos ayuda a entender cómo el cuerpo puede ser eficientemente coherente, así como también a explicar cómo nos sentimos «atraídos» hacia otros, especialmente cuando usamos términos como «buenas vibraciones»; «energías positivas»; o «hicimos *click*». Por tanto, nuestros cuerpos, al igual que nuestros cerebros, parecen funcionar como receptores/decodificadores dentro de un campo energético de información en constante flujo. Lo cual explica que el cerebro humano sea capaz de almacenar los recuerdos y experiencias[133] de toda una vida así como que dentro de un campo informacional que abarca al cerebro, y por supuesto la totalidad del cuerpo, puedan almacenarse infinidad de datos. Esta nueva comprensión del campo informacional cuántico humano también da credibilidad a la existencia de percepciones extrasensoriales (PES) y otras capacidades relacionadas. La consciencia humana no sólo es empática, gracias a una relación de «interferencia de onda» con otros campos mentales, sino que continuamente está transmitiendo y recibiendo información. Sin embargo, hasta recientemente, la moderna ciencia materialista se ha centrado en gran parte en las evidencias físicas «duras», y aún está lidiando con las complejidades de la mecánica cuántica. Como Niels Bohr decía en su célebre

---

[133] El eminente matemático John von Neumann calculó que durante un tiempo de vida promedio de setenta años acumulamos alrededor de 280 millones de millones de bits de información.

comentario: «Si la mecánica cuántica no le ha impactado profundamente, es que aún no la ha entendido». Lo abstracto o «blando», reino de las intuiciones imaginativas y las visiones, habitualmente queda para los artistas excéntricos, los místicos y los innovadores creativos marginales. A la mayoría de nuestras mentes modernas se les ha negado el funcionamiento pleno de su cerebro izquierdo-derecho y se les ha arrastrado hacia un funcionamiento racional estricto que actúa de manera mecánica, lineal, competitiva y restringida. El cerebro derecho abstracto, con su mundo mágico de pensamientos creativos visionarios, se ha marginado y mantenido latente en gran medida (McGilchrist 2009). Gran parte de la actividad del cerebro derecho fue fuente de la sabiduría indígena, las prácticas chamanísticas y tradiciones similares que el pensamiento materialista occidental ha procurado ignorar durante mucho tiempo. A menudo nuestro entrenamiento intelectual nos condiciona a considerar esas «prácticas mágicas» como primitivas, bárbaras y no merecedoras de otra cosa que colonialismo o reeducación. Así, aquellos de nosotros que pertenecemos al Occidente «civilizado», con nuestro hemisferio izquierdo cerebral dominante, vivimos en el mundo cotidiano de las cosas materiales y las atracciones externas. Se nos enseña que existimos como fuerzas separadas, como islas en un océano caótico de impactos físicos y naturales, y al antojo de influencias aleatorias neutras. No obstante ahora sabemos que no es así.

Recapitulando, la biología cuántica ha mostrado que el cuerpo despliega un nivel increíble de *coherencia cuántica*, y que a través del ADN y, por tanto del sistema nervioso humano, existe un campo cuántico consciente. Nuestra estructura bioquímica está compuesta de una confluencia de energías totalmente *entrelazadas* y funciona como un campo no local dentro y alrededor del cuerpo humano. Más aún, el ADN es una estructura cristalina líquida de tipo reticulado que emite biofotones basados en la luz. Esto nos conduce a una nueva comprensión del funcionamiento del ADN humano como campo cuántico.

Hipercomunicación y campo cuántico

A la luz de los recientes hallazgos podemos empezar a referirnos al ADN como *ADN cuántico*. Esto sugiere que el 97% del ADN humano que no está implicado en la síntesis de las proteínas está activo en un estado cuántico. Bien podría ser que una futura manifestación de la consciencia cuántica procediese de la activación de parte del 97% del ADN cuántico, el cual, en lo referente a su función, ha desconcertado hasta ahora a nuestros científicos. Es probable que la activación del ADN cuántico se relacione con el estado de la consciencia humana y que haya permanecido latente porque no estuviese suficientemente preparada, o lista, para manifestarse. Este campo «fuerza vital» podría ser similar a la omnipresente «energía pránica» que, como dice Gopi Krishna, constituye el impulso para el crecimiento evolutivo del sistema nervioso humano:

«Una posibilidad omnipresente, que existe en todos los seres humanos en virtud de que el proceso evolutivo aún está funcionando en la estirpe, y que tiende a generar un estado del cerebro y del sistema nervioso que puede capacitarnos para trascender las vigentes fronteras de la mente y adquirir un estado de consciencia muy por encima de lo que es la herencia normal de la humanidad en el presente» (Krishna 1997: 226)

La etapa transcendental de la consciencia, arriba descrita como parte de nuestra herencia evolutiva natural, está conectada con el cerebro y el sistema nervioso humanos. Ahora sabemos que dentro de nuestros cuerpos poseemos un campo cuántico de ADN activado. Algunos biofísicos ya están debatiendo si los procesos cuánticos no podrían ser un común denominador de todos los procesos vivientes. Como tal, un campo informacional cuántico determinaría a través del cuerpo humano la coherencia de nuestra resonancia lumínica (biofotones) en forma de frecuencia vibratoria. En el caso de que, como reacción a diversos impactos externos (cósmicos, ambientales, culturales), la consciencia humana comenzase a cambiar su frecuencia vibratoria, con toda probabilidad el ADN –como campo cuántico– mostraría de igual modo un cambio de resonancia. Esto puede hacer que parte de ese 97% de capacidades hasta ahora «inactivas» se ponga en funcionamiento (es decir se reactive). Lo cual puede estar o no ligado al aumento de las frecuencias electromagnéticas que actualmente impactan sobre nuestro sistema solar por la precesión de los equinoccios[134]. Actualmente, también parece ser que esta parte «inactiva» de nuestro ADN puede ponerse de manifiesto como una forma de hipercomunicación.

El biofísico y biólogo molecular ruso Pjotr Garjajev, que ha estudiado el ADN humano con su equipo de investigación en Moscú, ha encontrado que el 97% «inactivo» del ADN en realidad posee propiedades complejas. Garjajev descubrió que el ADN que no se utiliza para la síntesis proteica, en realidad se usa para la comunicación, más exactamente para la *hipercomunicación*. En sus propios términos, la hipercomunicación se refiere al intercambio de datos a nivel del ADN usando el código genético. Garjajev y su grupo analizaron la respuesta vibratoria del ADN y concluyeron que éste puede funcionar de forma muy parecida a una inteligencia en red que permite la hipercomunicación de información entre todos los seres sentientes. Por ejemplo, el grupo de investigación moscovita probó que los cromosomas dañados (por ejemplo por rayos X) pueden ser reparados. Su

---

[134] La precesión de los equinoccios (o el Gran Año) se refiere a un cambio gradual de orientación del eje terráqueo de rotación, que traza un cono a lo largo de un ciclo de aproximadamente 26.000 años.

metodología consistió en «capturar» los patrones de información de un ADN concreto y transmitirlos, usando frecuencias de luz enfocada, a otro genoma como forma de reprogramar las células. De esta manera transformaron con éxito embriones de rana en embriones de salamandra simplemente transmitiendo patrones de información del ADN. La investigación de Garjajev muestra que ciertos patrones de frecuencia pueden «emitirse» (por ejemplo con laser) para transformar la información genética. Esto evidencia cómo funciona el ADN mediante resonancia y frecuencias vibratorias. También revela que el ADN humano puede ser modificado —o alterado— mediante el impacto de frecuencias externas. Los resultados de la investigación validan hasta cierto punto la existencia de fenómenos tales como la sanación remota y otros atributos psíquicos. También sugieren que el ADN es un «lenguaje» viviente, fluido, y dinámico que como campo cuántico informacional responde no sólo a ondas de laser (como en el experimento descrito) sino también, si se aplican las frecuencias correctas, a ondas electromagnéticas y de sonido.

Es muy probable que el conocimiento de que el ADN humano puede ser influido y modulado por frecuencias (sonido, luz, lenguaje, y pensamiento) lo tuvieran a través de los siglos diversas tradiciones espirituales, místicos y maestros. Quizás sea ésta la razón por la que ha existido una variedad de ejercicios que utilizan el pensamiento enfocado (oración); los sonidos (música; cánticos; salmodias); la luz (localizaciones específicas tanto de luz natural como por ejemplo de luz producida por vidrieras); y el lenguaje (recitaciones específicas como mantras y zikrs). El ADN parece funcionar no sólo como constructor de proteínas (su función minoritaria) sino también como un medio de almacenamiento, recepción y comunicación de información. Algo más controvertida es la información de que Garjajev y sus colegas rusos encontraron asimismo ejemplos en los que, en el vacío, el

ADN podía causar patrones perturbadores que producían lo que aparentaban ser agujeros de gusano magnetizados[135]. Estos agujeros parecerían funcionar como conexiones fuera de nuestros campos normales de tiempo y espacio (lo que apunta a una comunicación interdimensional). El fenómeno ciertamente merece un análisis y experimentación ulteriores. Así, parece probable que el ADN esté implicado en diversas formas de hipercomunicación de las cuales, en estos momentos, sabemos muy poco.

Para apoyar las afirmaciones de Garjajev sobre la hipercomunicación podemos ver cómo funcionan en la naturaleza leyes similares. Por ejemplo, la organización de las colonias de hormigas parece hacer uso de una forma compartida de comunicación. Cuando se separa a una hormiga reina de su colonia, las hormigas obreras continúan edificando y construyendo la colonia como si siguieran cierto tipo de diseño. No obstante, si se mata a la hormiga reina todo el trabajo en la colonia cesa, como si bruscamente el diseño se hubiese desconectado. Esto sugiere que la reina no necesita estar en contacto físico para continuar transmitiendo el diseño; no obstante, cuando muere la consciencia del grupo deja de funcionar dentro de un campo informacional hipercomunicativo. Por tanto, podemos referirnos a estas formas de hipercomunicación como campos de consciencia cuántica, o simplemente como *consciencia cuántica* (puesto que lo cuántico implica un efecto de campo no local)

De manera similar, fenómenos humanos a distancia como la sanación remota, la telepercepción y la telepatía podrían funcionar mediante mecanismos comparables. A un nivel más básico podríamos decir que

---

[135] Para más información ver el trabajo de Grazyna Fosar y Franz Bludorf.

muchos de nosotros lo experimentamos como una sensación de intuición y en momentos de inspiración. Bien podría ser, incluso, que recibiésemos estas formas de hipercomunicación mientras dormimos. Hay incontables ejemplos de gente, artistas, diseñadores, etcétera, que consiguieron inspiración para su trabajo en sus sueños. Un ejemplo de ello es el compositor italiano Giuseppe Tartini quien una noche soñó con un demonio tocando el violín sentado junto a su lecho. A la mañana siguiente Tartini escribió la partitura de memoria y la tituló Sonata Trino del Demonio. Semejantes experiencias parecen estar aumentando; o quizás lo que sucede es que la gente se siente más libre para hablar de ellas. También hay indicios de que las generaciones de niños que están naciendo recientemente manifiestan un nivel más alto de clarividencia y otras capacidades extrasensoriales[136]. Tales progresos pueden indicar que dentro de la humanidad está emergiendo una forma más elevada de consciencia de grupo y que estas habilidades encuentran ahora una expresión más amplia. Al respecto, haríamos bien volviendo a las prácticas recomendadas durante siglos por las tradiciones espirituales y los maestros, es decir: meditación, reflexión, alerta, atención plena, etcétera. Einstein durante toda su vida fue un célebre soñador diurno y él mismo afirmaba a menudo que las inspiraciones más elevadas le llegaban cuando se hallaba en tales estados. Por lo tanto, si cada uno de nosotros prestase más atención a sus estados internos y se esforzase por conseguir armonía y equilibrio en su vida, podría contribuir a intensificar la conectividad entre humanos.

Estados cuánticos y campo akásico

Existen procedimientos para ayudar a incrementar esos estados internos (o «cuánticos»), que se pueden encontrar en muchas tradiciones: tanto en las

---

[136] Ver los numerosos informes que hablan de los «Niños Índigo» o «Nuevos Niños».

principales religiones (cristiana, islámica, judaica, sikh) como en otras corrientes de sabiduría como budismo, taoísmo y prácticas meditativas. También hay muchos materiales escritos (libros, cuentos y poemas) que tienen como función estimular la actividad del hemisferio derecho. Así sucede con muchos relatos sufíes (como los cuentos de Mulá Nasrudín)[137], y con narraciones famosas como «*Las mil y una noches*» y los poemas de Jalalludin Rumi (que ahora son best seller en Occidente). Muchas de estas tradiciones también fomentan la meditación en grupo como una manera de estimular la consciencia de grupo y la conexión cuántica. Se ha demostrado que los meditadores expertos pueden conseguir un nivel extremadamente alto de sincronización entre hemisferios. De igual modo, se ha verificado que las personas que meditan juntas sincronizan su actividad cerebral. Usando un escaneado cerebral mediante electroencefalograma (EEG) se ha encontrado que entre los participantes del grupo la actividad de las ondas cerebrales se sincroniza. Ahora podemos especular, como se ha demostrado en las últimas investigaciones en biofísica, que es el resultado de la resonancia entre diversos campos cuánticos. Hasta cierto punto esto se ha reproducido en la amplia gama de material auditivo hemisférico disponible (con diversos niveles de calidad) en el mercado global. Tales estimuladores actúan induciendo un estado alterado de consciencia, al que algunos terapeutas se han referido como consciencia transpersonal. En esos estados la gente ha experimentado conexiones muy profundas con lo que generalmente se conoce como consciencia colectiva. El filósofo Ervin Laszlo denomina a este campo de información colectiva *Campo Akásico* (Laszlo 2004).

Actualmente hay razones para especular que el así llamado *Campo Akásico* no local es, de hecho, una parte de nuestros campos cuánticos de consciencia

---

[137] Ver el corpus de cuentos de Idries Shah

compartidos (y superpuestos). De ser así, nos preguntamos si el ADN, que emite biofotones y exhibe propiedades interdimensionales, no podría ser en sí mismo la sede de la consciencia cuántica. La ciencia moderna ha considerado durante mucho tiempo al cerebro humano como el centro de la consciencia; no obstante, eso pertenece al pensamiento materialista y lineal que considera a la consciencia como el producto de una materia compleja. De hecho el cerebro, consistente en una intrincadísima red de sinapsis, es nuestra construcción neurológica más compleja. No obstante, es más probable que el cerebro funcione como receptor y transcriptor de señales eléctricas emitidas desde el ADN cuántico. Así, los millones de millones de partes de nuestro ADN humano actuarían como un campo cuántico coherente para regular cada parte de nuestro cuerpo en cada momento simultáneo. El cuerpo humano es por tanto un campo cuántico resonante que, exhibiendo propiedades interdimensionales potenciales, también puede ser un depósito de consciencia. Por lo tanto, el funcionamiento del cerebro, que traduce las señales en percepciones, nos suministra nuestra realidad, pero el ADN es una inteligencia viviente. Para muchas tradiciones indígenas de sabiduría, la idea de que el ADN es una inteligencia viviente no es nueva. Por ejemplo, como señalaba el antropólogo Jeremy Narby, los chamanes que entraban en estados de trance a menudo parecían estar comunicándose con el ADN como medio para adquirir conocimientos sobre plantas, sanación y mundos espirituales (Narby 1999). Subsecuentemente, Narby exploró cómo la naturaleza también está imbuida de esa forma de inteligencia viviente que actúa como patrones de supervivencia para posibilitar el crecimiento evolutivo (Narby 2006). Chamanes, intuitivos y otros que son capaces de conectar con esta inteligencia viviente encuentran un «diseño» o boceto detrás de todas las estructuras físicas, lo que apunta a un campo cuántico de inteligencia viviente que actúa como un impulso evolutivo dentro de todos los sistemas vivos.

Por tanto podemos especular que el ADN humano, que actúa como un campo de energía cuántica, probablemente sea la sede de la consciencia humana. Más aún, se puede decir que este *campo de consciencia cuántica* es exactamente lo mismo que el así denominado «Campo Akásico». También, investigaciones recientes sugieren que el ADN es receptivo a determinadas influencias externas como las que se manifiestan en la oración, la meditación y en sonidos y vibraciones específicos. Esto ofrece asombrosas posibilidades para nuestro bienestar y evolución humana si somos capaces de establecer algún tipo de comunicación con nuestra Inteligencia viviente (nuestros propios ¿«Seres Superiores»?). Puede que incluso poseamos el potencial de interactuar con nuestra propia estructura física celular mediante mentes enfocadas e intenciones dirigidas. Las implicaciones de todo esto son profundas y de ello se infiere, incluso, que en el futuro la humanidad puede tener la oportunidad de establecer una relación, a través de la consciencia cuántica, con su propio ADN y diseño viviente. Aún más, si los patrones resonantes/vibratorios de consciencia cuántica pueden transmitirse entre generaciones quizá las que están naciendo ahora ostenten diferentes patrones de consciencia. Estos podrían ser los signos iniciales de la evolución neurogénica de la humanidad. Las nuevas generaciones serán los «agentes evolutivos» que mostrarán el camino hacia un renacimiento y renovación sociocultural humana.

Agentes evolutivos: ¿nuestro próximo salto cuántico?

La consciencia cuántica —campo viviente de inteligencia— bien podría representar la siguiente etapa de la evolución humana; esto es, la evolución de la mente global de la humanidad. Diversos místicos e investigadores de la consciencia han aludido a ello con una variedad de nombres, como consciencia cósmica, superconsciencia, consciencia transpersonal, consciencia integral, y otros. Todas estas descripciones comparten un contenido común, a saber: aumento de la intuición y la empatía, mayor conectividad con el mundo y con la gente, y una sensación de «saber» lo que requiere cada situación dada. Más aún, esa forma de consciencia cuántica probablemente infunda en cada persona un sentido de la totalidad cósmica: la comprensión de que la humanidad existe y evoluciona dentro de un universo de inteligencia y sentido (quizás incluso interdimensional). Esto serviría para transmitir a la humanidad un impulso espiritual más profundo y aceptable.

Podemos especular que una variedad de fuerzas, incluyendo un cambio de las energías geomagnéticas de la Tierra (como ya está sucediendo), las radiaciones solares que varían con cada ciclo del sol, los pulsos galácticos procedentes del centro de la galaxia y el movimiento de nuestro sistema solar a través de porciones más energizadas del espacio interestelar, podrían de alguna manera dar como resultado un incremento de patrones de ondas (vibraciones) que entrasen en el campo cuántico del ADN y catalizasen un cambio en la consciencia de la humanidad. El puente que nos separa en el presente de otro nivel de inteligencia viviente es en esencia un cambio vibratorio. Si el cambio vibratorio es un modo potencial de catalizar la consciencia cuántica, podría conducirnos hacia facultades intuitivas y fenómenos extrasensoriales acrecentados que no sólo se convertirían en una parte comprometida de nuestras vidas sino que también darían acceso a una mayor creatividad y a mayores capacidades inventivas para participar en nuestro propio futuro como humanos. El aumento de estos atributos hasta una masa crítica podría ser la llave de nuestro próximo «salto evolutivo». Ya están emergiendo en el mundo formas e insinuaciones de estos nuevos patrones de consciencia, pero por el momento no han llegado a formar parte de la investigación predominante. Entre tales agentes evolutivos «de mutación» se incluyen visionarios, místicos, artistas, físicos, psíquicos, intuitivos, maestros espirituales y lo que se ha dado en llamar los nuevos «Niños Índigo». Se ha descrito que estos niños (llamados «índigo» por sus supuestas auras coloreadas) poseen empatía, creatividad, curiosidad y voluntad propia incrementadas. También se ha descrito que desde muy jóvenes están más inclinados hacia la espiritualidad y que evidencian potentes capacidades intuitivas. Debido a su natural e inherente resistencia a la autoridad, se consideran dentro del sistema escolar convencional como distraídos, rebeldes o alienados. No obstante esto no es nada nuevo ya que a lo largo de toda la historia registrada los revolucionarios sociales se han sentido impelidos, e inspirados, a resistirse a la autoridad y a instigar el cambio (Billington 1998). Muchos individuos que se han dado cuenta de la necesidad de sembrar un impulso evolutivo en la vida social se han visto envueltos en sucesos revolucionarios o implicados en levantamientos socioculturales. Estos esfuerzos humanos, como comenta Krishna, proceden de impulsos evolutivos:

«Puedo afirmar con seguridad que el progreso hecho por la humanidad en cualquier dirección, desde el nivel subhumano hasta el presente, se ha debido mucho menos a los propios esfuerzos humanos que a la actividad de las fuerzas evolutivas que obran en su interior. Cada incentivo para la invención, los descubrimientos, la estética, y el desarrollo de mejores organizaciones políticas y sociales procede invariablemente de dentro, de las profundidades de su consciencia por la gracia de… la Fuerza Evolutiva superinteligente existente en los humanos» (Krishna 1993: 166).

Esto subraya esfuerzos, intentos, o movimientos sociales destinados a ayudar a preparar el «terreno mental» para que se siembre una nueva consciencia que crezca lentamente. En conjunto las fuerzas socioculturales y materiales son lentas para reaccionar ante la necesidad de un paradigma evolutivo de la consciencia humana.

Podemos decir que para el continuo crecimiento cultural y de la especie hay periodos particulares de la historia humana en los que la humanidad está lista para, o tiene necesidad de, la activación de facultades especiales y rasgos evolutivos. Puede ser que durante esta fase crítica de la cultura humana la humanidad se adapte, o se vea forzada, a desarrollar nuevos aspectos creativos e inspirados de consciencia. Este periodo de transición –una etapa de lo que yo llamo evolución neurogénica– cuestionará las estructuras sociales pasadas de moda que han polarizado gran parte del pensamiento humano. Sin embargo, como en todos los cambios de paradigma, las viejas energías deben dar paso inevitablemente a las nuevas, y puede que sólo sea cuestión de tiempo que las nuevas generaciones se muevan hacia una consciencia evolutiva y sus manifestaciones físicas. Resulta crucial, por tanto, que una comprensión de los asuntos espirituales impregne nuestras vidas cotidianas como contrapeso a nuestro materialismo social. En los años que se avecinan es importante que intentemos desarrollar una consciencia que esté tanto abierta a los impulsos espirituales como simultáneamente consciente y atenta a las investigaciones científicas más recientes. Es imperativo que revitalicemos nuestro sentido colectivo de bienestar y conexión –nuestro *entrelazamiento*– como parte de nuestro desarrollo evolutivo compartido. Es posible que un nuevo estado de consciencia cuántica permita a la humanidad acceder a un *campo energético de información* inimaginable. Esto abriría nuevas perspectivas de inteligencia creativa que podrían ser precursoras de la próxima etapa a lo largo de nuestro camino evolutivo ascendente.

Conclusión

Resumiendo, la humanidad, como especie global, puede estar en vías de atravesar una transición hacia un estado de consciencia diferente que probablemente se caracterice por propiedades cuánticas como la coherencia y un campo no local de información. Es por ello que a este nuevo estado le he llamado *campo de consciencia cuántica*, el cual transformará el modo de relacionarnos con otras gentes y con el mundo que nos rodea, y expandirá las realidades que percibimos. También podría catalizar el alumbramiento de otras facultades humanas hasta ahora durmientes como intuición incrementada, telepatía y pensamiento visionario. Algunas de estas características ya están apareciendo entre los más jóvenes, las generaciones que están naciendo en la actualidad, que han recibido el nombre de «niños índigo». Este desarrollo evolutivo pone de manifiesto una transición desde formas de evolución biológica y sociocultural hacia la incorporación de un nuevo nivel: la evolución neurogénica. Yo argumento que esta fase neurogénica es esencial para permitir que la humanidad evolucione hacia la próxima etapa en la escala evolutiva. Como afirmaba recientemente un pensador:

«Vivimos tiempos de cambio en los que la humanidad está experimentando una transformación. Nuestra consciencia, que dispone de un gran potencial para su ulterior desarrollo, debe sufrir una liberación de las estructuras vinculantes y abrirse camino hacia una rápida expansión… Necesitamos entender los fenómenos a un nivel más profundo y no limitarnos a aceptar lo que se nos dice, o aquello con lo que se nos alimenta a través de instituciones sociales y canales bien estructurados. Debemos aprender a aceptar que nuestro pensamiento es una gran fuerza espiritual tangible para el cambio» (Gulbekian 2004: 251).

Si una persona no está suficientemente preparada para estos impactos de cambio puede sentir desequilibrio y confusión. La responsabilidad personal significa que cada persona debe tratar de equilibrar las energías tanto de su vida interna como de su vida externa; y fortalecer su sentido de conexión, empatía y visión creativa.

Los nuevos descubrimientos de la neurociencia, la biología cuántica y la física cuántica han mostrado que un tipo de consciencia no local conectada tiene fundamento físico

científico. Lo que demuestra que ciertos estados espirituales y trascendentes de Unicidad colectiva tienen un fundamento válido dentro del nuevo paradigma científico. Nuestro futuro evolutivo no tiene que estar polarizado entre las ciencias y las humanidades sino que puede ser –*debe ser*–una fusión creativa y una asociación de colaboración.

Bibliografía

Becker, R. O. (1998) *The Body Electric.* New York: William Morrow

Billington, J. H. (1998) *Fire in the Minds of Men.* New Jersey: Transaction Publishers.

Gulbekian, S. E. (2004) *In the Belly of the Beast: Holding Your Own in Mass Culture.*Charlottesville, VA: Hampton Roads.

Ho, M.-W. (1998) *The Rainbow and the Worm: The Physics of Organisms.* Singapore: World Scientific.

Ho, M.-W. and Popp, F. A. (1989) 'Gaia and the Evolution of Coherence'. In *3rd Camelford Conference on The Implications of The Gaia Thesis: Symbiosis, Cooperativity and Coherence.* The Wadebridge Ecological Centre, Camelford, Cornwall

Krishna, G. (1993) *Higher Consciousness and Kundalini.* Ontario, CA: F.I.N.D. Research Trust.

Krishna, G. (1997) *Kundalini: The Evolutionary Energy in Man.* Boston, MA: Shambhala.

Krishna, G. (1999) *The Dawn of a New Science.* Markdale, ON: Institute for Consciousness Research.

Laszlo, E. (2004) *Science and the Akashic Field: An Integral Theory of Everything* Rochester, VT: Inner Traditions.

Laszlo, E. (2008) *Quantum Shift in the Global Brain.* Rochester, VM: Inner Traditions.

McGilchrist, I. (2009) *The Master and His Emissary: The Divided Brain and the Making of the Western World.* New Haven, CT: YaleUniversity Press.

Narby, J. (1999) *Cosmic Serpent: DNA and the Origins of Knowledge.* London: Phoenix.

Narby, J. (2006) *Intelligence in Nature.* London: Jeremy P. Tarcher.

Popp, F.-A., Li, K.H., Mei, W.P., Galle, M. and Neurohr, R. (1988) Physical Aspects of Biophotons. *Experientia,* **44:** 576-585.

APÉNDICE II: LUCHAR POR NUESTRA EVOLUCIÓN CONSCIENTE EN UN MUNDO CAÓTICO Y CAMBIANTE

Entrevista con Kingsley Dennis[138] *- Autor: Jaime Leal Anaya*

SuperConsciousness ha tenido la oportunidad de explorar estos temas con el experto en sociología, escritor y cofundador de WordShift International Kingsley Dennis, PhD. Su libro *«The Struggle for Your Mind, Conscious Evolution and the Battle to Control How We Think»* (*La lucha por nuestra mente, la evolución consciente y la batalla por controlar cómo pensamos*) es una minuciosa y documentada contribución al actual esfuerzo global de muchos grupos y movimientos en el mundo que buscan un cambio real para construir una nueva sociedad y dar la bienvenida a una humanidad más evolucionada.

SC: Podrías hablarnos un poco acerca de ti, de tus antecedentes, y de lo que te llevó a escribir tu nuevo libro: *The Struggle for Your Mind*?

Kingsley Dennis: Durante muchos años trabajé en la Universidad como sociólogo, de manera que he estado muy al tanto de los sistemas sociales, la consciencia de grupo y la consciencia individual; y también, a lo largo de mi vida, me he dedicado a la evolución consciente y a asuntos e intereses más espirituales. Viví y trabajé durante cinco años en Turquía, en Estambul, donde tuve contacto con tradiciones espirituales. Llegué a un punto en mi vida en el que deseaba combinar ambos elementos, mis antecedentes como sociólogo profesional y mi muy profundo interés personal en los estudios acerca de la consciencia y la evolución consciente. Quería reunir ambas cosas porque éste es un momento perfecto en el que estamos dispuestos a entender cómo estos conceptos trabajan juntos en lugar de separados. Yo

---

[138] Publicada en: http://www.superconsciousness.com/topics/society/fighting-our-conscious-evolution-chaotic-and-changing-world

formaba parte de un grupo sufí Mevlevi en Estambul y pasé unos años en contacto con sus tradiciones y enseñanzas.

Durante cinco años me establecí en la Universidad de Lancaster, al noroeste de Inglaterra. Era coordinador del *Complexity Network Group* (Grupo de Redes de Complejidad), así que estuve investigando sobre cómo las redes comunitarias *online* se iban reuniendo en una especie de consciencia colectiva usando los medios sociales de comunicación para conectarse y compartir sus experiencias. A partir de ahí sentí un intenso interés sociológico por la experiencia humana y cómo la consciencia humana se iba haciendo más compartida, más global. Obviamente, eso desencadenó en mí el deseo de realizar investigaciones adicionales sobre los aspectos etéreos o no materiales de la consciencia y sobre cómo se estaban filtrando a través de nuestras tecnologías y nuestros sistemas sociales. Yo veía las tecnologías y los sistemas sociales como una manifestación externa de lo que ya está sucediendo a un nivel interno no material.

SC: En principio, el título principal de tu libro: «*The Struggle for Your Mind*», parece más una conquista personal. Pero el subtítulo «*Conscious Evolution and the Battle to Control How We Think*», indudablemente extiende la lucha personal hacia posibles influencias externas de control. ¿Podrías comentar esto?

KD: Este es el meollo de la cuestión: el yo interno individual, y cómo se relaciona, corresponde o entra en resonancia con nuestro ambiente externo. Éste ha sido un tema permanente a lo largo de nuestra civilización. Somos susceptibles o vulnerables a los impactos externos. Hay impactos sociales e impactos tecnológicos y estamos desarrollando, especialmente en este siglo, un nivel de sensibilización y consciencia que cada vez se pone más de manifiesto. Pero para que haya una sociedad civil comunitaria, los estados nacionales y los gobiernos han mantenido una gestión o control colectivo de la individualidad. En todas las sociedades colectivas han existido siempre ciertas estructuras sociales que se han usado para manipular e influir en los patrones de pensamiento. A veces se denominan ideologías. A nivel individual observo una toma creciente de conciencia interior que se manifiesta progresivamente; y lo hace en nuestras vidas sociales con las protestas sociales que ocurren por todo el mundo, y las personas que tratan de desarrollar estilos de vida alternativos. Cada vez son menos manipuladas por lo que dice el gobierno y los medios de comunicación, y están desarrollando su propia conciencia. Esto supone una amenaza potencial para la autoridad y las estructuras de gobierno que existen en la actualidad. Yo lo llamo «el choque de mitologías». Por un lado, intentando controlar la consciencia, el comportamiento y los patrones de pensamiento de las masas, está la mente antigua que es un sistema vertical, jerárquico, de arriba-abajo. Luego tenemos una distribución del conocimiento que es lateral, horizontal: la conectividad global, gente compartiendo información, reuniéndose por todo el mundo mediante redes virtuales y una consciencia creciente, lo cual choca o entra en conflicto con los mecanismos de control, y eso es lo que está sucediendo ahora mismo.

SC: Hay muchas religiones fundamentalistas que creen realmente en Satán, en el infierno y en las influencias demoníacas sobre nuestra evolución, lo que se corresponde con la historia metafórica sobre Satán y sus secuaces que aparece al comienzo de tu libro. Resulta muy interesante cómo las propias religiones fundamentalistas han jugado un gran papel para evitar nuestra evolución consciente e impedir que la gente piense libremente y explore diferentes opciones, a veces incluso nuevos descubrimientos científicos. ¿Cuál es tu punto de vista sobre la religión en relación con el concepto de evolución consciente?

KD: La religión es simplemente otra institución social. Su elemento inicial sería un impulso energético evolutivo, como el que existe tras el cristianismo, el judaísmo y el islamismo. El impulso original era muy beneficioso pero lo que sucede es que en nuestro ambiente físico, con el paso del tiempo, el impulso evolutivo cristaliza, se petrifica y pierde su poder cinético. A eso se le añade un sistema jerárquico; así, por ejemplo, la cristiandad y la Iglesia Católica se transforman en un sistema social jerarquizado. Luego esos sistemas funcionan mediante una especie de polarización entre lo bueno y lo malo, la luz y la oscuridad. En cierto sentido la humanidad está condicionada a un mundo polarizado, aunque en las enseñanzas originales no exista tal polarización, y lo bueno y lo malo sean un aspecto de la misma energía divina. A lo que nos enfrentamos ahora es a algo que se ha corrompido. Considero las instituciones religiosas sociales ortodoxas como una forma deteriorada de un impulso original. Cuando hay polarización, división, es un signo de que algo ha perdido su poder original. Esa polarización causa desazón, guerras, muchas muertes y caos. Lo que debemos hacer es ir más allá de la polarización de vuelta a la unificación. La consciencia es unificación; las estructuras sociales polarización: son dos cosas diferentes.

SC: En el título de tu libro utilizas tres palabras enigmáticas: mente, consciencia —evolución consciente— y también pensamiento. ¿Puedes decirnos si mente, consciencia y pensamiento son diferentes o la misma cosa?

KD: La consciencia, la mente y el pensamiento son cosas diferentes. Yo diría que la consciencia y la consciencia de la humanidad existen como algo externo a nuestros cuerpos físicos. Por eso podemos hablar de consciencia colectiva, consciencia cuántica o campo akásico. Es un campo energético de inteligencia que existe más allá de lo físico. La mente es aquello a lo que podemos referirnos como el órgano o aparato físico que está en el cuerpo y capta la consciencia externa, y los pensamientos son lo que producimos a partir de ello. Por ejemplo, cuando enciendes la televisión, el programa de TV no está dentro, está fuera del televisor en forma de emisión. La TV es una antena que la capta, y la tecnología que hay en su interior es la que transforma esa emisión en imágenes. En esta analogía, la consciencia es la emisión, la mente es la antena de televisión, y el pensamiento la imagen resultante.

SC: Haciendo referencia a las fuerzas externas que nos influencian, dices en tu libro que «esas fuerzas están al tanto del verdadero poder de la consciencia humana» ¿Qué es tan poderoso en la consciencia humana?

KD: La consciencia humana posee una capacidad tan poderosa de interactuar con el medio ambiente material… La ciencia está comprobando realmente que vivimos en un ambiente energético y, por lo tanto, que la materia es una manifestación secundaria. Nuestra mente antigua diría que lo primero es la materia y lo segundo la consciencia. Pero ya no es un paradigma válido. Las ciencias herméticas dijeron durante siglos, retrocediendo hasta Egipto, que el universo es mental. El universo, o lo que conocemos como tal, existe como una energía mental consciente. Si comprendes esto, la materia se forma a partir del poder de la consciencia intencional y el pensamiento enfocado.

Si pudiésemos desarrollar el poder de la consciencia podríamos participar de una manera mucho mayor en cómo la realidad y la materia se manifiestan a nuestro alrededor. Esto es muy peligroso si la gente no sabe cómo usarlo. Obviamente, para tener una sociedad gobernada, uno no quiere gente que intente manifestar su propia realidad y participe en el mundo que le rodea con su propio sentido, porque son personas mucho más difíciles de gobernar. Así que hay fuerzas que están intentando mantener alejado este conocimiento que hace siglos sólo se custodiaba en las así llamadas escuelas de misterios. Los iniciados tenían que pasar por un largo entrenamiento para obtener ese conocimiento ya que es muy poderoso. Hoy día se distribuye de una manera mucho más libre porque la gente está más preparada para entender esta realidad y comprender la verdadera capacidad del pensamiento enfocado. Las prácticas de meditación, las visualizaciones, son maneras de concentrar nuestro pensamiento. Usemos una metáfora o la analogía del laser. Si uno entra en una habitación y enciende la luz, la habitación se ilumina pero esa luz no es potente. Pero si dicha luz se concentra en un rayo laser se puede llegar a hacer un corte a través de la pared de la habitación. El pensamiento es así. Si está disperso, no está concentrado y tiene menos poder. Si uno lo puede enfocar, entonces posee un gran poder que se puede poner de manifiesto. La diferencia en lo referente a la consciencia es que nos estamos moviendo desde una consciencia dispersa hacia una forma concentrada que posee una mayor capacidad de interactuar con nuestro medio ambiente material.

La iluminación es un acceso al campo de la consciencia. Realizar ciertos ejercicios y enfocar nuestra intención —la clave principal es centrarse en cómo pensamos y en nuestros procesos de pensamiento— nos permite acceder a la consciencia que existe fuera de nosotros. Las escuelas de misterios sabían que era una forma muy poderosa de acceso a dicha consciencia, de manera que los iniciados tenían que pasar por un profundo entrenamiento. La capacidad de la consciencia de la gente cuando está concentrada es muy poderosa. Esa es la razón por la que no aparece de un día para otro. La gente tiene que trabajar en sí misma. Yo me siento desconcertado con ciertas enseñanzas Nueva Era que dicen que la iluminación llega con facilidad, que para tener una consciencia expandida basta simplemente con que nos sentemos y meditemos durante media hora cada día. No es así, una consciencia expandida supone un trabajo real sobre uno mismo, un cambio interno real, porque es una herramienta poderosa de pensamiento intencional enfocado. Cada vez más gente se está dando cuenta y se lo toma en serio con mucho trabajo interno. Vamos a ser testigos del aumento en la Tierra del número de personas con consciencia incrementada, especialmente entre la generación más joven.

SC: Hablas sobre las diversas fuerzas que evitan o enlentecen nuestra evolución consciente. ¿Dices que esas fuerzas apuntan hacia los espacios remanentes de libertad de elección y libre albedrío? ¿Podrías comentar cómo nos va en este momento de nuestra evolución, en la batalla por la libertad de elección y el libre albedrío?

KD: Existen estructuras dominantes de gobierno que quieren controlar todos nuestros patrones de pensamiento. De manera que no dispongamos de tiempo ni espacio para situarlos en nuestra percepción consciente. Lo que veo que está sucediendo es que atravesamos un periodo de transición en el que no sólo nuestras estructuras sociales, como la economía y otras similares, están cayendo o desmoronándose sino que además, en estos momentos, hay una energía creciente adentrándose en la Tierra. Son tiempos de evolución.

Mi manera de entenderlo es que nuestro ADN es receptivo a esas energías crecientes que están llegando a la Tierra. Lo que sucede es que el ADN emite un campo electromagnético de energía. Según los biofísicos, el ADN es un cristal líquido que emite biofotones de modo que es muy sensible a la energía externa ambiental. Debido a ello, ese medio ambiente de energía creciente está impactando nuestro ADN. Así que tenemos agentes de cambio, personas que se están haciendo más conscientes del entorno exterior y de los cambios que están sucediendo. Pero sólo son personas esporádicas, no es un movimiento de masas. Muchas de las personas más jóvenes están naciendo y creciendo dentro de un entorno con una energía diferente. Si uno nace en un ambiente energético distinto, su ADN reaccionará y responderá de manera diferente. De modo que muchas de las personas más jóvenes están «cableadas»[139] para un entorno energético distinto y piensan que algo no va bien. Si van a la escuela, no prestan atención porque la educación que les damos no les colma. Desafortunadamente nuestras instituciones educativas les están dando drogas como el Prozac u otras para el «trastorno por déficit de atención». Esto es totalmente incorrecto porque nuestra generación más joven no necesita drogas, lo que necesita para alimentarse es una nutrición social y espiritual diferente. Esta gente será la oleada inicial de una nueva generación que se rebelará y no aceptará las viejas estructuras, la mente antigua. Pensarán de forma diferente. Si no cambiamos nuestras estructuras educativas no podremos hacernos cargo de estas nuevas generaciones de niños. Pienso que en unos 20 años, hacia el 2030, veremos una joven generación de alrededor de 20 años de edad que reaccionará y responderá de manera muy diferente al mundo de hoy y que incorporará el cambio.

SC: ¿Te refieres a movimientos como la «Primavera Árabe» y la «Revolución Egipcia» que empezaron a recorrer Facebook, los medios sociales y la juventud durante los dos últimos años? ¿Todo esto forma parte de esa evolución consciente de la que hablas?

KD: Pienso que son las primeras oleadas y la tecnología es muy interesante porque mucha gente de la generación más joven la entiende inmediatamente. A muchos de nosotros, especialmente, a la generación de más edad, nos preocupa que se use la tecnología para controlar a la gente, lo que de hecho sucede. Decimos que la tecnología hace iletrada a la generación más joven, etcétera, pero por otra parte, esa generación la está usando de una manera muy diferente, como sucede con los movimientos de

---

[139] N.T.: «Cableadas» (*hard-wired* en el original): en el sentido de diseñadas, programadas.

protesta social y la Primavera Árabe. Emplean la tecnología para reunirse y formar los grupos de protesta. Están «cableados» de forma diferente. Observan la tecnología y dicen: «Espera un momento. No voy a usar esto para que me controle. Voy a usarlo para conectarme con mis compañeros y compañeras». De modo que es una manera diferente de pensar. Es la mente antigua frente a la mente nueva. La gente joven lo está haciendo realmente por y para sí misma y usan la tecnología para empoderarse, y esto es muy interesante. De acuerdo con la neurociencia, tenemos neuroplasticidad. Nuestras ondas cerebrales, nuestros patrones cerebrales, pueden cambiar según cómo los usemos. Si usamos la tecnología de una manera diferente, realmente podemos «recablear» nuestros trayectos neuronales para entenderla de una manera distinta.

SC: Esa es una parte fascinante de tu libro, en la que hablas acerca de la evolución cultural, la evolución neurogénica, y luego la evolución consciente. ¿Puedes describir lo que son estos tres tipos de evolución?

KD: Nuestra concepción general de la evolución es la biológica, la antigua evolución darviniana. Se trata de un proceso lento a lo largo de muchísimas generaciones. El cambio biológico se produce de esta manera. Luego está la evolución sociocultural en la que nuestros objetos, nuestra literatura, nuestro pensamiento se transmiten mediante libros, ideologías y religiones. Cada generación puede aprender los patrones previos de conocimiento gracias a la transmisión de la evolución sociocultural. Hoy día podemos leer un libro que alguien escribió hace cien años y aprendemos de él. Es una forma de evolución más rápida que la darviniana.

La tercera etapa es la evolución neurogénica. El cambiante entorno energético terráqueo está modificando nuestro ADN. El diez por ciento del mismo se usa para fabricar proteínas, es la parte que conocemos como

ADN. El 90 por ciento restante a menudo se denomina, erróneamente, ADN basura. Pero este ADN responde al ambiente y es parte de nuestro campo energético alrededor del cuerpo. Si nacemos en un mundo que tiene una rúbrica energética diferente, el ADN responderá de forma distinta y transmitirá información al niño de manera diferente. El niño responde de inmediato al ambiente. Bruce Lipton se ha referido a esto con el término de proceso epigenético en la evolución[140]. De modo que las células de nuestro cuerpo, nuestro ADN, realmente pueden cambiar dentro de una misma generación.

La evolución biológica se puede producir a lo largo de muchísimas generaciones. La evolución sociocultural puede ocurrir durante una sola generación gracias a la transmisión de información, mediante la literatura, las películas, la religión, etcétera, a la siguiente generación. Pero la evolución neurogénica puede ocurrir dentro de una misma generación y esto es una «gnosis»: un conocimiento interior que captamos y que será muy efectivo durante unas cuantas generaciones de la evolución humana.

SC: ¿Qué es la neurocensura que mencionas en tu libro?

KD: Se remonta a la programación que usa significantes neuronales y a la propaganda publicitaria, ambas muy eficaces. En la actualidad, el marketing neuronal es un área muy popular de la publicidad. Cuando un filme gana un Oscar, se anuncia exhibiendo la estatuilla dorada, que es un significante muy visual, porque el cerebro responde a esas imágenes. Los anuncios que muestran cachorritos moviendo la cola, o gatitos ronroneando,

---

[140] http://www.youtube.com/watch?v=cjMUKsg5_Jk y más detallado en: "Hacia un nuevo concepto de evolución" (Eduardo Fernández Valiente. Universidad Autónoma de Madrid)

desencadenan una respuesta emocional. De igual modo, cuando se trata de políticos, hablar de «esperanza», «cambio», «Sí, podemos», es usar potentes significantes que el cerebro capta. Los anunciantes y los relaciones públicas son gente muy inteligente y lo que hacen en primer lugar es experimentar sobre cómo reacciona el cerebro a los significantes. Usan electroencefalogramas, captan los impulsos electromagnéticos del cerebro. Ponen a una persona frente al televisor y escanean cómo reacciona el cerebro a esas señales y saben que las respuestas emocionales, las respuestas lingüísticas eluden el cerebro y producen una respuesta subliminal en el individuo. Cuando vemos la televisión sabemos que nos apuntan como a una diana para que tengamos una determinada reacción que a menudo es inconsciente. Los políticos lo usan mucho. También se usa en PNL, Programación Neurolingüística. Reaccionamos al lenguaje, los estímulos emocionales, los visuales, pero todo ello está sumamente programado. No es casual que se usen esas imágenes, que los políticos utilicen esas palabras. Se han probado antes para asegurarse de que desencadenan una respuesta muy potente. Si quieres leer algo más sobre esto busca en Google *neuromarketing*. Está sucediendo ahora mismo y es una tecnología muy sofisticada.

SC: También mencionas que las tradiciones esotéricas y espirituales usan la intención consciente como una herramienta para la mutación del ADN y la evolución, que las prácticas espirituales pueden tener realmente un efecto sobre nuestro físico. Cuéntanos más sobre esto.

KD: Las tradiciones espirituales siempre supieron la influencia que la mente tiene sobre nuestra estructura celular o ADN pero hace siglos no disponían del vocabulario que tenemos ahora. El ADN aún no había sido descubierto, así que no podían hablar de él. Lo que las enseñanzas esotéricas espirituales tradicionales hicieron es introducir cosas como la oración, los mantras, las visualizaciones. Usaban ciertos colores, por ejemplo meditar en una habitación con ciertas tonalidades, o determinados olores o sonidos, lo que produce un impacto sobre nuestro estado interior. Piensen en ello en los términos de la ciencia moderna. Si tenemos un mantra o zikhr, si repetimos una y otra vez ciertos sonidos, determinadas palabras, todo ello produce una estructura vibrante. Las palabras son vibraciones, los sonidos, los colores son vibraciones y el ADN es un campo de energía electromagnética. Por lo tanto, se ve influido por la vibración. Al estar en ese estado meditativo estamos enviando ciertos impulsos al interior de nuestra estructura celular y eso puede tener un efecto sobre nuestro desarrollo, comprensión y consciencia. Las antiguas tradiciones realmente entendían muy bien, pero que muy bien, la ciencia de nuestra estructura celular. Sólo que no disponían del vocabulario para explicarla.

SC: En tu libro hay una gran línea discursiva que sostiene que el ser humano es realmente un proyecto inacabado. En conexión con esta idea, describes la habilidad psíquica de manera muy diferente a la concepción convencional. Consideras como desarrollo físico el estar abierto a nuevas ideas, a pensamientos creativos y a conceptos visionarios, así como a un impulso de autorrealización. ¿Puedes decirnos por qué?

KD: Me refiero al ser humano más en términos de su devenir, porque el cuerpo humano es una estructura física increíblemente bien elaborada pero, al mismo tiempo, la consciencia es un elemento que opera a través del cuerpo. Nuestro acercamiento a la consciencia no es un proyecto acabado. Podemos abrirnos y desarrollar nuestra aproximación a una consciencia mayor. Este es también el proyecto inacabado. Siento que es parte del porqué estamos aquí, en el planeta Tierra, para fomentar nuestro acceso a la consciencia superior y difundirla hacia el planeta y también para desarrollar nuestras estructuras y sociedades siendo filtros y procesadores energéticos.

«Devenimos» en el sentido de nuestro creciente acercamiento a eso. Cuando tenemos un acceso incrementado, comenzamos a tener lo que podríamos llamar anomalías. Por ejemplo, hace cien años el gran trabajo «Consciencia Cósmica» de Richard Bucke, describía esas primeras personas que tenían experiencias transcendentales y que no sabían cómo interpretarlas. Tales experiencias son los signos iniciales de que estamos abriendo nuestra percepción consciente y manteniendo contacto. Yo lo llamo «pulir el puente». Pulir el puente desde nuestro propio sentido del yo hacia el gran yo superior: cuanto más pulamos el puente mayor será el aflujo de experiencias físicas.

Mucha gente descubre que tiene una inspiración entre la vigilia y el sueño. Son estados en los que podemos relajar la mente que está constantemente hablándose a sí misma, parloteando, lo que supone una interrupción entre la consciencia o consciencia superior y lo que filtramos en nuestros cuerpos, nuestras mentes. Hay ciertos estados en los que tenemos un mayor acceso psíquico a estos estados de consciencia.

Siento que tales estados se están desarrollando cada vez más. Hoy día, a muchos niños pequeños se les llama niños índigo o nombres similares porque ya tienen un mayor acceso y una consciencia más elevada de estos estados psíquicos. No quiero hablar de ellos como si fueran algo esotérico; quiero decir que son la nueva normalidad. Inicialmente pueden ser anomalías, pero todos los cambios de paradigma comienzan con anomalías y durante los próximos años más gente, tú mismo, yo, la gente corriente, va a tener flashes de inspiración, destellos de instantes trascendentales. Es la nueva consciencia haciéndose más consciente, manifestándose, y esto va a convertirse en la nueva normalidad. No deberíamos hablar de ella como si fuera misteriosa, o extraña, o Nueva Era. Nuestro papel es intentar normalizar el nuevo «humano deviniendo».

SC: ¿Por qué no hemos sido capaces colectivamente, como civilización, de emerger del estado de sedación, del estado de amnesia que mencionas, a pesar de toda la buena voluntad que existe sobre la tierra?

KD: No se trata simplemente de darle al interruptor de la luz y que todo el mundo se despierte. Si todos despertasen, la sociedad se colapsaría. Suena extraño pero es verdad, porque tenemos que cambiar o transitar hacia una nueva sociedad de una manera más gradual. Habrá gente que despierte en diferentes momentos y que participe en esta mudanza. Algunas personas de esta generación quizás no lleguen a despertar en esta vida. Se trata en parte de influencias del exterior y en parte de trabajo interno. No es simplemente un regalo. Tenemos que trabajar en ello, ser conscientes de ello. Lo primero es darnos cuenta de que somos seres conscientes y de que somos humanos deviniendo en este mundo físico en 3-D.

Cada vez más gente será consciente de esto y despertará, pero no toda a la vez. No funciona así. Si todo el mundo despertase a la vez los sistemas se colapsarían. La gente no iría a trabajar, no aceptaría el sistema económico. No beneficiaría a la sociedad. Debemos cambiar de una manera provechosa para nuestro mundo externo en armonía con nuestro mundo interno. No se trata de un shock eléctrico. Se trata de una comprensión y una consciencia graduales con las que podamos trabajar. La realización espiritual debe ser aplicable a nuestro mundo externo.

SC: Dices que la humanidad está en un umbral, un periodo de transición, pero que no ha alcanzado el punto de inflexión. ¿Alcanzaremos pronto ese punto de inflexión? ¿Qué imagen damos?

KD: Lo que digo es sólo mi intuición personal y mi sensación es que alcanzaremos el punto de inflexión. No se necesita una mayoría de gente para ello. De hecho, solo se necesita una minoría, pero una minoría consciente enfocada y que pueda proyectar su consciencia sobre nuestro entorno exterior. Pienso que los próximos diez años en particular van a ser una especie de periodo perturbador en el que habrá mucha gente que despierte pero que se sienta trastornada por la realidad de la situación. Cuando uno se da cuenta realmente de lo que está pasando, de cómo funciona el mundo en realidad, de cómo estamos programados, cómo estamos tan condicionados, cómo nuestra matriz social intenta manipularnos y lavarnos el cerebro, resulta muy inquietante. Al principio puede ser un shock y después, para incorporar una nueva comprensión, un nuevo pensamiento, tenemos que trabajar con ello, hablar con nuestra familia, nuestros amigos, nuestras comunidades y hacer nuestro trabajo. Pienso que aunque este shock inicial puede suceder, el punto de inflexión llegará. Imagínate tener esta conversación hace diez años. Habría sido muy difícil. Yo no puedo hablar con mis abuelos de estos temas porque me miran con extrañeza. Incluso mis padres me miran con cierta perplejidad, pero si hablo con gente como tú o personas de nuestra generación o más jóvenes, lo entienden. Es un signo de que nos estamos moviendo hacia un punto de inflexión.

SC: En tu libro te refieres a algunas cosas de la cultura maya y sus enseñanzas. ¿Cómo ves las diversas profecías y tradiciones de cambios drásticos que sucederán en el 2012 en relación con lo que estás comentando?

KD: El movimiento del 2012 es muy difícil de ignorar; creo que es un ejemplo de polarización y que las antiguas tradiciones indígenas como la maya, pero no sólo ella, sino también la azteca y la hopi, han descrito los diferentes ciclos, las diferentes etapas, y el 2012 es astronómica y astrológicamente significativo. Lo importante es que representa un momento definitivamente positivo en el cual debemos empezar a cambiar nuestros paradigmas y nuestro pensamiento. Es el momento de catalizar una nueva consciencia.

El 2012 pasará: lo hará y no será el fin del mundo. Para mí es un marcador importante porque, cuando pase, la gente dirá: «Vale, todavía estamos aquí. El mundo sigue siendo un poco caótico, así que ¿qué hacemos?» «Bien, ahora es el momento de esforzarse, de trabajar en el mundo y en uno mismo, de ocuparse de la consciencia. Puesto que no ha llegado el final, tenemos que mirar hacia el futuro».

Por otra parte, en el libro hablo de lo que llamo el Meme Argamedón[141]. Hay muchos elementos en la sociedad que han usado el año 2012 del Calendario Maya para infundir miedo en la gente: que va a suceder ese cambio de polarización, que vamos a perder continentes, y que ocurrirán muchas muertes. Cuando uno tiene miedo se desempodera. Entonces la gente cede su responsabilidad y dice: «Vale, tengo miedo. Les doy la responsabilidad a los gobiernos. Que lo resuelvan ellos». Esto es peligroso. Siento que ha habido una manipulación interesada del 2012 para generar inseguridad y miedo. Pienso que es nuestra responsabilidad usar el 2012 como un marcador positivo diciendo que cuando se termine todavía estaremos aquí, que es el momento de ponernos a trabajar y a usar la consciencia para el mejoramiento de nuestras sociedades, que es la intención original de la profecía maya. Un nuevo mundo está naciendo y es el devenir humano, no el final de la humanidad.

SC: Dices que la humanidad será forzada al cambio y que la manera en la que actuemos al respecto será una medida de nuestra madurez

---

[141] https://es.wikipedia.org/wiki/Meme y https://es.wikipedia.org/wiki/Armaged%C3%B3n

como especie. Si realmente depende de nosotros, ¿cómo nos irá en este momento de cambio y transición en nuestra evolución?

KD: Es totalmente así. Somos una familia colectiva. No importan tanto nuestras circunstancias físicas o nuestro estatus. Somos una especie colectiva llamada humanidad y la Tierra es nuestra responsabilidad como custodios colectivos. ¿Por qué entregar nuestro poder? ¿Por qué decir: «Oh, hay una elite minoritaria que controla los gobiernos, las instituciones financieras y las corporaciones. Ella lo resolverá». No, es totalmente al revés. Ahora debemos comprender que la humanidad tiene la responsabilidad de actuar, tanto colectiva como individualmente, para recuperar el poder para nosotros mismos y trabajar con la Tierra, trabajar en armonía con las estructuras medioambientales y entender cómo funciona la evolución.

La evolución funciona mediante la participación. El humano "deviniendo" es el ser humano responsabilizándose. Puede que no tengamos elección sobre lo que pase en la Tierra. La Tierra está cambiando, habrá cambios físicos, cambios en los ciclos del agua, cambios geográficos y geofísicos, como los terremotos, que es la misma tierra realineándose. No podemos controlarlo ni deberíamos hacerlo pero sí podemos responder ante ello. La señal de nuestra integridad, el signo de nuestra madurez como especie no consiste en intentar controlar las cosas sino en responder a los eventos con consideración, compasión, equilibrio y armonía con nuestro medioambiente y la humanidad.

APÉNDICE III: RELATOS DEL DESPERTAR CONSCIENTE: UNA ENTREVISTA

MI RELATO

¿Hay algún hecho o experiencia en particular que haya sido un punto de inflexión en tu vida y que de alguna manera haya cambiado tu visión de la naturaleza de la realidad?

Me gustaría pensar que ahora tengo una visión convencional de la realidad, y que quizá el punto de vista consensuado sea el no convencional. No estoy seguro de que haya sido un viaje racional en absoluto. Pienso que si hubiese hecho caso de la racionalidad probablemente no habría llegado donde estoy actualmente. Pero, dicho esto, mi comprensión de la realidad es que sólo percibimos una finísima tajada o rebanada de la misma. De manera que lo que acordamos ser el consenso es una interpretación basada en un mínimo de sensaciones. Por dar un ejemplo, mi comprensión y mi experiencia es que no creamos los pensamientos dentro de nuestra cabeza o en nuestro cerebro. En realidad recibimos los pensamientos del exterior y el cerebro humano actúa como una antena. Lo que esto quiere decir es que la realidad es parte de un campo integral, un campo cuántico de inteligencia que existe por todo nuestro universo físico en un entorno no local. Nuestro universo físico es una manifestación secundaria procedente de una fuente primaria de energía/consciencia.

De modo que para mí lo primario es la consciencia. Toda materia y manifestación física son secundarias y, por tanto, el dispositivo humano es una especie de mecanismo decodificador que recibe e interpreta. Lo que recibimos es un efecto de la realidad primaria. Conseguir acceder a la realidad es lo que yo y otros llamaríamos «trabajar en uno mismo». Haciéndolo podemos desarrollar nuestras facultades perceptivas para recibir y con ello interpretar en mayor medida la realidad primaria. Así que el viaje a lo largo de mi vida es un periplo de trabajo sobre mí mismo para pulir mi aparato perceptivo, a fin de recibir una rebanada más amplia de realidad y del panorama de conjunto.

El inicio es lo que yo llamo el reloj despertador interno. Desde mis recuerdos más tempranos, cuando era un niño de 8 ó 9 años, siempre tuve una manera diferente de asumir el mundo. Usaba muchísimo mi imaginación. Tenía la sensación de que estaba en contacto con el mundo y al mismo tiempo un presentimiento acuciante de «esto no es» que me condujo a una búsqueda e investigación personal. Me considero un buscador tradicional, en el sentido de que jamás tuve un instante de epifanía «¡Ah!». Pero tenía un despertador interno que me impulsaba incesantemente a intentar encontrar las respuestas a ese apremiante sentimiento interior. Esto me llevó a través de más de 30 años de experiencias y encuentros, viajando y trabajando sobre mí mismo para llegar a donde estoy. Así que ese sentimiento me ha acompañado desde mis recuerdos más tempranos y es lo que me ha conducido a viajar y a buscar.

MI INTUICIÓN

¿Qué intuición has tenido como resultado de ello y de qué manera afecta a lo que haces actualmente?

Aprendí a confiar en mi instinto y eso me ha conducido en diferentes direcciones en diversos periodos de mi vida. Ejemplo de ello son momentos «desencadenantes» en los que me surge la corazonada de que no puedo seguir por más tiempo donde estoy. Esto me ha ocurrido varias veces en diversos países, como en Praga en la República Checa y en Estambul en Turquía. Y precisamente en el momento en que pensaba que iba a seguir en un puesto determinado mi sentido instintivo me decía que no iba a aprender nada más, que no estaba progresando. De modo que ese instinto me conducía a tomar decisiones que podrían parecer irracionales, como cambiar de país y dar por terminadas trayectorias profesionales, pero siempre ha funcionado.

Mi camino actual lo describo como la filosofía perenne. Lo que he buscado es el conocimiento cinético que ha estado en el corazón de todas las tradiciones de sabiduría. Con cinético quiero decir que ha dejado de ser estático o cristalizado en una ortodoxia o institución humana que ya no puede seguir transmitiendo la versión viva y contemporánea de esa tradición de sabiduría. Y llegué a esto con veintipocos años a través de las escuelas de Gurdjieff. Luego tomé contacto con lo que podría llamarse una versión moderna, contemporánea, del sufismo; estudié en Estambul con un maestro Mevlevi. Lo que he descubierto es que las corrientes vivas de estas tradiciones no tienden a permanecer con esos nombres o categorías, así que he intentado seguir la esencia viviente. Le he dicho a la gente que estamos en una época en la que tenemos que hacer que la nueva era sea la nueva normalidad.

No me denomino místico, pero trabajo para normalizar lo que la gente puede llamar misticismo o asuntos espirituales. Diría de mí que soy una persona espiritual. A lo largo del camino he encontrado muchos guías o «mostradores del sendero» pero quizá sólo dos personas a quienes podría llamar maestros completos.

MI MENSAJE

¿Qué mensaje te gustaría dejarle al lector?

Mi visión es que la especie humana está inacabada. Ese reloj despertador del que hablaba antes está dentro de cada persona y depende de cada uno prestarle atención y dar el primer paso en ese camino de realización. No sólo tenemos ese despertador dentro de nosotros sino que además poseemos la capacidad. Es por tanto responsabilidad de cada persona decidir conscientemente si desea seguir ese camino de autoevolución y autodesarrollo, lo que pondría en marcha facultades perceptivas para disponer de una perspectiva del mundo completamente ciferente: una perspectiva que yo sostendría es la comprensión natural, orgánica, del lugar que ocupa la humanidad en el cosmos y de su relación con la Verdad y la Realidad Primaria. Para cada uno de nosotros es un viaje evolutivo. No se necesita ser especial para tener estos despertares.

Mucha gente está teniendo la sensación de que algo no va bien, que hay algo más en la vida. Quizá se trate de que o bien lo desestiman o no hacen algo al respecto. Pienso que soy muy normal y en todo mi trabajo trato de exponer que no soy nadie especial ni diferente de cualquier otro a quien me dirijo. Se trata simplemente de que yo lo acepté y seguí adelante con ello.

www.ingramcontent.com/pod-product-compliance
Lightning Source LLC
Chambersburg PA
CBHW031825090426
42741CB00005B/135